Wenn das 21. Jahrhundert uns bereits eines gelehrt hat, dann dies: Zukunft ist jetzt.

Die Gestaltung der Zukunft ist eine Herausforderung für uns alle. Wir Menschen haben die Erde bis zur Unkenntlichkeit verändert, oft ohne an die Folgen für unser eigenes Leben oder an die Gesundheit und Schönheit unseres Planeten zu denken.

Für die Zukunft müssen wir Wissenschaft und Technologie umsichtiger nutzen. Es liegt in unserer Hand, die Zukunft informiert, ideenreich und weise zu gestalten.[1]

Sheila Jasanoff,

Kennedy School der Harvard University in Boston, Pionierin der Wissenschafts- und Technikforschung

Claudia Kemfert

Mondays for Future

Freitag demonstrieren
Am Wochenende diskutieren
Ab Montag anpacken und umsetzen

MURMANN

INHALTSVERZEICHNIS

MONTAG – AUFTAKT ZUR ZUKUNFT 12

KLIMA KONFERENZEN KOMPROMISSE

1 Wie fangen wir an? 18
2 Wie lange ist das Phänomen »menschengemachter Klimawandel« tatsächlich bekannt? 18
3 Warum setzen sich diese wissenschaftlichen Erkenntnisse nur so langsam durch? 19
4 Wieso ist seit der Entdeckung des menschengemachten Klimawandels politisch nichts passiert? 20
5 Was passierte in Kyoto? 22
6 Warum haben die in Kyoto vereinbarten Spielregeln nichts gebracht? 22
7 Was wurde aus den anderen Beschlüssen von Rio, etwa der Agenda 21? 23
8 Was bewirkte die Lokale Agenda 21 in Deutschland? 23
9 Und was wurde aus dem »Übereinkommen über die biologische Vielfalt«? 24
10 Gab es noch weitere Konferenzen? 25
11 Wie lange hielten die Millenniumsziele (MDG)? 25
12 Wie wurden die MDG zu SDG? 26
13 Bei der Agenda 2030 ist Klimaschutz nur *ein* Punkt unter vielen? 27
14 Was passierte auf der Klimakonferenz in Paris? 28
15 Hielt das Pariser Klimaabkommen, was es versprochen hatte? 29
16 Wie steht es um Deutschlands Zielerreichung? 29
17 Dann geht es bei Fridays for Future also um mehr als ums Klima? 31
18 Okay. Aber ist *das* der Fortschritt der letzten 40 Jahre? 31
19 Ist das Tempo der Politik nicht viel zu langsam? 32

20 Welche Fortschritte machte die Wissenschaft? 33
21 Sind Konferenzen und Verträge nicht sinnlos, wenn die großen Länder nicht mitmachen? 34
22 Das scheinen die großen Länder aber anders zu sehen, oder? 35
23 Warum sperren sich manche Länder gegen die globale Klimapolitik? 36
24 Gibt es Grund zur Panik? 37

WISSEN SKEPSIS LEUGNUNG

25 Sind die Berichte über einen Klimakollaps reine Hysterie? 39
26 Welche Rolle spielt »Klimaskepsis«? Und warum ist sie so erfolgreich? 40
27 Ist Klimaleugnung eine PR-Strategie der fossilen Industrie? 43
28 Gibt es auch Klimaleugnung jenseits der fossilen Industrie? 44
29 Wie können wir Klimaleugnung enttarnen? 45

DEMOS DEMOKRATIE DIKTATUR

30 Was haben die Freitagsdemos gebracht? 48
31 Wie schlimm ist Greenwashing? 49
32 Gibt es auch Greenwashing in der Politik? 50
33 Es wurde doch schon so viel demonstriert. Hat das je was genutzt? 50
34 Inwiefern nutzen und schüren Klimaleugner das Misstrauen gegen Politik? 51
35 Ist Demokratie für Klimaschutz zu schwach? Brauchen wir eine Ökodiktatur? 52
36 Warum ist eine »gelenkte Demokratie« wie China so erfolgreich im Klimaschutz? 54

MARKT KONSUM DEAL

37 Können wir Klimaschutz nicht einfach dem »freien Markt« überlassen? 57
38 Was sagen Ökonomen zum Klimawandel? 58
39 Was gibt es für Ideen, unsere Wirtschaft neu zu organisieren? 59
40 Kann individueller Konsumverzicht den Klimawandel stoppen? 61
41 Effizienz, Suffizienz und Konsistenz: Was ist die richtige Strategie? 64
42 Brauchen wir überhaupt Wirtschaftswachstum? 65
43 Was hat es mit dem »Green New Deal« auf sich? 66
44 Profitiert die Finanzwelt nicht von der fossilen Welt? 68
45 Ist es verlogen, wenn Investmentfirmen plötzlich Klimaschutz fordern? 69
46 Was könnte bei einem »Carbon Bubble Crash« passieren? 70
47 Inwiefern ist »Green Finance« eine Chance für den Klimaschutz? 72
48 Also rettet der Finanzmarkt doch das Klima? 72
49 Wie funktioniert der Green Deal der EU? 74
50 Also entwickelt die EU eine Art Spielregeln für die Finanzmärkte? 76

PARTEIEN PROFIS BETEILIGUNG

51 Sind verbindliche Klimagesetze etwas anderes als Ökodiktatur? 78
52 Soll ich etwa in eine Partei eintreten oder Lobbyismus betreiben? 80
53 Lässt sich zwischen gutem und schlechtem Lobbyismus trennen? 81
54 Was für Arten von Interessengruppen gibt es beim Klimaschutz? 83
55 Müssen wir immer so viel diskutieren? 84

56 Sollten nicht einfach »Profis« entscheiden? 85
57 Wie könnte eine Bürgerbeteiligung konkret aussehen? 86
58 Wie könnte eine »Ökokratie« funktionieren? 88

VERTRAG VERHANDLUNG PRÄAMBEL

59 Wie wichtig ist ein Vertrag? 91
60 Zeigt das #Adani-Beispiel nicht gerade, dass Verträge nutzlos sind? 92
61 Ist das Aushandeln von Verträgen nicht zu förmlich und kompliziert? 93
62 Inwiefern helfen Verträge und Gesetze gegen den Klimawandel? 94
63 Wie viele Verträge sollen wir denn noch machen? 97
64 Wie fangen wir den generationengerechten Vertrag an? 98
65 Wie bringen wir die Vertragspartner an den Verhandlungstisch? 98
66 Ist ein neues Gremium ein gutes Verhandlungsergebnis? 99
67 Inwiefern ist ein Beirat wichtig für den großen Klimavertrag? 100
68 Wie sieht die Präambel von Rio20+ und wie die von Paris aus? 101
69 Was tun wir, wenn jemand die Präambel nicht unterschreibt? 102

ZIELE ZAHLEN ZEUGNISSE

70 Was ist das Ziel? 104
71 Ist das Jahr 2050 unser zeitliches Ziel? 105
72 Kann bis 2030 nicht noch ganz viel anderes passieren? 106
73 Wie weit reicht unsere Zielperspektive? 108
74 Wie lässt sich »Agiles Management« auf das Klimathema anwenden? 109
75 Wie formulieren wir unsere Ziele und Zwischenziele? 110

76 Gibt es Unternehmen, die sich schon Klimaziele gesetzt haben? *110*
77 Gibt es Unternehmen, die Klimaziele ernsthaft verfolgen? *111*
78 Wie bekommen wir Transparenz über unsere Emissionen? *112*
79 Gibt es Klarheit bei den deutschen 2030-Zielen? *113*
80 Wie können wir Fortschritte messen und sichern? *114*
81 Wie wichtig ist die Dokumentation aller Aktivitäten? *114*

VERANTWORTEN STEUERN REGELN

82 Wer ist wofür verantwortlich? *117*
83 Welche Folgen hat es, dass die deutschen Klimaziele unklar formuliert sind? *117*
84 Warum wird das CO_2-Budget nicht offen thematisiert? *119*
85 Lehnt die Bevölkerung Umwelt- und Klimaschutz wirklich ab? *119*
86 Wie könnten wir unsere Klimapolitik besser steuern? *121*
87 Wer könnte die bestehenden Widersprüche aufdecken? *122*
88 Wie könnten wir die Beiräte verbessern? *124*
89 Wie könnte ein Rat für Generationengerechtigkeit aussehen? *125*
90 Ist die Kohlekommission ein Musterbeispiel der Problemlösung? *126*
91 Welche Rolle spielt das Umweltministerium? *127*
92 Wer ist tatsächlich für die Umsetzung zuständig? *128*
93 Und all dieses Klein-Klein soll unser Klima retten? *129*
94 Wer übernimmt die Verantwortung? *129*
95 Was passiert, wenn sich jemand nicht an die Vereinbarungen hält? *131*
96 Was ist die Alternative zu Strafen und Sanktionen? *132*
97 Können wir also auf Verbote und Gesetze verzichten? *133*
98 Was könnte im Verkehrssektor gesetzlich geregelt werden? *135*

99 Was könnte im Gebäudesektor gesetzlich geregelt werden? *136*

100 Was könnte im Sektor Landwirtschaft gesetzlich geregelt werden? *137*

GELD PREISE KOSTEN

101 Wäre es nicht am billigsten, CO_2 einfach zu verbieten? *140*
102 Wozu brauchen wir Kostentransparenz? *140*
103 Wir subventionieren CO_2 heute noch? Ernsthaft? *141*
104 Was heißt »gesamte Kostenwahrheit«? *143*
105 Wäre alles gut, wenn wir ab sofort die wahren Kosten bezahlen? *145*
106 Lässt sich das mit einer CO_2-Bepreisung lösen? *146*
107 Wie funktioniert die »Mengenlösung Emissionshandel«? *147*
108 Gibt es denn schon einen CO_2-Emissionshandel? *148*
109 Könnte man den Emissionshandel nicht einfach ausweiten? *149*
110 Wie funktioniert die »Preislösung CO_2-Steuer«? *151*
111 Was steht im deutschen Klimapaket: Emissionshandel oder Steuer? *153*
112 Was wäre ein angemessener CO_2-Preis mit echter Hebelwirkung? *155*

WIDERSPRÜCHE KONFLIKTE TEUFLISCHE DETAILS

113 Ist Klimaschutz unsozial und nur etwas für Reiche? *158*
114 Wie ginge eine sozial verträgliche Energiewende? *159*
115 Gibt es so etwas wie klimafreundliche Produktion? *162*
116 Wie können wir Unternehmen bei der Umstellung entlasten? *163*
117 Welche negativen Auswirkungen könnte Klimaschutz haben? *164*

118 Müssen wir nebenbei auch noch alle anderen Probleme lösen? *166*
119 Was tun wir, wenn zwei Nachhaltigkeitsziele kollidieren? *167*
120 Können Gesetzesdetails wirklich große Wirkung entfalten? *168*
121 Welches Detail aus dem Windenergiegesetz könnte eine solche Wirkung haben? *170*

KIPPPUNKT HEUTE – VISION 2050

122 Hat Klimaschutz angesichts des Widerstands überhaupt noch Sinn? *173*
123 Welche Vision 2050 könnte uns antreiben? *174*

WAS TUN? 53 AUFGABEN FÜR DEN ANFANG *177*

ANHANG *195*
DANKSAGUNG *197*

MONTAG — AUFTAKT ZUR ZUKUNFT

Es ist Anfang 2020. Der Anfang eines neuen Jahres, eines neuen Jahrzehnts und hoffentlich einer neuen Ära.

Es ist Montag. Am Freitag wurde demonstriert, am Samstag die Stärke der Bewegung gefeiert, am Sonntag wurden schöne Reden geschwungen. Jetzt beginnt die nächste Woche. Jetzt kommt das Team, das die Arbeit aufnimmt.

Vor uns liegen die Hinterlassenschaften der letzten Wochen, Monate und Jahre. Ein schier heilloses Durcheinander wie nach jeder großen Party: Lebensmittel, die zum Teil angebissen und verdorben, zum Teil aber noch frisch und genießbar sind. Leere, halbvolle und volle Flaschen. Dreckiges und sauberes Geschirr. Dazwischen ein Sammelsurium an Geräten, Handys, Schlüssel, Kabel, Stecker, Datensticks und vereinzelt leere CD-Hüllen – defekt, nutzlos oder einfach vergessen? Bunte Haftzettel mit Notizen an den Wänden, zusammengeknüllte Ideenpapiere auf dem Boden, fleckige Broschüren, zerfledderte Bücher mit Lesezeichen und Markierungen. Schals, Jacken, Regenschirme und ein alter Fahrradhelm.

Kurz: jede Menge Zeug. Ist davon irgendetwas noch zu gebrauchen?

Nun heißt es also aufräumen. Es soll nicht einfach alles in den Container gestopft und zur Müllverbrennung gefahren werden. Der Anspruch: das Brauchbare herausfiltern aus dem, was in der letzten Zeit gedacht, geredet und gestritten wurde. Das Ziel: aus der Begeisterung und der Wut eine Energie gewinnen, die sich nutzen lässt. Das Ergebnis: dieses Buch.

Dieses Buch ist kein Erinnerungsalbum, das nostalgisch die schöne Vergangenheit festhält, auch kein Gedächtniswerk, das mahnt, damit etwas nie wieder passiert. Dieses Buch schildert nicht in leuchtenden Farben die wunderbare Zukunft. Es malt auch nicht in dunkelsten Farben das Szenario eines baldigen Weltuntergangs.

Es ist das Buch, das Montagvormittag aufgeschlagen wird, wenn alle wieder die Arbeit aufnehmen. Es soll den Menschen dienen, die jetzt die Ärmel aufkrempeln und loslegen wollen. Denn es gibt viel zu tun. Wir müssen Entscheidungen treffen, Prioritäten setzen, Bewährtes fortführen, aber auch Experimente wagen. Dafür brauchen wir Grundlagen, Wissen, Fakten, Erkenntnisse und jede Menge Kraft.

Ich habe mir bei dem Thema Klimawandel, das so viele Menschen in Angst und Panik versetzt, den Optimismus auf die Fahne geschrieben. Martin Luther Kings berühmtester Satz heißt ja auch nicht »I have a nightmare«, sondern »I have a dream«. Träume geben Kraft. Zukunft braucht Zuversicht. Doch mit Träumen allein ist nichts gewonnen. Wir müssen handeln, wir müssen machen, wir müssen endlich ins Tun kommen.

Vor zwölf Jahren habe ich in meinem ersten Buch die enormen wirtschaftlichen Chancen echter Klimaschutzpolitik dargelegt. Es folgte ein Jahrzehnt aggressiver Torpedierung jeglicher Klimaschutzpolitik seitens der Gegner, weswegen ich zwei Bücher schrieb, um die gezielt gestreuten Mythen und Fake News zu widerlegen. Jetzt sind wir an einem Punkt angelangt, an dem wir nicht noch ein Jahrzehnt mit rückwärtsgewandten Diskussionen vergeuden dürfen, sondern beherzt nach vorne gehen müssen. Es beginnt das Jahrzehnt, in dem es auf die Frage nach Klimaschutz nur noch Ja oder Nein als Antwort gibt.

Wir alle wissen: Die Uhr tickt. Wir haben noch ungefähr zehn Jahre oder knapp 420 Gigatonnen CO_2 Zeit, um das 1,5-Grad-Ziel zu erreichen[2]. Also das Ziel, die Erde ungefähr so zu erhalten, wie wir sie heute kennen und wie sie uns die letzten tausend Jahre ein lebenswertes Zuhause geboten hat.

Es ist Zeit aufzuräumen. Es ist Zeit, für unsere globale WG ein paar Spielregeln aufzustellen, damit wir nicht am nächsten Montag vor einem sehr viel schlimmeren Desaster sitzen.

Es wird immer sichtbarer, dass der Klimawandel überall auf der Welt massiv voranschreitet und die bisherige Klimapolitik unzureichend war – trotz großer Anstrengungen. Jugendliche gehen seit über einem Jahr auf die Straße und fordern zu recht mehr Klimaschutz. Den jungen Menschen folgen die älteren und auch die ganz alten. Es kamen die Profis und inzwischen auch die Omas.

Es ist eine globale Bewegung geworden. Die Ungeduld wächst. Die Auseinandersetzungen werden härter. Manche macht das besorgt. Doch ich freue mich riesig darüber. Seit über 20 Jahren kämpfe ich für mehr Klimaschutz. Durch das Engagement der Fridays-For-Future-Bewegung wird deutlich, dass es eine überwältigende Mehrheit für den Wandel gibt. Lange Jahre wehrten sich die fossilen Konzerne mit allen Mitteln gegen die notwendige Umstrukturierung des Energiemarktes, mit Tricks, mit Kniffen und jetzt kämpfen sie immer aggressiver um ihre wirtschaftlichen Interessen. Die Lobbyisten der Vergangenheit bellen und beißen wie alte Rottweiler, aber den – inzwischen nicht mehr ganz so – jungen Welpen gehört die Zukunft.

Lass dich nicht frustrieren, weil du zu wenig Erfolge siehst. Es gibt sie! Mach eine kurze Pause und sammle frische Kraft, aber komm bitte so schnell wie möglich zurück. Wir brauchen dich. Das Umsteuern ist in greifbarer Nähe. Wir sind an einem Wendepunkt. Jetzt besteht die Chance für einen echten Wandel.

Die größte Gefahr: Statt nach vorne zu denken, stellen wir die Schuldfrage. Gerade diejenigen, die erst Ende der 1990er-Jahre oder Anfang des neuen Jahrtausends geboren wurden, stehen immer wieder fassungslos vor mir. Sie werden in einer Welt erwachsen, die am Abgrund steht, und erfahren jetzt: Ihre Eltern, die sogenannten »Babyboomer«, wussten all die Jahre Bescheid, dass die Welt Kurs auf diesen Abgrund nimmt.

Schon ist die Rede von einem Krieg der Generationen. Derlei mag eine journalistische Sensationslust befriedigen, ist aber sinnlos und kostet bloß Kraft, Nerven und Zeit, die wir nicht haben. Statt uns zu zerstreiten und zerspalten, sollten wir lieber gemeinsam Lösungen für die immer noch ungelösten Herausforderungen des Klimawandels finden.

Denn im Moment sind wir alle, ob wir wollen oder nicht, eher Teil des Problems als Teil der Lösung. Wenn wir in der industrialisierten Welt leben, können wir uns der »CO_2-Emissionskultur« derzeit nicht entziehen, egal wie sehr wir uns abstrampeln. Wenn also die junge Generation vorwurfsvoll auf die Älteren zeigt, dann werden die Generationen X und Y auf die Jüngsten zeigen und »Selber!« rufen. Und schon sitzen wir im altbekannten Klimakarussel, schieben die Schuldkarte weiter zum Nächsten und drehen uns im Kreis. Nein, so kommen wir nicht vorwärts.

Wir müssen die Gräben überwinden und Brücken bauen für echten Klimaschutz. Und zwar nicht nur für die Boomer, die Generationen X, Y und Z, sondern auch für die Menschen, die in den nächsten Jahrzehnten und Jahrhunderten erst noch auf die Welt kommen: die Generationen N_1, N_2 bis N_x. Denn sie müssen die Suppe auslöffeln, wenn wir nicht endlich aufhören sie einzubrocken.

Das wissen nicht allein die Jugendlichen. Das wissen auch all die Menschen, die »for Future« auf die Straße gehen. Eine im Frühjahr 2019 veröffentlichte Studie[3] zeigt, dass eine große Mehrheit der Deutschen (63 Prozent) Klimaschutz für ein sehr wichtiges Anliegen hält und ihm eine ähnlich hohe Bedeutung wie den beiden Top-Themen Bildung (69 Prozent) und soziale Gerechtigkeit (65 Prozent) gibt. Allerdings nur 14 Prozent der Menschen meinen, dass die Bundesregierung genug tut. Und das gilt über alle Generationen hinweg.

In einer repräsentativen Umfrage[4] vor der Hamburg-Wahl im Februar 2020 gaben 82 Prozent der Befragten im Alter 65plus an, ihnen sei Klimaschutz wichtig oder sogar sehr wichtig. Bei den 40 bis 64-Jährigen waren es 73 Prozent. Bei den 16 bis 39-Jährigen waren es 85 Prozent. Sie wären alle bereit, für einen besseren Umwelt- und Klimaschutz sogar höhere Preise zu akzeptieren.

Deswegen: Wechselseitige Schuldzuschreibungen und Vorwürfe, Beleidigungen und Beschimpfungen bringen uns nicht weiter. Im Gegenteil.

Ich stelle mir vor: Alle, die tatkräftig mitwirken wollen, versammeln sich um einen großen Tisch. Wir sehen lauter unbekannte Gesichter, entdecken vereinzelt alte Bekannte, begrüßen einander, reden durcheinander, alle haben Unsicherheiten und Wünsche, Hoffnungen und Ängste, die Ideen und Gedanken sprudeln. Jemand klopft mit dem Löffel ans Glas, die Stimmen eben ab, im Raum wird es ruhig.

Jetzt kommt das Buch auf den Tisch.

Es fasst zusammen, warum wir da sind, wo wir sind. Es listet auf, welche Kräfte wirken, welche Diskussionen geführt werden und welche Ideen es schon gibt. Es erzählt von Fehlern, aus denen wir lernen, und es berichtet von Erfolgen, die wir kopieren können. Es sammelt Fragen und Herausforderungen, skizziert Antworten und setzt einen Rahmen für die Suche nach den Lösungen. Am Ende steht eine Vielzahl von Aufgaben, die zu erledigen sind. Es ist nur der Anfang einer noch viel größeren To-do-Liste.

Der echte Zeit- und Maßnahmenplan muss erst noch entwickelt werden – und zwar von all denen, die das 21. zu einem Jahrhundert von Demokratie, Klimaschutz, Nachhaltigkeit und Gerechtigkeit machen wollen, kreuz und quer durch die Republik, von Görlitz bis Aachen, von Passau bis Wilhelmshaven von Freiburg bis Stralsund, ab sofort.

Bislang hat Deutschland nur ein halbherziges Klimapaket verabschiedet. Der mit großem Tamtam angekündigte Klimatiger landete als bescheidener Bettvorleger. Entschieden wurde nicht, was klimapolitisch notwendig ist, sondern lediglich, was politisch durchsetzbar schien. Da war die Mutlosigkeit größer als die Weitsicht. Wir müssen den Verantwortlichen in Wirtschaft und Politik deutlich machen, dass wir mehr verlangen. Wir packen einfach selber an.

Wir brauchen etwas, das größer ist als wir selbst, einen Systemwechsel, eine gemeinsam organisierte und durchgeführte Transformation – weg von der fossilen hin zu einer nachhaltigen Welt. Wir brauchen gemeinsame Entschlossenheit. Wir brauchen Verabredungen und Verbindlichkeit. Wir brauchen einen neuen Generationenvertrag[5] – analog zum Solidarvertrag zwischen den Jungen und den Alten für eine sichere Rente. Wir brauchen einen Solidarvertrag der Generationen X,Y und Z mit den N-Generationen für einen sicheren Planeten. Wir brauchen eine andere Klimazukunft. Wir brauchen Klimagerechtigkeit. Wir brauchen einen neuen Klimavertrag, der Generationengerechtigkeit schafft, einen New Green Deal. Einvernehmlich und verbindlich.

KLIMA
KONFERENZEN
KOMPROMISSE

Wie fangen wir an?

Es gibt unzählige mögliche Anfänge. Dies Buch ist bewusst so geschrieben, dass du das Lesen an verschiedenen Stellen beginnen und auch zwischendurch bequem von Frage zu Frage hin und her springen kannst.

Wenn du aber doch gern linear von Anfang bis Ende lesen möchtest, dann nehme ich dich zuerst mit auf eine Reise in die Vergangenheit. Denn obwohl es manchmal so scheint, fangen wir keineswegs bei null an. Klimapolitik hat eine lange Geschichte, aus der wir manches für die Zukunft lernen können. Von dort aus geht es nach einer kurzen Zwischenstation bei der Klimaskepsis weiter zu Demokratie, Marktwirtschaft, Bürgerbeteiligung bis zur Idee und Notwendigkeit von Verträgen. Im zweiten Teil des Buches geht es dann um konkrete Vertragsinhalte, nämlich um Ziele, Verantwortlichkeiten, Regeln, Kosten und nicht zuletzt die Vermeidung von Nebenwirkungen.

Am Ende steht eine Liste mit möglichen Aufgaben. Sie mögen zunächst abstrakt wirken, aber sicher kannst du selbst Ideen entwickeln, wie du sie in konkrete Arbeitsschritte übersetzen kannst. Dieses Buch gibt dir Antworten, denken und handeln musst du aber selbst. Deswegen findest du am Ende auch eine große Vielfalt von Fußnoten, die dir eine vertiefende Lektüre ermöglichen sollen. Generationenübergreifende Klimagerechtigkeit ist eben ein komplexes Aufgabenfeld. Ich möchte dir Lust machen, dich darauf einzulassen. Fangen wir also von vorne an: mit der »Entdeckung« des menschengemachten Klimawandels.

 ## Wie lange ist das Phänomen »menschengemachter Klimawandel« tatsächlich bekannt?

Es gibt kein konkretes Datum, an dem irgendein einzelner Mensch die sensationelle Entdeckung des anthropogenen Klimawandels gemacht hat. Das Ganze war – und ist in gewisser Weise immer noch – ein langer Erkenntnisprozess. Er begann vor etwa 250 Jahren. Da entdeckte die Naturwissenschaft, dass die Erde nicht schon immer so war, wie Gott sie irgendwann mal aus dem Nichts geschaffen hatte, sondern dass sie eine lange und wechselhafte Geschichte hat, die unterschiedlichsten Einflüssen unterworfen ist. Das war die Geburtsstunde der Wissenschaft, die wir heute Erdsystemanalyse nennen.

Vor rund 120 Jahren, nämlich 1896, legte der spätere Chemie-Nobelpreisträger Svante Arrhenius erstmals eine Berechnung zum Zusammenhang zwischen dem CO_2-Gehalt der Atmosphäre, der Erdtemperatur und der Gletscherbildung vor. Und 60 Jahre später, 1956, erschien ein Buch mit dem Titel *Man's Role in Changing the Face of Earth*, herausgegeben von William L. Thomas, das erstmals vom Einfluss des Menschen auf die Biosphäre der Erde sprach. Es dauerte dann weitere drei Jahrzehnte, bis in den 1980er-Jahren der menschengemachte Klimawandel sich als wissenschaftlicher Befund durchzusetzen begann![6]

Seither wird in dieser Richtung geforscht und immer wieder Neues entdeckt.

Warum setzen sich diese wissenschaftlichen Erkenntnisse nur so langsam durch? 3

Im 19. Jahrhundert wurden nicht nur die verschiedenen Erdzeitalter und der Einfluss von CO_2 in der Erdatmosphäre entdeckt, sondern auch die Hygiene: In den 1840er-Jahren kam Ignaz Semmelweis, ein junger Assistenzarzt an der Wiener Klinik für Geburtshilfe, zu der Erkenntnis, dass Händewaschen vor und nach medizinischen Eingriffen eine gute Idee sei. Es dauerte allerdings viele Jahre, bis sich dies – für uns heute so banale – Wissen durchgesetzt hatte. Die Ärzte der damaligen Zeit sperrten sich gegen die Erkenntnis, dass sie nicht Heils-, sondern Krankheitsbringer sein könnten. Seife konnte doch nicht wichtiger sein als ihre Expertise. Das mag heute lächerlich klingen, war aber damals eine ernsthaft vorgetragene These.

Solcherart Widerspenstigkeit gegen wissenschaftliche Erkenntnisse gibt es zahlreich in der Geschichte der Wissenschaft. Auch die Erkenntnis, dass die Erde weder eine Scheibe noch der Mittelpunkt des Universums ist, brauchte ihre Zeit, bis sie allgemein Konsens war. Die katholische Kirche brauchte sogar 359 Jahre, bis sie 1992 offiziell zugeben konnte, sie habe sich geirrt, als sie 1633 Galileo aufgrund seiner Behauptung, die Erde drehe sich um die Sonne, verurteilte.

So gesehen sind wir mit unserem Wissen über den menschengemachten Klimawandel – zum Glück – ungeheuer schnell. Möglicherweise sind Personen, die im Brustton der Überzeugung behaupten, die Sonne sei am Klimawandel schuld[7], eben bloß nicht ganz auf dem Laufenden.

Wieso ist seit der Entdeckung des menschengemachten Klimawandels politisch nichts passiert?

Ist denn wirklich nichts passiert? Ich finde doch.

Das neue Wissen – oder sollte ich besser sagen: dieser starke wissenschaftliche Verdacht? – über Zusammenhänge und Folgen von Industrialisierung, Ressourcenverschwendung, Umweltverschmutzung und Klimawandel führte 1983 zur Gründung der Weltkommission für Umwelt und Entwicklung (WCED = World Commission on Environment and Development) mit Sitz in Genf. Leiterin wurde die norwegische Umweltpolitikerin Gro Harlem Brundtland, Namensgeberin des 1987 erschienen *Brundtland-Reports*. In dem Bericht wurde erstmals das Leitbild einer nachhaltigen Entwicklung für die gesamte Erde skizziert und er enthielt ein Kapitel über »Das anhaltende Dilemma der fossilen Energien« und ihren Einfluss auf den Klimawandel. Das war das erste globale Nachhaltigkeitsprogramm.

Schon anderthalb Jahre später wird – und das ist etwas sensationell Neues in der Geschichte der Menschheit – der Weltklimarat IPCC, das Intergovernmental Panel on Climate Change, gegründet.[8] Denn es gab noch erhebliche Zweifel, ob und wie ernst die wissenschaftlichen Erkenntnisse zu nehmen seien. Ein internationales Expertengremium sollte deswegen regelmäßig den jeweils aktuellen Erkenntnisstand über den Treibhauseffekt bündeln und bewerten. Im IPCC laufen seither die Forschungsergebnisse von Tausenden unabhängigen Forschungseinrichtungen rund um den Globus zusammen. Alle paar Jahre veröffentlicht der Weltklimarat seither quasi den »Pegelstand« der wissenschaftlichen Klimaforschung.

Schon im ersten Bericht von 1990 war eins klar: Es gibt unstrittig einen menschlichen Einfluss aufs Klima.[9] Die Frage war lediglich, wie groß dieser Einfluss ist und welche Konsequenzen daraus zu ziehen waren. Deswegen forderte das IPCC internationale Verträge zum Schutz des Klimas und gab damit einen folgenschweren Anstoß.

Denn auf diesen Meilenstein der Wissenschaftsgeschichte folgte keine zwei Jahre später ein Meilenstein der Politikgeschichte: 1992 kamen Hunderte von Abgesandten aus aller Welt – darunter die heutige Bundeskanzlerin und damalige Umweltministerin Angela Merkel – in Rio de Janeiro erstmals zu einer globalen Umwelt-Konferenz zusammen. Alle 178 Mitgliedstaaten der Vereinten Nationen schickten Delegierte nach Brasilien. Sie sollten auf höchster politischer Ebene darüber verhandeln, wie mit den gesicherten Erkenntnissen umzugehen sei: Welche Konsequenzen waren aus dem anthropogenen Klimawandel und den Umweltschäden durch die Industrialisierung zu ziehen?

Das war ein völlig neues diplomatisches Format, für alle Beteiligten absolutes Neuland. Zuerst mussten alle auf denselben Stand der Wissenschaft gelangen und sich dann auf grundlegende Aspekte verständigen. In puncto Klimawandel ging es beispielsweise darum, dass nicht nur nationale Gesamtemissionen, sondern auch die Pro-Kopf-Emissionen eines Staates zu erfassen seien und dass die Verantwortung der Industriestaaten deutlich größer ist als die der Entwicklungsländer. Und natürlich musste man Einigkeit darüber herstellen, ob alle Beteiligten die globale Erwärmung überhaupt stoppen wollen.[10]

Auf der Konferenz von Rio, die schon für sich genommen ein großer Schritt für die Weltgemeinschaft war, wurde dreierlei beschlossen:

1. die »Agenda 21«, bei der sich alle Teilnehmerstaaten verpflichteten, eine nationale Nachhaltigkeitsstrategie auszuarbeiten,[11]
2. das »Übereinkommen über die biologische Vielfalt«, in dem sich die Mitgliedstaaten das Ziel setzten, die Vielfalt des Lebens auf der Erde zu schützen, und
3. die »Klimarahmenkonvention« mit dem Ziel, eine gefährliche menschengemachte Störung des Klimasystems zu verhindern.[12]

Außerdem gab es die Vereinbarung, dass es jährlich weitere Klimakonferenzen (»Conference of the Parties«, COPs) geben solle, auf denen die Umsetzung der vereinbarten Ziele überprüft und die Maßnahmen gegebenenfalls geschärft werden sollten. Und so findet seit 1995 einmal im Jahr an wechselnden Orten eine Klimakonferenz statt,[13] mit wichtigen Meilensteinen in der Folge. Besonders erwähnenswert sind die Konferenzen von Kyoto und von Paris.

Was passierte in Kyoto?

In Kyoto fand 1997 die dritte Klimakonferenz statt. Hier wurde das Jahr 1990 als Basisjahr für alle künftigen Vergleichszahlen festgelegt und die Industriestaaten verpflichteten sich, ihre Emissionen im Zeitraum 2008 bis 2012 um insgesamt 5,2 Prozent zu reduzieren.[14] Das ist aus heutiger Perspektive natürlich viel zu wenig. Aber damals war es ein echter Durchbruch vor allem, weil die Industriestaaten damals ihre besondere Verantwortung zugestanden haben.

Auch wurde festgelegt, dass es nicht nur um CO_2 gehen soll, sondern um insgesamt sechs Treibhausgase. CO_2 wurde aber als Standardmaß definiert. Alle anderen Gase müssen in CO_2 umgerechnet werden. Das vereinfacht den Vergleich. Auch wurde festgelegt, dass nicht jedes klitzekleine Land einzeln abrechnet, sondern dass die EU als Einheit betrachtet wird. Auch das vereinfachte fortan die Verhandlungen.

Das Kyoto-Protokoll war erneut eine politische Sensation: Erstmals gab es für Industrieländer eine genaue und verpflichtende Festlegung von Reduktionszielen für Treibhausgase. Gleichzeitig wurden Instrumente zur Umsetzung der Ziele etabliert.

Das war der Anfang für globale Klimaschutz-Spielregeln.

Warum haben die in Kyoto vereinbarten Spielregeln nichts gebracht?

Alle in Kyoto geschlossenen Verträge mussten erst noch in den Heimatländern der Delegierten von den dortigen Parlamenten oder Herrschaftshäusern bewilligt, also »ratifiziert« und damit rechtskräftig werden. Das dauerte. Denn jetzt mussten die Delegierten zu Hause erklären, welchen Vereinbarungen sie in Kyoto zugestimmt hatten. Und prompt fanden sich in der Heimat Bedenkenträger oder neue politische Verhältnisse, die das Verfahren blockierten.

Derlei Komplikationen hatten die Delegierten in Kyoto schon vorausgesehen. Deswegen hatte man aus Gründen der Fairness beschlossen, dass das »Spiel« erst »angepfiffen« wird, wenn 55 Prozent der teilnehmenden Länder den Vertrag ratifiziert hatten. Eine knappe Mehrheit aller Länder – das schien leicht erreichbar. Doch leider dauerte das bis 2004. Bis heute haben immer noch nicht alle Mitgliedstaaten das Kyoto-Protokoll ratifiziert, aber es werden immer mehr. Mit Ausnahme der USA sind inzwischen alle Industriestaaten dabei.

Eigentlich sollte das Kyoto-Protokoll 2012 enden, aber nach jahrelangen mühsamen Verhandlungen mit teilweise dramatischen Wendungen wurde auf den letzten Drücker, nämlich auf der Konferenz von Doha 2012, eine Verlängerung bis 2020 entschieden. Nur 38 Staaten machten mit. Immerhin fast alle Industriestaaten. Doch Russland, Kanada, Japan und Neuseeland erklärten ihren Austritt. Offenbar hatten sie keine Lust sich anzustrengen, wenn die USA, der größte CO_2-Emittent der Welt, sich dauerhaft verweigerte. Das Ganze drohte kurzzeitig völlig auseinanderzubrechen. So war man froh, dass sich am Ende wenigstens ein schwacher Kompromiss gefunden hatte.

Was wurde aus den anderen Beschlüssen von Rio, etwa der Agenda 21?

Auf der Konferenz in Rio 1992 ging es nicht nur um den Klimawandel, sondern auch um die »Agenda 21«. Das war der Titel eines Programms für nachhaltige Entwicklung der Welt, das 40 Kapitel umfasste. Dabei ging es um globale Fragen wie Armut, Gesundheit, Konsum, Artenvielfalt, Klimaschutz, Gleichberechtigung der Frauen, Versorgung der Kinder und vieles andere mehr.

Die Konferenz von Rio forderte alle Kommunen der Erde auf, sich an der Umsetzung zu beteiligen. Alle Menschen sollten sich direkt vor Ort mit den lokalen Fragen zu Umwelt, Wirtschaft und Sozialem befassen. So erwuchs unter dem Schlagwort »Lokale Agenda 21« eine weltweite Bewegung, die bis heute besteht.

Was bewirkte die Lokale Agenda 21 in Deutschland?

Mit etwas Verzögerung entstanden auch in Deutschland zahlreiche Lokale-Agenda-21-Initiativen. Nach anfänglicher Skepsis entstand echte Experimentierfreude und daraus erwuchs in vielen Städten und Kommunen eine – in dieser Form weltweit einzigartige – Bürgerbeteiligung.

Die Stadt Münster zum Beispiel zeigte großes Engagement und gilt als vorbildlich darin, wie Bürgerbeteiligung und Partizipation in Nachhaltigkeitsfragen aussehen kann.[15] Doch trotz aller Bemühungen wurden unterm Strich die Ziele nicht erreicht, jedenfalls nicht vollständig: Zwar sanken die Emissionen um 16 Prozent, angestrebt waren aber 25 Prozent. Zwar wurden die Gesamtemissionen der Stadt wohl fast um die angestrebten 40 Prozent reduziert, doch der Anteil der erneuerbaren Energien liegt bei mageren 5,5 Prozent – angestrebt waren 20 Prozent.[16] Doch die Stadt lässt sich nicht entmutigen, sondern arbeitet nun umso entschlossener an der Umsetzung des »Masterplan 100 Prozent Klimaschutz«: Bis 2050 will Münster den Energieverbrauch um die Hälfte reduzieren.[17]

Aus solchen Erfahrungen können wir lernen. Aus einer zweijährigen Forschungsarbeit ist beispielsweise ein Handbuch[18] entstanden, das aus den Praxiserfahrungen der Agenda-21-Kommunen konkrete Tipps und Anregungen abgeleitet hat, wie ein solcher Beteiligungsprozess erfolgreich gestaltet werden kann.

Und was wurde aus dem »Übereinkommen über die biologische Vielfalt«?

Neben dem Klimarahmenabkommen wurde in Rio 1992 – völkerrechtlich bindend – auch ein Abkommen zur biologischen Vielfalt abgeschlossen. Damit sollte zuallererst die Erhaltung der biologischen Vielfalt sichergestellt werden. Dazu wurde geregelt, wie sie (nachhaltig!) genutzt werden darf und das so gerecht, dass nicht wir in Europa alles aufbrauchen und die Menschen in Asien und Afrika leer ausgehen.

Auch hier gab es eine lange Reihe von Folgekonferenzen[19], in denen manches vertieft und manches ergänzt wurde. Auf der Konferenz in Cartagena im Jahr 2000 beispielsweise wurde erstmals Regelungen zum Umgang mit gentechnisch veränderten Organismen formuliert. Auf der Konferenz 2010 in Nagoya/Japan wurden 20 konkrete Handlungsziele, die sogenannten »Aichi-Ziele«, beschlossen, die den Verlust an biologischer Vielfalt stoppen sollten.[20] Obwohl das Jahrzehnt 2011 bis 2020 von den Vereinten Nationen sogar zur »UN-Dekade der Biodiversität«[21] erklärt wurde, wissen wir heute, dass auch diese Ziele leider nicht erreicht werden.

Gab es noch weitere Konferenzen? ⑩

Es gab zahlreiche Weltkonferenzen zu einzelnen Themen, etwa die Wiener Menschenrechtskonferenz 1993, den Weltsozialgipfel in Kopenhagen und den Weltfrauengipfel in Peking, beide 1995, und den Welternährungsgipfel 1996.

Ein nächster großer Meilenstein waren die acht Millenniumsziele (Millennium Development Goals; kurz: MDG), die so heißen, weil sie im Jahr 2000 in New York verabschiedet wurden.[22] Ihre Themen: Bekämpfung von Armut und Hunger, Primarschulbildung für alle, Gleichstellung der Geschlechter, Senkung der Kindersterblichkeit, Verbesserung der Gesundheitsversorgung der Mütter, Bekämpfung von HIV/Aids, Malaria etc. und ökologische Nachhaltigkeit. Das achte Ziel, Aufbau einer globalen Partnerschaft für Entwicklung, zeigt, dass die anderen sieben Ziele sich vorrangig um die Länder der südlichen Halbkugel drehten und dass die Industrieländer bei der Lösung der Probleme »helfen« sollten. Das klingt irgendwie arrogant? War es auch. Die Jahrtausendwende war – nach dem Ende der Sowjetunion – vom großen Selbstbewusstsein der neoliberalen Marktwirtschaft des Westens geprägt. Im kalten Krieg zwischen Sozialismus und Kapitalismus hatte – so schien es – die Geschichte bewiesen, welches System überlegen war.

Wie lange hielten die Millenniumsziele (MDG)?

Nicht wirklich lange. Denn mit der globalen und massiven Weltwirtschaftskrise ab 2007 endete die Illusion. Aufgrund ungedeckter Immobilienrisiken in erheblichem Ausmaß gerieten erst einzelne, dann fast alle Banken ins Schlingern. Die Realwirtschaft drohte zu kollabieren. Ohne staatliche Rettungsfonds in bis dahin ungeahnten Höhen wäre das vermeintlich starke Finanzsystem wie ein Kartenhaus in sich zusammengeklappt. Durch die damit forcierte Staatsverschuldung kam es zu einer massiven Eurokrise, deren politische Folgen wir bis heute spüren.

Auf der UN-Konferenz Rio+20, die 20 Jahre nach der ersten Weltkonferenz wieder in Rio de Janeiro stattfand, war der Hochmut der

Industrienationen deutlich gedämpft. Außerdem hatten China, Indien und Brasilien mittlerweile deutlich an wirtschaftlicher und politischer Macht gewonnen. Die alte Aufteilung in Nord und Süd ging nicht mehr auf. Die Menschen in Botswana verfügten im statistischen Durchschnitt über ein höheres Einkommen als in Rumänien oder Bulgarien; Südkorea hatte ein höheres Bruttosozialprodukt (BIP) als Griechenland oder Portugal und Uruguay ein höheres als Polen.[23] Auch kann die Kluft zwischen Arm und Reich innerhalb eines – egal wie reichen – Staates extrem hoch sein, wie sich mithilfe des »Gini-Koeffizienten«[24] zeigen lässt.

Jetzt gingen die Entwicklungs- und Schwellenländer also mit neuem Selbstbewusstsein in die Verhandlungen und forderten die Industrienationen zu kooperativem Umgang anstelle des bisherigen Paternalismus auf. Vor allem in der Umwelt- und Klimapolitik war nunmehr klar, dass die Schäden größtenteils von den Industriestaaten verursacht worden waren und weiterhin verursacht werden. Grund genug, sie auch entsprechend zur Verantwortung zu ziehen. Jetzt hieß es offensiv: Macht euren Dreck selbst weg. Lebt nicht auf Kosten anderer!

Es gab quasi Hausaufgaben für alle: Jedes Land war aufgefordert, eigene Vorschläge zu sammeln, was es tun wolle und könne.

(12) Wie wurden die MDG zu SDG?

Im September 2015 – zum 70. Jahrestag der Vereinten Nationen – wurden auf einer großen Konferenz in New York alle Aufgaben und Lösungsideen, die in den einzelnen Ländern erarbeitet worden waren, zusammengetragen, sortiert und gebündelt. Heraus kam ein beeindruckendes Vertragswerk, das nicht nur alle Staaten, sondern auch alle Probleme der Welt betraf: die »Agenda 2030«. Sie wurde von allen UN-Mitgliedstaaten feierlich verabschiedet, egal ob Entwicklungsland, Schwellenland oder Industriestaat.[25] Jetzt war es schwarz auf weiß zu lesen: Alle müssen ihren Beitrag leisten.

Die Millennium Development Goals (MDG) verwandelten sich zu den Sustainable Development Goals (SDG). Ein ehrgeiziger Katalog mit 17 Zielen[26], die erstmals alle drei Dimensionen der Nachhaltigkeit – Soziales, Umwelt, Wirtschaft – gleichermaßen berücksichtigten. Es geht um Armut und Hunger, Gesundheit und Bildung, Geschlechter- und andere Ungleichheiten, um Wasser- und Energieversorgung, um Wirtschaft und Infrastruktur, um Nachhaltigkeit und um Biodiversität im Wasser und an Land, um Frieden und um Partnerschaft – und um Klimaschutz geht es auch.

Bei der Agenda 2030 ist Klimaschutz nur *ein* Punkt unter vielen?

Alle 17 Ziele sind gleich wichtig und hängen miteinander zusammen. Das macht die Sache nicht einfacher, aber seit 2015 ist klar, dass *alles* mit *allem* zusammenhängt und *alle* daran mitarbeiten müssen, *alle* Probleme zu lösen. Ein Video des Umweltministeriums bringt das Wesentliche in drei Minuten zusammen.[27]

Es blieb aber nicht bei diesen Zielverlautbarungen. Es wurde gleich auch ein Katalog von 169 detaillierteren Zielvorgaben verabschiedet. Einer der Punkte (12c) betraf die »ineffiziente Subventionierung fossiler Brennstoffe«. Danach sollten im Sinne der Umwelt Steuern umstrukturiert und Subventionen abgeschafft werden und zwar in einer Weise, die den Bedürfnissen der Armen »in vollem Umfang« gerecht wird. Es lohnt sich wirklich, das zu lesen! Jedes Land musste auf Basis dieser Ziele eigene Indikatoren entwickeln, anhand derer der Grad der Zielerreichung konkret messbar wird.

Weltweit gibt es 244 relevante Indikatoren. Für Deutschland hat diese Aufgabe das Statistische Bundesamt übernommen, 65 Indikatoren definiert und liefert im zweijährlichen Rhythmus eine Art »Wetterbericht«: Sind die Ziele bereits erreicht oder würden sie bei gleichbleibender Entwicklung erreicht, gilt das als »sonnig« – beispielsweise lacht die Sonne beim Bruttoinlandsprodukt je Einwohner und beim Anteil des Stroms aus erneuerbaren Energien. Geht es bei einem Ziel zwar in die richtige Richtung, aber deutlich zu langsam (wie bei der Reduktion der Treibhausgasemissionen oder Gender Pay Gap), ist das leicht bewölkt bis wolkig. Entfernen wir uns vom angestrebten Ziel (wie etwa beim Primärenergieverbrauch oder der Adipositasquote), wird vor »Gewitter« gewarnt.

Manches Ziel ist dabei leider unter den Tisch gefallen, zum Beispiel die erwähnte Beendigung der Subventionierung fossiler Energien, aber auch die Ziele zu Transparenz und Bürgerbeteiligung. Das hat gleich 2016 eine internationale Expertenkommission bemängelt[28] und schon damals mehr Ehrgeiz, aber vor allem detaillierte Aktionspläne sowie klare Verantwortung der zuständigen Minister gefordert, aber wir wissen, was daraus wurde. Nichts. Heute würde die Fridays-for-Future-Bewegung hoffentlich angesichts solcher »Schummeleien« sofort protestieren. Aber vor ein paar Jahren hat die Öffentlichkeit noch nicht so aufmerksam hingeschaut.

Ziel 13 betrifft den Klimaschutz, nämlich »umgehend Maßnahmen zur Bekämpfung des Klimawandels und seiner Auswirkungen« zu ergreifen. Dazu gibt es eine Fußnote, in der auf das »Rahmenübereinkommen der Vereinten Nationen über Klimaänderungen« verwiesen wird[29] – und damit auf die kurz darauf angesetzte Klimakonferenz in Paris.

Was passierte auf der Klimakonferenz in Paris?

Die Klimakonferenz in Paris fand im Dezember 2015 statt. Auch bei der Vorbereitung und Durchführung dieser Konferenz hatte man dazugelernt. Anders als in Kyoto, 20 Jahre zuvor, wurden keine großen Ziele formuliert, die dann der Welt »top-down« verordnet würden. Paris brachte keine vollmundigen Versprechungen hervor, die dann niemand einhielt. Stattdessen verfolgte man einen »Bottom-up«-Ansatz: Jedes Land definierte im Vorfeld ohne Druck seine eigenen Ziele selbst. Neu war auch, dass die Agenda mit breiter Beteiligung der Zivilgesellschaft in aller Welt entwickelt wurde. Möglicherweise setzte dabei das eine oder andere Land seine Ziele weniger ambitioniert als möglich. Aber dadurch bestand jetzt die Chance, dass alle halten würden, was sie versprochen hatten.

So hatte man am Ende durch diesen partizipativen Stil tatsächlich einen größeren Fortschritt für den globalen Klimaschutz gewonnen als je zuvor. Schon allein deshalb, weil nahezu alle Länder – vor allem die mit den größten Emissionen – auf diesen (langsamen) Zug aufsprangen.

Außerdem hatte man in Paris aus den Erfahrungen der letzten Jahre gelernt. Seitdem gibt es neue Spielregeln auf allen Ebenen. So gelten zum Beispiel neue Transparenzregeln: Die Staaten müssen sich nicht nur wechselseitig, sondern auch der breiten Öffentlichkeit Bericht erstatten, wie weit sie bei der Verwirklichung ihrer Ziele sind. Die Fortschritte werden nach einem ausgeklügelten Rechenschaftssystem gemessen. Und nur wer Fortschritte gemacht hat, kommt überhaupt zu Wort. Ausreden, Lamentieren und Blockieren sind künftig passé.

Und noch etwas Wesentliches wurde in Paris entschieden: Alle fünf Jahre wird überprüft, ob neue wissenschaftliche Erkenntnisse eine strengere Definition der Ziele erforderlich machen.

Hielt das Pariser Klimaabkommen, was es versprochen hatte?

Zunächst jedenfalls kam geradezu Euphorie auf. Denn nach langem Sperren hatten nun auch die USA und China den Vertrag unterschrieben. Zum Ende seiner letzten Amtszeit setzte Präsident Obama das Pariser Abkommen per Dekret durch, um sicherzugehen, dass die klimaskeptischen Republikaner im Parlament die Umsetzung des Vertrags nicht noch auf den letzten Drücker verhindern. Und weil die USA endlich mitmachten, verweigerte auch China nicht länger die Teilnahme.

Ganz konkret wurde beschlossen, dass die globale Erwärmung bis zum Jahr 2050 unter zwei Grad bzw. möglichst unter anderthalb Grad liegen solle. 195 Staaten unterzeichneten das Pariser Abkommen, es trat 2016 in Kraft.[30] Die Länder legten sich fest, dass sie diesen Grenzwert auf keinen Fall überschreiten. Das war ein Riesenerfolg!

Alle waren hochmotiviert. Das änderte sich auch nicht, als der neue amerikanische Präsident Donald Trump quasi als erste Amtshandlung alle Klimamaßnahmen stoppte und 2017 den Vertrag kündigte. Wirksam wird der Rückzug allerdings erst im November 2020 – am Tag nach der nächsten Präsidentschaftswahl. Hier sind also die Würfel noch längst nicht gefallen.

Fast alle Staaten der Erde haben auf Basis der Pariser Vereinbarungen nationale Klimaschutzziele definiert. Ob das Pariser Abkommen wirklich trägt, liegt nun an jedem einzelnen Land.

Wie steht es um Deutschlands Zielerreichung?

Leider sehr schlecht. Die Bundesregierung hat sich zwar in verschiedenen Prozessen auf ambitionierte Klimaschutzziele verständigt[31] und auch – entsprechend der Agenda 2030 – umweltpolitische Ziele zum Schutz der Biodiversität[32] oder im Rahmen der Nachhaltigkeitspolitik[33] formuliert. Aber dabei ist sie weit unter dem erforderlichen Niveau geblieben.

Erst recht bedenklich stimmt es, dass danach in Kabinett und Parlament Instrumente beschlossen wurden, mit denen sich noch nicht einmal diese halbherzigen Ziele erreichen lassen. Und zwar weder kurzfristig noch langfristig.

Es ist, wie wenn der Arzt dir empfiehlt, das Rauchen aufzugeben, und du verkündest, dass du das total ernst nimmst und fest vorhast. Und dann beschließt du, nur noch nach dem Essen und abends zu rauchen und stellst den Aschenbecher vom Wohnzimmertisch ins Regal. Wort und Tat klaffen erheblich auseinander.

Als Sachverständigenrat des Bundesumweltministeriums haben wir in unserem Gutachten 2019 in allen drei Feldern deutlich Alarm geschlagen:

Klimaschutz: Statt wie vereinbart bis zum Jahr 2020 die Treibhausgasemissionen um 40 Prozent gegenüber 1990 zu vermindern, wird die Minderung voraussichtlich nur 32 Prozent betragen.[34]

Biologische Vielfalt: Keiner der Indikatoren befindet sich innerhalb des Zielbereiches. Nur bei nachhaltiger Forstwirtschaft und Landschaftszerschneidung werden zwischen 80 und 90 Prozent der Zielsetzung erreicht. Für sechs Indikatoren wird ein Zielerreichungsgrad von 50 bis 80 Prozent ausgewiesen. Für fünf Indikatoren sogar von unter 50 Prozent.[35]

Nachhaltigkeitsstrategie: Auch für die 25 umwelt- und klimarelevanten Indikatoren der Nachhaltigkeitsstrategie ist die (zumeist auf das Jahr 2030 ausgerichtete) Zielerreichung gefährdet.[36] Wir haben eine spezielle Grafik erstellt, um die dramatische Situation zu visualisieren.[37] Sie zeigt eine Art Erdbeben-Seismograf, auf dem um den Kern der Nachhaltigkeitsziele die 25 Indikatoren kreisen. Leider schlagen die Seismografen in fast allen Bereichen stark aus, in den Bereichen Phosphat- und Nitratbelastung in Gewässern, in der Siedlungsdichte und in den drei Kategorien Energieverbrauch (Güterverkehr, Personenverkehr, Primärenergie) sogar knallrot.

Dann geht es bei Fridays for Future also um mehr als ums Klima?

Es wäre theoretisch gut, wenn die Leute auf der Straße nicht bloß Klima-, sondern Zukunftsaktivisten wären. Viele haben längst verstanden, dass es um deutlich mehr geht als um CO_2-Emissionen und engagieren sich auch in anderen Zusammenhängen.

Trotzdem ist es in der Praxis gut, dass sich die FFF-Bewegung auf einen wesentlichen Punkt konzentriert und in der Öffentlichkeit immer wieder dieselbe Botschaft wiederholt: Wir müssen bis 2050 das 1,5- beziehungsweise Zwei-Grad-Ziel erreichen und heute (!) dafür geeignete Maßnahmen einleiten!

Wenn wir dieses Ziel nicht erreichen, werden absehbar alle anderen Ziele auch hinfällig. Insofern liegen die FFF-Aktivisten mit der Fokussierung ihrer Proteste goldrichtig.

Gleichzeitig dürfen wir keines der Agenda-2030-Ziele wichtiger nehmen als die anderen. Demokratie, Menschenwürde, sozialer und globaler Frieden (Ziel 16) sind nicht egal, weil wir ein massives Klimaproblem haben. Rassismus, Ausgrenzung von Minderheiten und Genderthemen (Ziele 5 und 10) dürfen wir nicht vergessen, wenn wir über CO_2-Emissionen nachdenken. Armut, Hunger, Gesundheit und Bildung (Ziele 1, 2, 3 und 4) gehören zur Debatte dazu, wenn wir über Energie- und Verkehrswende sprechen. Allzu oft werden Probleme durch sogenannten »Whataboutism«[38] gegeneinander ausgespielt. Das Ablenkungsmanöver, bei dem Probleme plötzlich hierarchisiert werden, verschiebt die Diskussion vom Inhalt zur Reihenfolge: Plötzlich scheinen andere Probleme wichtiger und müssen zuerst geklärt werden. Aber nein! Nachhaltigkeit ist kein Wettbewerb gegeneinander, sondern, wenn überhaupt, ein Wettbewerb miteinander – nämlich um die besten Ideen!

Okay. Aber ist *das* der Fortschritt der letzten 40 Jahre?

Ich finde, wir haben ziemlich große Fortschritte gemacht: Erstmals haben alle Länder der Welt vereinbart, dass sie sich gemeinsam den Herausforderungen des 21. Jahrhunderts stellen wollen, friedlich miteinander statt kriegerisch gegeneinander. Es gibt an so vielen

Regionen der Erde bereits Krieg um Ressourcen, meist um Öl oder Gas; da ist es ein immenser Fortschritt, dass die Menschen endlich eine andere Strategie entwickelt haben.

Zweitens haben die Industriestaaten zugegeben, dass sie über die letzten 150 Jahre nicht nur enorme Schäden angerichtet, sondern auch Schulden aufgehäuft haben, die sie jetzt und in Zukunft finanziell ausgleichen müssen.

Und drittens haben wir bei den Konferenzen nach und nach gelernt, wie wir bei aller Diversität der Länder und Interessen in einen echten offenen und gleichberechtigten Dialog kommen, dass wir die lokalen Zivilgesellschaften jeweils beteiligen und sowohl global denken wie lokal handeln müssen. Dabei haben wir Methoden entwickelt, wie wir zuverlässig überprüfen, dass die eigenen Zielvorgaben erfüllt werden.

Sicher, derzeit gibt es viele besorgniserregende Rückschläge, egal ob als lautstarker America-first-Egoismus oder in Form von intransparent organisierten, Misstrauen schürenden und die Demokratie zersetzenden Aktivitäten. Aber ich bin zuversichtlich, dass weltweit die aufgeklärte, unabhängige Wissenschaft, die verantwortlich handelnde Wirtschaft, die engagierte Zivilgesellschaft und die aufrichtig bemühte Politik es gemeinsam schaffen, diesen partizipativen Prozess hin zu Solidarität und Nachhaltigkeit unbeirrt weiterzugehen.

Der Klimawandel ist in ein unleugbar ernstes Stadium getreten. Die täglichen Nachrichten von Extremwetterereignissen, die Brände in Australien, Kalifornien, Russland und in Südamerika, die Dürren, die Stürme, die Hochwasser – all das mahnt uns, keine Zeit mehr zu verlieren. Bei alledem müssen wir – also Politik, Wissenschaft, Wirtschaft und Zivilgesellschaft – die Ruhe bewahren und jede einzelne Klimaschutzmaßnahme darauf prüfen, ob sie nicht einem oder mehreren anderen Nachhaltigkeitszielen zuwiderläuft. Das ist eine große Herausforderung, die aber durchaus zu bewältigen ist!

(19) Ist das Tempo der Politik nicht viel zu langsam?

Was das Tempo der Politik angeht, solltest du in deiner Beurteilung fair bleiben. Zwei Aspekte gilt es zu berücksichtigen: den Fortschritt der Technik und den Fortschritt der Wissenschaft.

Was den Fortschritt der Technik angeht, so gab es 1992, als die erste große Konferenz in Rio stattfand, keine Smartphones, kein

Internet, kein Google, kein Wikipedia. Alles Wissen musste mühsam auf Papier festgehalten, fotokopiert und in Umlauf gebracht werden.

Angela Merkel, die als junge Umweltministerin in Rio schon dabei und 1995 Gastgeberin der ersten Klimakonferenz in Berlin war, hat im Laufe ihres politischen Lebens alle 25 Klimakonferenzen mitbekommen, wenn sie auch nicht an jeder einzelnen teilgenommen hat. Sie hat immer wieder erlebt, wie mühsam solche politischen Verhandlungen ablaufen. Wenn du jemals versucht hast, mit einer Gruppe von mehr als drei Personen im Konsens eine Entscheidung zu fällen, weißt du, wovon sie spricht.

In den letzten 20, 30 Jahren haben alle Beteiligten deutlich dazugelernt und wissen, mit welchen Techniken und Methoden man in solchem Maßstab Großveranstaltungen moderieren und unterschiedlichste Meinungen zu einem Konsens zusammenführen kann. Heute geht alles auch technisch viel schneller und unkomplizierter.

Die Klimakonferenzen werden das ganze Jahr über von unzähligen nationalen Arbeitsgruppen vorbereitet. Die Beteiligten können gleichzeitig an virtuellen Dokumenten arbeiten und stehen permanent im Austausch mit anderen Gruppen. So kann bis zur letzten Sekunde noch an Details getüftelt werden, und bei der eigentlichen Konferenz muss im Idealfall nur noch unterschrieben werden.

Welche Fortschritte machte die Wissenschaft?

Wie die Politik machte auch die Wissenschaft parallel zur Technik enorme Fortschritte. Dank modernster IT lassen sich inzwischen nicht nur andere und sehr viel präzisere Daten erheben, sondern auch in viel größerem Umfang Simulationen errechnen. Heute gilt es als wissenschaftlicher Konsens, dass das Zeitalter des Holozäns in ein Zeitalter des »Anthropozäns« übergeht, in dem das Erdsystem wesentlich durch menschliches Verhalten beeinflusst wird.

Das klingt harmlos, ist aber tatsächlich folgenschwer. Denn das Anthropozän kann zwei Ausprägungen annehmen:[39] Variante 1 wäre ein »Verwüstungsanthropozän«, in dem in den nächsten 100 Jahren die wichtigsten funktionalen Zusammenhänge des

Geosphäre-Biosphäre-Komplexes zusammenbrechen und der mehrere zehn Millionen Jahre bestehende Zustand der Erde sich vollständig wandeln würde. Variante 2 wäre ein »holozänartiges Anthropozän«, in dem die Erde durch den –aufgrund von Erkenntnissen bewusst gemäßigten – Einfluss der Menschen zwar verändert, aber in dem Zustand der letzten Jahre verbliebe. Für den Fortbestand der Menschheit wäre die zweite die deutlich bessere Variante.[40]

Doch vor fünf Jahren kam eine neue erschreckende Entdeckung dazu: Ein schwedisches Forscherteam um Will Steffen und Wendy Groadgate veröffentlichte 2015 einen spektakulären Bericht:[41] Sie hatten in einem Langzeitvergleich zahlreiche sozioökonomische Indikatoren (Größe der Weltbevölkerung, Anwachsen der Städte, Intensität und das Ausmaß der Landnutzung, Wirtschaftsleistung etc.) im Verhältnis zu diversen naturwissenschaftlichen Kennzahlen (Kohlenstoff, Stickstoff, Phosphor, Tierarten, globale Mitteltemperatur, stratosphärisches Ozon und Ozeanversauerung) betrachtet. Ihr Ergebnis: Die Auswirkungen des menschlichen Einflusses auf das Erdsystem waren inzwischen im Vergleich zur Mitte des 20. Jahrhunderts deutlich größer – und zwar um ein Vielfaches!

Seither ist klar, dass der bisherige Zustand der Erde durch uns Menschen nicht nur maßgeblich verändert wird, sondern dass sich das Veränderungstempo permanent erhöht. Die Wissenschaft nennt das: »die große Beschleunigung«.[42]

Dieses Forschungsergebnis hatte sicher Einfluss auf die Entscheidungen von Paris. Denn jetzt war plötzlich allen klar, dass es keine Zeit mehr zu verlieren gab; aber das war eben leider erst 2015.

Sind Konferenzen und Verträge nicht sinnlos, wenn die großen Länder nicht mitmachen?

Wenn nach so langen Verhandlungen und Anstrengungen ausgerechnet die stärksten CO_2-Emittenten die Kooperation verweigern, ist das natürlich total frustrierend. Deswegen reden manche Medien davon, dass Paris »gescheitert« sei. Aber wenn, dann ist nicht Paris gescheitert, sondern die anschließende Umsetzung einzelner Staaten vor Ort.

Klar, manche Klimaforscher, die schon seit Jahrzehnten vor dem Klimawandel warnen und entsprechende Maßnahmen fordern, sind angesichts der quälend langen Verhandlungen und der schwachen

Umsetzung bitter enttäuscht und erschöpft. Die emotionalen Momente, in denen sie wütend oder sogar weinend ihren Frust artikulieren, nutzen Medien, um die komplizierten Klimaverhandlungen für das breite Publikum anschaulich und leicht verständlich darzubieten.

Als zum Beispiel Saleemul Huq, ein bengalischer Wissenschaftler, nach 25 Klimagipfeln verärgert seinen Rücktritt erklärte, stand er plötzlich im Mittelpunkt der Berichterstattung.[43] Es entstand der Eindruck, diese ganzen Konferenzen seien ein absurder Kampf gegen Windmühlen und vollkommen sinnlos. Das stimmt aber nicht. Zwar kann ich verstehen, dass sich Saleemul Huq lautstark zu unfairen Verhandlungsmethoden mancher Industriestaaten geäußert hat. Dennoch bleibt seine Entscheidung, sich zurückzuziehen, bedauerlich. Leute mit seinem Wissen und seiner Erfahrung werden bei den Konferenzen dringend gebraucht. Trotzdem ist sein Rücktritt nicht das Ende aller Klimaverhandlungen. Wenn in Deutschland ein langjähriger Bundesligatrainer genervt das Handtuch wirft, wird trotzdem weiter Fußball gespielt.

Deswegen: Trotz aller Probleme und Schwierigkeiten, trotz aller Rückschläge geht es in die richtige Richtung. Wir sind dank der Klimakonferenzen an einen Punkt gekommen, an dem es politisch kein Zurück gibt – auch nicht für die USA, für Australien oder für Saudi-Arabien.

Das scheinen die großen Länder aber anders zu sehen, oder?

Ich bin sicher, dass alle, wirklich alle Länder – und zwar in der breiten Öffentlichkeit wie auch auf den oberen politischen Ebenen – erkannt haben, dass die Energie der Zukunft erneuerbar und nicht fossil ist.

Mit dem Abkommen von Paris ist der Ausstieg aus Kohle, Öl und Gas nun in eine unwiderrufliche Phase gekommen. Zwar hat Präsident Trump als eine seiner ersten Amtshandlungen das Pariser Abkommen gekündigt. Aber gerade damit hat er gezeigt, dass er das Abkommen ernst nimmt. Er musste eben erst kündigen. Und die Kündigungsfrist für die USA läuft wie bereits erwähnt erst 2020 aus. Mit etwas Glück wählt die amerikanische Bevölkerung im November 2020 eine Person ins Präsidentenamt, die sich mehr für die Zukunft unseres Planeten interessiert als der Klimakiller Trump. Dann könnten die USA dem Pariser Abkommen sofort wieder beitreten und mit entsprechenden Anstrengungen schnell auf den vorderen Plätzen des Klimaschutz-Index landen. Das Potenzial hätten sie allemal.

Zudem hat Trumps Schritt keineswegs das ganze Abkommen infrage gestellt. Im Gegenteil! Für viele andere Nationen war das der Moment zu sagen: Jetzt erst recht!

Warum sperren sich manche Länder gegen die globale Klimapolitik?

Donald Trump gehört – genauso wie der australische Premierminister Scott Morrison, der brasilianische Präsident Jair Bolsonaro und der saudische König Salman ibn Abd al-Aziz Al Saud – zu den politischen Köpfen, die von einer mächtigen Kohle- und Öl-Lobby unterstützt werden. Die USA, Australien, Saudi-Arabien, aber auch Russland, Norwegen und der Iran leben in hohem Maße von (für sie) billigen fossilen Energien. Wenn sie nicht rechtzeitig umsteuern, werden sie zu den großen Verlierern einer ökologischen Transformation der Weltwirtschaft gehören. Im Unterschied zu den anderen steuert Norwegen um, und zwar beeindruckend konsequent und mit jetzt schon sichtbarem Erfolg!

In den letzten 100 Jahren haben die fossilen Energiekonzerne ungeheuer viel Geld mit Öl, Gas und Kohle verdient. Sie wollen ihre Blütezeit verlängern, möglichst ohne sich anzustrengen. Deswegen stecken sie sehr viel Geld in politische Parteien und Personen, die ihrem Anspruch auf »Besitzstandswahrung« dienen. Doch egal wie erfolgreich sie derzeit damit sein mögen, das Ganze ist angesichts der absehbaren Niederlage bloß ein letztes verzweifeltes Aufbäumen gegen ihren unabwendbaren Untergang. Auf lange Sicht ist klar: Die fossilen Energien haben verloren.

Trotzdem bremsen sie leider die Maßnahmen für einen erfolgreichen weltweiten Klimaschutz. Sie erschweren die internationalen Anstrengungen und machen das globale Klimaschutzpaket sehr viel teurer als notwendig. Natürlich wünsche ich mir eigentlich sehr viel schnellere und sehr viel deutlichere Schritte in Richtung Nachhaltigkeit und Klimaschutz. Aber insgesamt bin und bleibe ich sehr zuversichtlich. Ein amerikanischer Präsident, der sich gegen alles sperrt, hält uns vielleicht auf, das ist ärgerlich und schmerzhaft. Aber er wird nichts grundlegend verhindern können.

Gibt es Grund zur Panik?

Die Zeit drängt zweifellos. Die Prognosen der Klimawissenschaftler sind bedrohlich. Ich kenne die Erweckungserlebnisse, die Menschen haben, wenn sie anfangen, sich mit der Thematik des Klimawandels zu beschäftigen.[44] Und ich weiß auch, wie schwer es ist, optimistisch zu bleiben, wenn man täglich neue Schreckensnachrichten liest und hört, wo und wie sich der Klimawandel bereits heute auswirkt.[45] Der Regenwald brennt, Australien brennt, Russland brennt. Gletscher schmelzen, Flüsse treten über die Ufer, Seen trocknen aus. Es ist ein Albtraum, vor allem für die betroffenen Menschen. Keine Frage.

Dennoch gibt es keinen Grund zur Panik. Angst ist kein guter Ratgeber. In Panik überstürzen Menschen ihr Handeln und richten dabei oft mehr Schaden an als Nutzen. Da werden bei der Flucht aus einem brennenden Gebäude andere Flüchtende totgetrampelt; da wird durch hastiges Verlassen das leckgeschlagene Schiff aus Versehen ganz zum Kentern gebracht. Deswegen sagt der Volksmund: Wenn du es eilig hast, dann gehe langsam!

WISSEN
SKEPSIS
LEUGNUNG

Sind die Berichte über einen Klimakollaps reine Hysterie?

Nein! Das Wort »Klimahysterie« ist zu Recht Unwort des Jahres 2019 geworden. Mit dem Begriff versuchen Klimaleugner, die berechtigte Sorge vieler Menschen über die Folgen der Erderwärmung – manche sagen sogar lieber »Erderhitzung« – als eine Art psychischen Defekt zu stigmatisieren. Das ist pure Diffamierung. Denn natürlich müssen wir die wissenschaftlichen Szenarien des Klimawandels sehr ernst nehmen.

Trotzdem betrachte ich manchmal die mediale Berichterstattung über Klimaschäden durchaus mit ambivalenten Gefühlen. Einerseits wecken dramatische Bilder und Schlagzeilen auf. Die Menschen merken, dass die wissenschaftlichen Szenarien nicht nur abstrakte Theorien sind, die sich einzelne Spezialisten ausgedacht haben. Die Überschrift »Die erste Stadt wurde vom Klimawandel zerstört«[46] ist zwar reißerisch, aber lenkt auch die Aufmerksamkeit auf ein reales Unglück: Beira in Mosambik, eine Stadt mit einer halben Million Einwohner, wurde durch einen Orkan zerstört – und der ist die Folge des beginnenden Klimawandels.[47]

Solche Medienberichte sind also wichtig, damit die Menschen verstehen, warum inzwischen über 26 800 Scientists for Future so dringlich zu Klimaschutz und nachhaltiger Politik und Wirtschaft auffordern.[48] So beginnen auch nicht wissenschaftlich gebildete Menschen darüber nachzudenken, was sie verändern können, um diese absehbare Entwicklung aufzuhalten.

Doch irgendwann ist genug aufgerüttelt, ist ausreichend motiviert. Sonst passiert nämlich genau das Gegenteil.[49] Denn wenn die Angst zu groß ist, verhalten sich die Menschen wie das Kaninchen vor der Schlange; sie werden handlungsunfähig und erstarren. Oder noch schlimmer: Sie gewöhnen sich an die Bilder und Geschichten. Abgebrüht wenden sie sich ab von dem scheinbar übermächtigen Problem und wenden sich irgendetwas anderem zu. Dann tanzen sie wirklich auf dem Oberdeck der *Titanic*, weil sie meinen, dass es sowieso nichts mehr zu retten gibt, und wollen wenigstens die letzten Stunden noch genießen.

Und noch etwas kann passieren, wenn wir zu sehr dramatisieren: Die Warnungen vor dem Klimawandel werden unglaubwürdig. In den 1970er- und 1980er-Jahren hatten viele Wissenschaftler gemeint, sie müssten besonders prägnante Bilder finden, um der breiten Öffentlichkeit zu erklären, worum es geht. Das war medial durchaus erfolgreich. So bewarb 1986 der *Spiegel* seine Titelgeschichte »Die Klimakatastrophe«[50] mit einem Cover[51], das den Kölner Dom inmitten eines Ozeans zeigt. Das war und ist bis heute ein spektakuläres Bild, aber eben leider vollkommen unrealistisch, jedenfalls was Köln angeht. Dass andere deutsche Städte überflutet werden können, ist dagegen realistisch.[52] Hätte der *Spiegel* seinen Verlagssitz, nämlich das Spiegel-Hochhaus in Hamburg, inmitten von Elbhochwasser gezeigt, wäre das ein tatsächlich mögliches Szenario. Städte wie Antwerpen, Bremen, Hamburg oder auch die gefährdeten Nordseeinseln von Borkum bis Sylt würde man aber sicher durch entsprechende künstliche Küstenabwehrmaßnahmen zu schützen versuchen. Die Hamburger HafenCity etwa wurde schon im Hinblick auf extreme Hochwasser gebaut.[53]

Dramatisierungen geben meist ausgerechnet den Falschen Futter. Denn Leugner des anthropogenen Klimawandels nehmen solche offensichtlich verzerrenden Meldungen zum Anlass die gesamte Klimaforschung als reißerisch zu diskreditieren. Klimaskeptiker breiten genüsslich Irrtümer der Vergangenheit aus, laden in die »historische Geisterbahn der Öko-Apokalyptik« ein und schüren auf diese Weise Unsicherheit und Zweifel.[54]

Selbst wenn nicht jeder Einzelne, der kritisch und skeptisch nachfragt, gleich ein sogenannter »Klimaleugner« ist, gibt es doch starke Kräfte in unserer Gesellschaft, die davon profitieren, wenn die Glaubwürdigkeit der Wissenschaft infrage gestellt werden kann. Denn die Bevölkerung muss darauf vertrauen, dass sie die Wahrheit erfährt. Wir alle leben von wechselseitigem Vertrauen. Deswegen gibt es innerhalb der Wissenschaftswelt strenge Prüfmechanismen, sodass sich einschätzen lässt, ob eine Studie ernst zu nehmen ist oder nicht. Denn das Wort »Studie« ist nicht geschützt und nicht überall, wo Studie draufsteht, ist Wissenschaft drin.

(26) Welche Rolle spielt »Klimaskepsis«? Und warum ist sie so erfolgreich?

Neutralität gehört zum Kern des journalistischen Selbstverständnisses. Deswegen wird in Medien eigentlich jeder Meinung eine Gegenmeinung gegenübergestellt. Bei dem überaus komplexen Klimathema hielten es viele Redaktionen, die ja im seltensten Fall über eigene wissenschaftliche Expertise verfügen, lange für angemessen, einen entschiedenen Befürworter von Klimaschutzmaßnahmen mit einem entschiedenen Gegner zu konfrontieren. Sie übersahen schlicht, dass es innerhalb der Wissenschaft längst einen Konsens zum Fakt eines menschengemachten Klimawandels gab und lediglich Details diskutiert wurden: etwa die Frage, in welcher Weise man die Emissionen eines Flugzeugs in hohen Atmosphärenschichten anders bewerten muss als die bodennahen Emissionen eines Autos oder mit welchem Faktor man die Schädlichkeit der fünf anderen Treibhausgase ins Verhältnis zu dem Treibhausgas CO_2 setzt.[55] Zugegeben: Solche Details sind nichts für einen unterhaltsamen Fernsehabend. Doch die Vereinfachung der Diskussion pro oder contra Klimawandel hat jahrelang für eine verzerrte öffentliche Wahrnehmung der wissenschaftlichen Forschung gesorgt.

Und diese Verzerrung kommt manchen Personengruppen ganz recht. Denn solange diskutiert wird, kann die fossile Industrie weiterhin ungestört ihre Geschäfte machen. Dazu gehören auch langfristige Investitionsentscheidungen. Ein Kohlekraftwerk baut man schließlich nicht von jetzt auf gleich und schaltet es auch nicht mal so eben wieder ab. Es braucht etwa zehn Jahre Planung und Bauzeit und Milliarden an Investitionen; dann muss das Kraftwerk rund 20 Jahre laufen, bis es die Investitionen wieder eingespielt hat, danach bleiben noch weitere 20 Jahre, in denen sich mit den abgeschriebenen Kraftwerken sehr, sehr viel Geld verdienen lässt.[56] Die Bewilligung eines Kraftwerks ist also eine Entscheidung für die nächsten 40 bis 50 Jahre. Und jeder Tag, den das Kraftwerk früher abgestellt wird, ist ein Verlust für die Investoren.

Das älteste noch laufende fossile Kraftwerk in Deutschland wurde 1965 in Bergheim, Nordrhein-Westfalen[57], in Betrieb genommen, noch 2015 kamen drei neue Steinkohle-Kraftwerke, nämlich in Hamburg, Mannheim und Wilhelmshaven, hinzu.[58] Offenbar gingen (und gehen) die Investoren davon aus, dass diese Kraftwerke noch bis mindestens 2035 laufen werden. Ansonsten wären ihre Investitionen ein ziemlicher Flop.[59]

Stell dir vor, du würdest 1000 Euro darauf wetten, dass dein Lieblings-Fußballclub deutscher Meister wird. Doch im Laufe der Saison ändert der Deutsche Fußballbund die Regeln, und plötzlich ist ein Detail – sagen wir das Kopfballspiel – verboten, bei dem deine Mannschaft besonders gut war. Du fändest das ungerecht, oder? Du würdest dich aufregen, und du würdest sicher ziemlich viel versuchen, um die Regeländerung rückgängig zu machen. Nach den neuen Regeln sind deine 1000 Euro relativ sicher verloren. Wieviel Geld würdest du investieren, um deine Gewinnchancen wieder zu erhöhen? Einen Euro oder zehn?

Robert E. Murray, der ehemalige CEO des amerikanischen Kohlebergbauunternehmens Murray Energy, zahlte nachweislich fast eine Million Dollar, um Einfluss auf die öffentliche Meinung zum Klimawandel und damit auf die Klimagesetzgebung zu nehmen.[60] Das kam im Dezember 2019 heraus, als sein Unternehmen Insolvenz beantragen musste und damit seine Bilanzen Teil öffentlich zugänglicher Gerichtsakten wurden. Wie die *New York Times* berichtete, finanzierte Murray eine Reihe von Gruppen, die die Existenz des Klimawandels leugnen, Umweltschutzinitiativen bekämpfen und Regulierungen zur Reduktion von Emissionen verhindern wollen. Murray, der sich selbst ein Jahresgehalt von 14 Millionen Dollar aus der Firmenkasse entnahm, ist zudem ein prominenter Unterstützer von Präsident Trump.

Um ein grobes Gefühl für die finanziellen Dimensionen zu geben: Murray Energy produziert nach eigenen Angaben 76 Millionen Tonnen Kohle jedes Jahr.[61] Eine Tonne Kohle kostet zwischen 40 und 80 Dollar. Das ergibt einen Jahresumsatz von mindestens drei Milliarden Euro. Die gespendete Million für aktivistische Klimaleugner machte demnach läppische 0,03 Prozent vom Umsatz aus.

Bei deiner Fußballwette entspräche das also 33 Cent. Das würdest du doch vielleicht auch ausgeben, um deinen Spieleinsatz zu retten, und vielleicht sogar, wenn du insgeheim denkst, dass die neuen Fußballregeln vernünftig sind. Und nun stell dir vor, dass alle deine Freunde, die auch auf denselben Verein gewettet haben, ebenfalls 33 Cent in irgendwelche Aktivisten stecken, damit die Regeländerung verhindert wird. Es reicht ja schon, wenn die neuen Regeln erst ab der nächsten Spielsaison gelten. Du musst also nur ein bisschen Zeit gewinnen. Dein Ziel ist also, die Einführung der neuen Regel zu verzögern. Du und deine Freunde, ihr sucht nach Möglichkeiten und Ideen – und glaub mir, euch wird eine Menge einfallen. Ihr publiziert (unwissenschaftliche) Studien; ihr äußert Zweifel, fragt immer wieder nach oder fordert wissenschaftliche Nachweise für irgendwelche Details; ihr stellt absurde Anträge, die aber erst geprüft werden müssen, bevor sie abgelehnt werden können; ihr verbreitet in den sozialen Medien Gerüchte und ihr stellt dreist haltlose Behauptungen auf, über die sich alle aufregen – egal, Hauptsache, es kostet Zeit.

Ziemlich genau so funktioniert Klimaleugnung.[62]

Ist Klimaleugnung eine PR-Strategie der fossilen Industrie?

Zu den Zusammenhängen zwischen Ölindustrie, Politik und pseudowissenschaftlichen Klimaleugnern gab es 2015 eine intensive journalistische Recherche, die herausfand, dass der Ölkonzern Exxon schon seit den 1970er-Jahren gezielt Desinformationskampagnen finanziert hat.[63] Genauso wie die Tabakindustrie über die Risiken von Sucht und Krebs gelogen hat, hat Exxon eine Kampagne des Zweifels und der Täuschung inszeniert und dabei Hunderte von Milliarden Dollar auf Kosten von Menschenleben verdient.[64] Der Hashtag #ExxonKnew ging viral. Die Webseite gibt's immer noch; auch zusammenfassende Berichte.[65]

Auch die Kohleindustrie wusste schon lange Bescheid. So fanden sich 2019 zufällig in einer 1966 erschienenen Ausgabe der Bergbau-Fachzeitschrift *Mining Congress Journal* Beweise, dass sich die Kohleindustrie schon vor mehr als einem halben Jahrhundert der drohenden Klimakrise bewusst war.[66] Auch sie versuchte, sich mit dem Konzept der »sauberen Kohle« neu zu erfinden, als entsprechende Umweltauflagen das Geschäft bedrohten. Die American Coalition for Clean Coal Electricity gab 35 Millionen Dollar allein im Jahr 2008 für PR-Kampagnen aus und versuchte, die US-Wahl in ihrem Sinne zu beeinflussen. Ein Jahr später wurde entdeckt, dass die ACCCE vorgeblich im Namen von Veteranen, Frauen- und Bürgerrechtsgruppen betrügerische Briefe an den Kongress schickte, in denen die Absender sich gegen die Bundesklimagesetzgebung stellten.

In der Wissenschaft wurden solche Fake-Storys früher belächelt, weil man es ja besser wusste. Außerdem war es zeitraubend und der eigenen wissenschaftlichen Karriere nicht förderlich, sich in die Niederungen der Allgemeinverständlichkeit zu begeben. Das hat sich inzwischen geändert und so finden sich immer öfter wissenschaftlich geschulte Personen, die sich die Mühe machen, Desinformationskampagnen auf wissenschaftlich hohem, aber doch allgemein verständlichem Niveau auseinanderzupflücken.[67] Stärker und professioneller denn je wird versucht, die Öffentlichkeit in Verwirrung zu bringen. In Deutschland inzwischen genauso wie in ganz Europa und in den USA.

WISSEN SKEPSIS LEUGNUNG

28 Gibt es auch Klimaleugnung jenseits der fossilen Industrie?

Klimaleugnung hat nicht ausschließlich finanzielle Motive, sondern auch ideologische oder wahltaktische. Der britische Mediendienst DeSmog UK hat es sich nach seinen eigenen Worten zur Aufgabe gemacht, die PR-Verschmutzung zu säubern – »clearing the PR Pollution«.[68] Das investigative Team hat 2019 akribisch das Netzwerk von Personen und Unternehmen rund um die Leugner des Klimawandels durchleuchtet. Dabei entdeckte es eine unerwartete Schnittmenge zwischen der fossilen Industrie, Brexit-Befürwortern und Rechtspopulisten. Seine Erkenntnis: »Ein Netzwerk von Lobbyisten, Politikern und Kampagnengruppen drängt Großbritannien zu einem Hard Brexit, mit dem Ziel, den Umweltschutz im Namen der marktwirtschaftlichen Ideologie zu streichen.«[69] Zwar sind nicht alle Rechtspopulisten in Europa gegen Klimaschutz, dennoch zeichnet sich ein auffallender Zusammenhang ab.[70]

Dass auch in Deutschland die AfD Klimaleugnung betreibt, lässt sich leicht beobachten:[71] Systematisch lädt die rechtspopulistische Partei Klimaleugner zu den Sachverständigenanhörungen in den Bundestag. Auch im Abstimmungsverhalten stimmt sie konsequent gegen Nachhaltigkeit und Förderung der erneuerbaren Energien. Doch möglicherweise surft sie damit nur auf einer Welle der Entrüstung, die vor allem von Ängsten vor teuren Preisen und sozialem Abstieg gespeist ist.

Die Menschen sehen die hohen Beträge, die anfangs zu investieren sind. Die Kosten der Entwicklung neuer Technologien etwa, um erneuerbare Energien nutzen und vor allem speichern zu können. Sie fragen sich, wer das am Ende alles bezahlen soll. Sie sehen die Kosten, die für erneuerbare Energien auf jeder Stromrechnung mit der EEG-Umlage ausgewiesen werden. Sie fürchten Versorgungsengpässe und Stromausfälle. Sie sehen die Veränderungen durch Windanlagen in der Landschaft. Sie haben Angst, dass das nächste Windrad in ihrem Garten stehen könnte.

Den Gegnern der Energiewende, den Verfechtern der fossilen Energien, den Klimaleugnern, den Lobbyisten kommen solche Schnellschlüsse aus eigentlich komplizierter Materie sehr entgegen: Sie beschreiben entsetzliche Szenarien, skizzieren düsterste Entwicklungen und immer schlimmer werdende Folgen. Immer wieder muss ich diese Mythen entlarven und widerlegen.[72]

Die populistischen Parteien hoffen auf die Stimmen der »Verlierer«, die aber nur welche sind, wenn wir sie dazu machen. Deswegen ist es so wichtig, dass wir bei allen klimapolitischen Maßnahmen auch die sozialen und wirtschaftlichen Konsequenzen berücksichtigen – und zum Beispiel die Einführung einer CO2-Steuer mit einer Klimaprämie begleiten.

Wie können wir Klimaleugnung enttarnen?

Zum Glück sind den meisten klassischen Medien inzwischen die Tricks der Klimaleugnung bekannt. Sie lassen sich nicht mehr so leicht manipulieren und auch in den sozialen Medien hat sich herumgesprochen, dass nicht alles, was dort geäußert wird, »Volkes Stimme« ist, sondern dass es gekaufte Trolle und computergesteuerte Bots gibt, die Meinungen nur vorgaukeln.[73] Vor wenigen Jahren war es nur ein Verdacht[74], doch inzwischen ist unbestreitbar: Klimaleugner sind professionell und international genauso vernetzt, wie auch die fossile Industrie professionell und international vernetzt ist.[75]

Zum Beispiel organisierte der deutsche Klimawandelleugner-Verein EIKE aus Jena gemeinsam mit dem Klimawandelleugner-Thinktank Heartland Institute im Dezember 2019 eine Konferenz namens »Climate Reality Forum« – parallel zur Klimakonferenz von Madrid. Zwei *Spiegel*-Journalistinnen deckten das Netzwerk dahinter auf: Das Heartland Institute sei einst von der Tabakindustrie gefördert worden, um ein Rauchverbot zu verhindern, und werde von ExxonMobil und weiteren Unternehmen der Öl- und Gasindustrie finanziert.[76] Schon auf der EIKE-Konferenz in München 2018 hatte das Heartland Institute als Sponsor mitgewirkt.[77] Ein Investigativ-Team von *Correctiv* und *Frontal 21* fand undercover heraus, wie das Heartland Institute Klimaleugnung in Deutschland unterstützt, um Maßnahmen zum Klimaschutz zu untergraben.[78]

Klimaleugner, ihre Tricks und Seilschaften zu entlarven ist eine wichtige Aufgabe. Dafür brauchen wir Eingeweihte, um die unfairen Methoden öffentlich zu machen. Manche, die noch in der fossilen Industrie arbeiten, haben Angst, manchmal nur vor Jobverlust, manchmal auch vor juristischen Konsequenzen, etwa weil ihnen Gesetzwidrigkeiten vorgeworfen werden könnten. Deswegen versucht das National Whistleblower Center in den USA Menschen zu unterstützen, die Hinweise über solche manipulativen klimafeindlichen Netzwerke aufdecken. Sie werden über ihre Rechte informiert, auch darüber, wie sie ihre Identität schützen können.

Die EU hat im Oktober 2019 eine Richtlinie zum Schutz von Personen beschlossen, die Verstöße gegen geltendes Recht und andere Missstände melden. Diese Richtlinie muss nun innerhalb von zwei Jahren in deutsches Recht umgesetzt werden. Jetzt gibt es erste Bestandsaufnahmen zur bisherigen deutschen Rechtslage und öffentliche Diskussionen zu Pro[79] und Contra[80] Whistleblower-Schutz. Es wird also noch etwas dauern, bis Beschäftigte der fossilen Industrie nicht mehr ihre Existenz riskieren, wenn sie ihnen bekannte Klimaleugnungsmethoden ans Licht der Öffentlichkeit bringen. Bei Transparency International findet man aktuelle Infos zum Stand des Gesetzgebungsverfahrens.[81]

DEMOS
DEMOKRATIE
DIKTATUR

Was haben die Freitagsdemos gebracht?

Die Freitagsdemos der FFF-Bewegung waren unglaublich wirkungsvoll. Binnen kürzester Zeit haben sich Tausende von Menschen aus der Wissenschaft hinter die demonstrierenden Jugendlichen gestellt. Plötzlich stand das Thema Klimaschutz im Fokus der Aufmerksamkeit, die weit über das hinausging, was die durch Internettrolle angeheizte öffentliche Empörung gegen Klimaschutzmaßnahmen hergab. Menschen zeigten massenhaft, dass ihnen die bisherigen Maßnahmen nicht weit genug gehen, und brachten dadurch Bewegung in die Politik wie nie zuvor.

Das wissen auch die Gegner von Klimaschutz- und Nachhaltigkeitsmaßnahmen. Professionell gesteuerte Klimaleugner tarnen sich deswegen als vermeintlich spontane Bürgerinitiativen. »Astroturfing« nennt sich derlei und wird inzwischen in allen politischen Bereichen angewandt.[82] Vom Wegweiser Bürgergesellschaft erfährt man zum Beispiel, dass hinter der Bürgerinitiative pro Braunkohle, die seit 2015 unter dem Namen »Unser Revier – Unsere Zukunft« als Gegenspieler zu den kohlekritischen Protestgruppen auftritt, der Bundesverband Braunkohle (DEBRIV), der Ring Deutscher Bergingenieure (RDB) und Lobbyisten des Aluminiumkonzerns Hydro stecken.[83]

Vor allem die Windkraftgegner sind extrem gut vernetzt[84] und ihre zentralen Führungspersonen sind sogar im Bundeswirtschaftsministerium zu finden.[85] Sie versuchen, die Vorreiter der erneuerbaren Energien quasi mit den eigenen Waffen zu schlagen, indem sie Argumente aus dem Umwelt-, Gesundheits- und Tierschutz vortragen und so Umwelt-, Tier- und Klimaschützer gegeneinander ausspielen.[86]

Ziel solch fingierter Bürgerproteste ist es, die dahinterliegenden wirtschaftlichen Interessen zu verschleiern und politischen Entscheidern zu suggerieren, es gäbe ein ernstzunehmendes Wählerengagement in dieser Sache. NGOs und Medien, die derlei konsequent und mutig aufdecken, leisten hier wertvolle Arbeit, um die Unterwanderung demokratischer Prozesse zu verhindern. Allerdings arbeiten diese Alibi-Vereine und Pseudo-Institute so professionell, dass sie sogar vereinzelt staatliche Förderung kassieren, um Unterrichtsmaterial für Schulen zu erstellen.[87]

Auch die Klimaleugnung basiert – wie alle interessengeleiteten Kampagnen – auf modernen Erkenntnissen der Politikwissenschaft und Psychologie. Um einen tiefgreifenden politischen Wandel einzuleiten, braucht es keine faktische Mehrheit. Das hat die Politikwissenschaftlerin Erica Chenoweth mit ihrem Harvard-Team herausgefunden, indem sie erfolgreiche Protestbewegungen (friedliche und gewalttätige) untersucht haben, darunter auch die Montagsdemonstrationen, die 1989 zum Mauerfall in der DDR führten.[88] Ihr konkretes Ergebnis: Es genügt, wenn etwa 3,5 Prozent der Bevölkerung die Veränderung ernsthaft unterstützen. In Deutschland wären das rund drei Millionen Menschen.

Deswegen ist es wichtig, dass wir die wirkliche Meinungsvielfalt in der Öffentlichkeit abbilden und das Demonstrieren nicht einigen wenigen überlassen. Demokratie ist kein Selbstläufer, sondern eine zarte Pflanze, die durch Aufmerksamkeit und Engagement regelmäßig gegossen und gedüngt werden muss.

Übrigens: Das Wissenschaftsteam hat auch herausgefunden, dass friedliche Proteste etwa doppelt so erfolgreich sind wie gewaltsame.

Wie schlimm ist Greenwashing?

Von »Greenwashing« sprechen wir, wenn ein Unternehmen oder eine Organisation sich nur oberflächlich einen umwelt- oder klimabewussten Anstrich verpasst, aber in Wahrheit keinen Finger dafür krumm macht. Geradezu gefährlich sind bewusste Irreführungen der Konsumenten. Wenn wir also glauben, wir würden mit unserem Kauf etwas Gutes für Umwelt, Klima oder Tiere tun, das Produkt oder dessen Herstellung aber in Wahrheit Schaden anrichtet.[89]

Allerdings muss nicht jede grüne Marketingmaßnahme gleich verkehrt oder verlogen sein. Wenn zum Beispiel beim Golden Globe 2020 in Reaktion auf einen eindringlichen Klimaschutzappell des Schauspielers Joaquin Phoenix ein veganes Menü serviert wird[90], dann ist das angesichts des Gesamtressourcenverbrauchs des Events nur ein winziger Tropfen auf einen heißen Stein; aber es ist ein Anfang, der zeigt, dass ein Festessen nicht unbedingt Fleisch enthalten muss. Möglicherweise überdenken in der Folge auch andere Veranstalter ihre Konzepte.

Gibt es auch Greenwashing in der Politik?

Oft höre ich von jungen Leuten, dass sie keine Lust mehr haben, von der Politik für ihr Klimaengagement gelobt zu werden. »Wenn sie das so toll finden, wieso tun sie denn dann nichts?«, lautet die logische Frage.

Ist das Greenwashing? Oder schlicht Heuchelei? Im Wahlkampf wird besonders viel versprochen oder Interesse vorgetäuscht, das schon an der nächsten Straßenecke wieder vergessen ist. Das ist schädlich für das Vertrauen in die einzelnen Personen, in Parteien und, wenn es zu oft vorkommt, sogar in das gesamte System.

Besonders unverantwortlich ist es, wenn die Politiker auf der Bühne zwar lautstark Klimaschutzmaßnahmen ankündigen, sich dann aber hinter den Kulissen von Energielobbyisten zu Entscheidungen treiben lassen, die Klimaschutzmaßnahmen eher verhindern.

Deswegen ist Pressefreiheit so wichtig: Unabhängige Medien können als »vierte Gewalt« das Reden und Handeln der Politik beobachten, prüfen und gegebenenfalls öffentlich kritisieren. Verhindern können sie es nicht. Aber zu wissen, dass man beobachtet wird, wirkt manchmal schon als Korrektiv.

Es wurde doch schon so viel demonstriert. Hat das je was genutzt?

Aber klar! Ohne Demonstrationen wäre die Mauer nicht gefallen. Und diese Demos haben nicht erst 1989 begonnen, sondern griffen zurück auf eine langjährige Tradition von Friedensdemos in beiden Teilen Deutschlands, wo bisweilen über eine Million Menschen auf die Straßen gingen.

Doch die Antiatombewegung ist die »langlebigste, zäheste, ausdauerndste Protestformation der Bundesrepublik«.[91] Ihre Macht wurde besonders deutlich, als es im März 2011 im Atomkraftwerk Fukushima zum Super-GAU kam, der Kernschmelze in drei Reaktoren. Wenige Monate nach dem Unglück beschloss die Bundesregierung den Atomausstieg. Meist heißt es, das sei unter dem Eindruck der Ereignisse in Japan geschehen. Vergessen wird dabei oft, dass damals in mehreren Großstädten insgesamt eine Viertelmillion Menschen auf die Straße gingen.[92] Nach Angaben der Veranstalter waren das »die bisher größten Antiatomproteste in

Deutschland«. Dabei sind die Bilder der Anti-Atomkraft-Demonstrationen aus den 1970er- und 1980er-Jahren tief im kollektiven Gedächtnis der Deutschen verankert.

Aber selbst in Brokdorf und Wackersdorf waren nie mehr als 150 000 Menschen zusammengekommen.[93] Und das war inzwischen 30 Jahre her. Die Protestierenden von damals waren alt geworden. Die Anti-Akw-Bewegung schien erlahmt. Vielleicht hätte sonst die neu gewählte schwarz-gelbe Bundesregierung nicht derart unbesorgt den »Ausstieg vom Ausstieg« beschlossen, also eine Verlängerung der Laufzeiten für die deutschen Atomkraftwerke. Schon diese Entscheidung noch vor der Katastrophe in Japan hatte Zehntausende Menschen zum Protestieren gebracht.[94] Und mit der Fukushima-Katastrophe wurden daraus hunderttausend. In Reaktion darauf verkündete Merkel ein dreimonatiges Atom-Moratorium, währenddessen eine Sicherheitsüberprüfung der deutschen AKWs stattfinden sollte. Die sieben ältesten Kraftwerke mussten sofort abgeschaltet werden. Bund und Länder beriefen sich auf eine im Atomgesetz vorgesehene »Notsituation«.[95] Die Berliner Regierung hoffte wohl, dass sich darüber und binnen drei Monaten das Volk schon wieder beruhigen werde. Das tat es nicht.

Als sich am 25. April auch noch das Unglück von Tschernobyl zum 25. Mal jährte, waren plötzlich so viele Leute auf der Straße wie nie zuvor. Und so kam es zum Ausstieg vom Ausstieg vom Ausstieg, dessen größtes Problem war, dass man zwischenzeitlich voreilig die von der vorherigen rot-grünen Regierung sehr langfristig geschlossenen Verträge aufgekündigt hatte und die Energiekonzerne sich die Rückkehr in die Verträge sehr teuer bezahlen ließen. Die Kosten dafür werden meist der »Energiewende« zugerechnet, womit deren Hauptetikett, extrem »teuer« zu sein, bestätigt scheint und darüber hinweggetäuscht wird, dass den größten Batzen die fossilen und atomaren Energiekonzerne kassieren.[96]

Inwiefern nutzen und schüren Klimaleugner das Misstrauen gegen Politik?

Rechtspopulisten diskreditieren Parteien und Politik konsequent als prinzipiell unglaubwürdig und die Medien als »Lügenpresse«, auf dass das Vertrauen der Menschen in die Funktionsweise unserer Systeme unterminiert werde. Ein mieses Spiel, das dazu dient, selbst ins Parlament zu kommen, um dort Politik systematisch zu blockieren.

Weil es einen engen Zusammenhang zwischen Rechtspopulismus und Klimaleugnung gibt,[97] kommen so immer mehr Klimaleugner in die aktive Politik und ihr Gerede wird zur »Selffulfilling Prophecy«. Nach Kräften versuchen sie aus der Opposition heraus, die demokratischen Verfahren zu blockieren und die Durchsetzung der politischen Agenda der Etablierten aufzuhalten, sodass nun erst recht deren Versprechen offenbleiben und die Populisten noch mehr Zulauf bekommen. Die verbreiten mit einer Auswahl an Schauergeschichten zusätzlich Angst,[98] kapern Strategien und Begriffe ihrer Gegner, sodass es zum Beispiel plötzlich eine Bewegung namens »Fridays für Altersarmut« gibt, die sich bei genauerem Hinsehen als eine Mobilisierung für rechte und klimafeindliche Politik entpuppt.[99]

Das alles dient nur der Verunsicherung, Verzögerung und Verwirrung. Denn wie Taschendiebe suchen und finden Populisten im Kuddelmuddel möglichst vieler Menschen ihren eigenen Vorteil.

Und wem kannst du jetzt noch glauben? Allem, was transparent und nachprüfbar ist. Schau hin, frag nach, lass dir erklären, was du nicht verstehst. Glaub nicht einfach, wenn dir jemand irgendetwas erzählt, und plappere es erst recht nicht einfach nach, sondern hinterfrage: Woher weiß der das? Lässt sich das überprüfen? Woher kommen die Informationen?

35 Ist Demokratie für Klimaschutz zu schwach? Brauchen wir eine Ökodiktatur?

Es ist verrückt! Statt über konkrete Klimaschutzmaßnahmen wird angesichts des Klimawandels zweifelnd über Demokratie geredet – und zwar von beiden Seiten, den Klimaleugnern und den Klimaaktivisten.

Klimaleugner nutzen das Schlagwort »Ökodiktatur«, um gegen angeblich zu viele neue Klimaschutzgesetze zu polemisieren, die zum Nachteil und gegen den ureigenen Willen der Bevölkerung durchgesetzt werden sollen. Und spätestens wenn Populisten in solchen Zusammenhängen eine echte »Herrschaft des Volkes« fordern, ist größte Vorsicht geboten.

Wie eine freiheitlich-demokratische Grundordnung tatsächlich funktioniert und wie weit wir in Deutschland von einer wie auch immer gearteten Diktatur entfernt sind, lässt sich bei der Bundeszentrale für politische Bildung nachlesen.[100] Ein wesentliches Merkmal ist, dass alle Menschen frei und gleich vor dem Gesetz sind, Gewaltenteilung, Mehrparteienprinzip und Gesetzmäßigkeit der Verwaltung gegeben sind. Es geht also nicht um Gesetzlosigkeit (eine Welt ohne Verbote), sondern im Gegenteil um einen geregelten Rechtsstaat.

Manche stöhnen über die langwierigen Prozesse in einer Demokratie, die gefühlt »ewigen Diskussionen«, die es braucht, bis man zu »halbherzigen Kompromissen« kommt. Solche Äußerungen zeugen von einem tiefen Misstrauen gegen die oder auch schlicht von Unkenntnis der Demokratie.[101]

Demokratieskeptiker begrüßen es, wenn einzelne Städte oder Regionen, den »Klimanotstand« ausrufen, weil sie hoffen, dass sich dadurch die Mühen demokratischer Prozesse aushebeln lassen. Zu Recht warnen Kritiker deshalb vor solchen Ideen.[102] Letztlich sind solche Notstandspostulate, wie sie zum Beispiel auch das EU-Parlament in Straßburg im November 2019 vollzogen hat, auch kaum mehr als Symbolpolitik, die signalisiert: Klimaschutz soll zum zentralen Leitmotiv der Politik gemacht werden. Die gesetzlich geregelten Verfahren werden dadurch – zum Glück – nicht ausgehebelt.

Und das ist gut so. Denn wer glaubt, dass Demokratie angesichts der Klimakrise vernachlässigbar sei, irrt. Und wer meint, es brauche eine starke Führungsperson, die mal schnell die Welt rettet, irrt noch mehr. Denn kaum jemand wird einen Kim Jong-un in der Hauptrolle seiner Weltrettungsfantasien sehen, sondern eher einen Sympathieträger mit freiheitlich-demokratischem Weltbild.

Globaler Klimaschutz ist so komplex, dass er nicht von einer einzelnen Person, noch nicht einmal von einer Personengruppe gelenkt werden kann. Selbst ein US-Präsident mit der größten Volkswirtschaft und der stärksten Armee der Welt hat nicht die Macht, bis in den letzten Winkel der Erde hineinzuregieren. Die Macht selbst des entschlossensten Diktators endet spätestens an den Grenzen seines Militärs.

Theoretisch könnte ein Weltdiktator zwar die Menschheit dazu verdonnern, ab sofort keine Treibhausgase mehr zu emittieren. Aber wie will er das durchsetzen? Ein Gesetz zeigt nur dann Wirkung, wenn es befolgt wird. Wieso aber sollten Menschen so ein Radikalgebot umsetzen? Wenn sie nicht davon überzeugt sind, werden sie sich weigern und dagegen rebellieren. Nun könnte der Weltdiktator eine Armee losschicken, damit sie die Weltbevölkerung mit Waffengewalt zwingt. Aber will man wirklich, um die Folgen des

Klimawandels für Hunderttausende Menschen abzuwenden, andere Hunderttausende Menschen ins Gefängnis werfen oder standrechtlich erschießen? Absurd!

Wirkungsvoller weltweiter Klimaschutz ist gegen den Willen der Menschen nicht durchsetzbar. Er braucht die Akzeptanz, die Unterstützung und vor allem die aktive Mitwirkung der regionalen Bevölkerung.[103] Deswegen müssen wir für wirkungsvollen Klimaschutz nicht die Demokratie abschaffen, sondern im Gegenteil: Wir müssen die vielfältigen Instrumente der Demokratie ergreifen und die Musik einer nachhaltigen und sozialen Zukunft zum Klingen bringen.[104]

Warum ist eine »gelenkte Demokratie« wie China so erfolgreich im Klimaschutz?

Es stimmt: China übertrifft seine Klimaschutzvorgaben. Laut dem Pariser Klimavertrag dürfte das Schwellenland mit geringerem Lebensstandard – anders als die klassischen Industrieländer wie Deutschland, Japan oder Kanada – seinen CO_2-Ausstoß derzeit sogar noch steigern.

Erst ab 2030 muss China seine Emissionen reduzieren. Doch es sieht so aus, dass es schon weit vorher weniger klimaschädliche Gase emittieren wird.[105]

Und wenn man sich klarmacht, dass das Land als Werkbank der Welt unzählige Güter für den Export herstellt und die Emissionen dieser Güter dem produzierenden und nicht dem importierenden Land zugeschlagen werden, dann ist klar, dass die chinesische Klimabilanz eigentlich noch deutlich besser ausfiele – vor allem als die deutsche. Denn anders als China erreichen wir unsere Klimaziele derzeit gar nicht, geschweige denn vorzeitig.

Aber liegt das an der Staatsform? Ist die gelenkte Demokratie Chinas in dieser Hinsicht erfolgreicher als unsere Demokratie? Wenn das der einzige Unterschied zwischen den beiden Ländern wäre, könnte man das vielleicht vermuten. Aber es gibt Kausalitäten, es gibt Korrelationen und es gibt Zufälle.[106]

Wenn Nichtdemokratien wirklich so viel wirkungsvoller beim Klimaschutz wären, wieso stehen dann Schweden, Dänemark, Großbritannien, Litauen, Indien, allesamt gestandene demokratisch verfasste Staaten, auf den vorderen Plätzen des Klimaschutz-Index? Eine Gegenüberstellung verschiedener Staatsformen und der Wirksamkeit ihrer Klimaschutzmaßnahmen bietet die Zeitschrift *Foreign Policy*.[107] Aus ihr ergibt sich das eindeutige Ergebnis: Demokratie schlägt Diktatur.

Dafür gibt es zwei plausible Erklärungen: Um das Volk trotz Unfreiheit bei Laune zu halten, legen autoritäre Regime größten Wert auf sichere Energien zu niedrigem Preis; ökologische Nachhaltigkeit ist dabei zweitrangig. Deswegen setzen sie bevorzugt billige fossile Brennstoffe ein. Und indem ein Regime zugleich die Presse kontrolliert, kann es jede Kritik daran unterdrücken. Als die Menschen über Luftverschmutzung klagten, habe China beispielsweise – entgegen allen Fakten – einfach einen beträchtlichen Rückgang des Kohleverbrauchs verkünden lassen. Solche Desinformationskampagnen erreichten, dass zwischen 2010 und 2015 trotz faktisch steigender Emissionen die Besorgnis der Chinesen über die globale Erwärmung von 41 auf nur 18 Prozent sank.[108]

Insofern zählt zum Geheimnis von Chinas jüngsten Erfolgen ganz sicher nicht echtes Klimaengagement, sonst würden dort nicht Hunderte neue Kohlekraftwerke gebaut.[109] Die guten Klimawerte sind nur das Abfallprodukt des eigenen Machtstrebens und ehrgeiziger wirtschaftlicher Ambitionen. Das Regime hat erkannt, dass sich mit erneuerbaren Energien und E-Mobilität sehr viel Geld verdienen lässt. Im Jahr 2023 wird China, laut Weltenergieagentur EIA, voraussichtlich mehr Erneuerbare produzieren als die gesamte EU.[110] Und indem China frühzeitig elektrische Automobile gefördert und für die Hersteller Verkaufsquoten eingeführt hat, entwickelt sich der Markt für E-Mobilität so rasant, dass es schon Anfang 2020 die staatliche Förderung einstellen konnte. Solange der größte Teil des Volkes sich wirtschaftlich verbessern kann, rebelliert es nicht gegen die wiederholten Verletzungen der Menschenrechte, fehlende Bürgerrechte und staatliche Willkür.[111]

Wenn überhaupt, dann sollte Deutschland von China weitsichtige und klug investierende Mobilitätspolitik lernen[112] – natürlich mit rein demokratischen Mitteln betrieben. Wir brauchen nicht weniger Demokratie, sondern mehr!

MARKT
KONSUM
DEAL

Können wir Klimaschutz nicht einfach dem »freien Markt« überlassen?

Wirtschaftsliberale machen oft den Vorschlag, das ganze Thema Klimaschutz doch am bestem dem freien Markt zu überlassen. Und sie verweisen dabei gern auf den Urvater der Wirtschaftswissenschaft Adam Smith. Wer Wirtschaftswissenschaften studiert, hat ab dem allerersten Semester seinen Namen im Repertoire. Seine Ideen sind gut bekannt: zum Beispiel der Grundgedanke des Eigeninteresses, das allem wirtschaftlichen Handeln zugrunde liege. Oder die Vorteile effizienter Arbeitsteilung. Oder seine These zu internationalen Märkten.

Selbst wer davon nichts weiß, der kennt doch Adam Smith' Begriff der »unsichtbaren Hand«[113], diese berühmte Kraft, die freie Märkte von ganz alleine reguliert: Wer ökonomische Entscheidungen trifft, die zum eigenen Besten sind, sorgt am Ende für das Glück der ganzen Gesellschaft. Einfach gesagt: »Wenn jeder an sich selbst denkt, ist an alle gedacht.« Und dieser *unsichtbaren* Hand müsse man nun einfach *freie* Hand lassen, dann sei für den wirtschaftlichen Wohlstand der Nationen ganz von selbst gesorgt. Hurra.

So etwa steht es im ersten Kapitel des berühmten Bestsellers *Vom Wohlstand der Nationen*. Doch zum Glück gibt es Menschen, die das Werk zu Ende gelesen haben. Und die wissen:

Smith stellt den viel zitierten Eigennutz *immer* in den Dienst des *Gemeinwohls*. Nicht *ich* bin relevant, sondern *wir*. Smith lobt das Prinzip der Arbeitsteilung. Aber er warnt zugleich vor der Arbeitsteilung. Wenn Arbeit allzu kleinteilig und damit monoton ist, dann hat das Folgen für Wohlbefinden und Gesundheit. Smith gilt als Erfinder der freien Märkte, plädiert aber zugleich für *staatliche Intervention*, allerdings nur unter genauer Überlegung, *wann* und *wie lange* der Staat in die freien Märkte eingreift – und bei welchen Themen.[114] Smith verfolgt den Gedanken einer nachhaltigen Wirtschaft, in der für *alle* gut gesorgt ist: *Soziale und ökologische Aspekte* sollen seiner Ansicht nach das ökonomische Handeln leiten.

MARKT KONSUM DEAL

Was sagen Ökonomen zum Klimawandel?

Es gibt einen Ökonomen, der sich um die Jahrtausendwende mit dem Thema Klimawandel beschäftigt und damit mächtig Aufsehen erregt hat: Nicholas Stern. Er war Chefökonom der Europäischen Bank für Wiederaufbau und Entwicklung, Vizepräsident der Weltbank, Staatssekretär im britischen Wirtschaftsministerium, Wirtschaftsberater der britischen Regierung und veröffentlichte – nach Gesprächen mit vielen Hundert Experten rund um den Globus – im Oktober 2006 den legendären »Stern-Report«. Sein Fazit: »Vieles von dem, was ich bei den Recherchen für den Bericht erfahren habe, hat mich umgehauen.« Und: »Ich bedaure, bei der Weltbank nicht mehr für den Klimaschutz getan zu haben.«[115]

Seine Studie war eine nüchterne Kosten-Nutzen-Betrachtung: Wie teuer sind die Schäden einer ungebremsten Erderwärmung? Wie viel Geld kostet uns eine notdürftige Anpassung an die wärmeren Zeiten? Und: Was kostet im Vergleich dazu der Klimaschutz? Auf über 600 Seiten rechnete Nicholas Stern der Welt haarklein vor: Nichts zu tun, um den Klimawandel zu stoppen, wird sehr viel teurer als jede noch so abwegige Klimaschutzmaßnahme!

Der Auftraggeber der Studie, der britische Premierminister Tony Blair, bezeichnete den »Stern-Report« als den wichtigsten Bericht seiner Regierungszeit. Die Studie war ein Meilenstein für die Klima-Ökonomie,[116] geriet aber in der breiten Öffentlichkeit und in der Politik über die Finanzkrise 2008 ziemlich in Vergessenheit, sodass heute wieder mehr über die Kosten von Klimaschutz gejammert wird als über die Folgekosten des ungebremsten Klimawandels.

Dabei bewies Stern: Klimaschutz kommt uns nicht nur billiger als das Nichtstun, sondern schafft auch eine gerechtere Welt. Denn die armen Länder werden in weitaus größerem Maße die Folgen des Klimawandels zu zahlen haben als die reichen. Dieser Ungerechtigkeit müssen wir entgegensteuern.

Zu Recht bezweifelt eine große Mehrheit der Bevölkerung (61 Prozent), dass sich die heutigen Umweltprobleme durch die Kräfte des freien Marktes lösen lassen.[117] Und 85 Prozent der Deutschen sind der Meinung, dass die Bundesregierung nicht genug für den Umwelt- und Klimaschutz tut.[118] Die deutsche Bevölkerung ist prinzipiell sehr umweltbewusst, und das seit langer Zeit. 87 Prozent stimmen der Aussage zu: »Wir müssen jetzt schnell Maßnahmen gegen den

Klimawandel umsetzen, denn sonst werden die Folgen so massiv sein, dass wir sie nicht mehr bewältigen können.« Und 71 Prozent finden inzwischen sogar, dass Umweltschutz Vorrang vor Wirtschaftswachstum haben sollte.[119]

Was gibt es für Ideen, unsere Wirtschaft neu zu organisieren?

Ob und wie sich die Wirtschaftswissenschaften weiterentwickeln sollten, wird innerhalb der Wissenschaftsdisziplin viel diskutiert. Auch hier gehen Studierende mutig voran, indem sie nicht einfach lernen, was ihnen der Studienplan auftischt, sondern offen fragen, kritisch hinterfragen und radikal infrage stellen. So fordert beispielsweise das »Netzwerk Plurale Ökonomik« in einem offenen Brief die »Vielfalt ökonomischer Theorien« jenseits von »neoklassischer Modellökonomik«.[120]

In den letzten Jahren haben sich zahlreiche neue Methoden und Ideen entwickelt. Ich selbst habe in meine wissenschaftlichen Arbeiten spieltheoretische Ansätze einbezogen, was in den 1990er-Jahren aufregend neu war und heute durchaus zum Standard gehört. Manchmal wird in der Klimapolitik das Gefangenendilemma[121] als Erklärung zitiert, warum es nicht möglich sei, alle Staaten dazu zu bewegen, sich am Klimaschutz zu beteiligen.[122] Und es gibt Ideen, wie sich mithilfe der Spieltheorie bei Klimaschutzverhandlungen Trittbrettfahrer[123] ahnden lassen.[124] Auch in der Zivilgesellschaft sind zahlreiche Initiativen und Bewegungen entstanden,[125] die sich mit einer wandelnden Vorstellung von Wirtschaft beschäftigen.

Besonders große Aufmerksamkeit erregte die britische Wirtschaftswissenschaftlerin Kate Raworth, die während ihrer 20-jährigen Arbeit bei der UN und bei Oxfam begonnen hat, die in Oxford und Cambridge gelernten Wirtschaftsmodelle zu hinterfragen. Als medienversierte Publizistin präsentierte sie ihre radikal neue Denkweise in einem populären Sachbuch mit dem Titel *The Doughnut Economics: Seven Ways to Think Like a 21st-Century Economist*[126], das zum internationalen Bestseller avancierte.

Ihr Modell ist nach dem Schmalzgebäck benannt. Die illustrierende Grafik zu ihrem Modell zeigt einen inneren Ring als das globale gesellschaftliche Fundament, zu dem Zugang zu Wasser oder Bildung, politische Teilhabe, Gleichstellung etc. gehören. Dieser

Ring ist umgeben von einem größeren Ring, der die ökologischen Grenzen unseres Planeten anzeigt. Im Raum zwischen beiden Ringen befindet sich die im Idealfall sozial gerechte und ökologisch nachhaltige Menschlichkeit. Raworth' Botschaft: Unsere Wirtschaft muss den sozialen Mangel füllen, ohne die ökologischen Grenzen des Planeten zu sprengen.

Raworth ersetzt das von der klassischen Wirtschaftswissenschaft konstruierte Bild vom Homo oeconomicus durch sozial handelnde Individuen, denen Solidarität mehr wert ist als Geldgewinn. Sie stellt fest, dass die Fokussierung auf das Bruttoinlandsprodukt als Maßstab, Nutzen zu definieren, zu kurz greife, da auch nicht Messbares Nutzen stiften könne. Ihr Kernkritikpunkt an der klassischen *Ökonomie* ist das Verharren in den Narrativen der Physik: »Ich wünsche mir, es wäre Biologie gewesen, dann würden wir heute nicht von Marktmechanismus, sondern Marktorganismus sprechen.«[127] Die sieben Wege, eine neue Ökonomie des 21. Jahrhunderts zu denken, gibt es als animierte 1.30-Filme auf der Webseite der Autorin.[128]

In der öffentlichen Wahrnehmung überaus erfolgreich ist auch der Ansatz der Gemeinwohlökonomie. Sie basiert auf Ideen, die 2008 von einer Gruppe von Unternehmern bei Attac Österreich entwickelt wurden.[129] International wird die Bewegung von mehr als 8000 Unternehmen, Gemeinden, Hochschulen und Privatpersonen unterstützt. Es gibt inzwischen zertifizierte Gemeinwohlgemeinden[130], an der Universität Valencia einen Lehrstuhl für Gemeinwohlökonomie[131] und der Europäische Wirtschafts- und Sozialausschuss hat sich für die Integration der Gemeinwohlökonomie in den Rechtsrahmen der Union und ihrer Mitgliedstaaten ausgesprochen.[132]

Die Idee ist, dass Unternehmen nicht im Wettbewerb gegeneinander um möglichst hohen Finanzgewinn kämpfen, sondern dass sie mit dem Ziel des größtmöglichen Gemeinwohls kooperieren.[133] Zahlreiche Unternehmen haben bereits Gemeinwohl-Bilanzen erstellt, etwa die Sparda-Bank München[134], der Outdoor-Hersteller Vaude[135], die *tageszeitung*[136] und die Otto Group[137]. Weltweit finden sich am Gemeinwohl orientierte Initiativen, etwa die Bewegung für die Einrichtung von Saatgutbanken für Kleinbauern in Indien oder die Bewegungen für eine öffentliche Wasserversorgung.[138]

Auch in den großen Konzernen gibt es mittlerweile eine Abwendung vom klassischen Shareholder-Value-Denken und Versuche, neuartige und nachhaltige Bilanzierungsverfahren zu etablieren. So wird bei der BASF wohl seit Jahren ein Bewertungssystem namens »Value to Society« entwickelt.[139] Es soll soziale und ökologische Effekte widerspiegeln. Dafür werden umfangreiche Datensätze zur Ökoeffizienz der Produktion in unterschiedlichen Teilen der Welt ausgewertet. Gemeinsam mit dem Autozulieferer Bosch und dem Pharmakonzern Novartis hat die BASF acht Millionen Daten zusammengetragen mit dem Ziel, Wachstum neu zu denken, negative Folgen für die Umwelt und positive Effekte für die Gesellschaft einzupreisen und Schäden zu vermeiden.

Wie sich Wirtschaftswachstum und Ressourcenverbrauch entkoppeln lassen, beschreibt Uwe Schneidewind, Präsident des Wuppertal Instituts für Klima, Umwelt, Energie in seinem Buch *Die große Transformation*.[140] Anhand eines Transformationsmodells ermittelt er die schon erzielten Fortschritte und verbleibenden Herausforderungen in den Bereichen Wohlstand und Konsum, Energie, Ressourcen, Mobilität, Ernährung, Stadtentwicklung und Industrie. Die Akteure des Wandels, Zivilgesellschaft, Politik, Wissenschaft und Unternehmen, müssten gemeinsam die Möglichkeiten der Digitalisierung und der Kunst nutzen. Es brauche »Zukunftskunst« um kulturellen Wandel, kluge Politik, neues Wirtschaften und innovative Technologien miteinander zu verbinden.[141]

Kann individueller Konsumverzicht den Klimawandel stoppen?

Es ist ein guter Anfang, sich im Alltag um ein möglichst emissionsfreies Leben zu bemühen. Doch das ist erstens leichter gesagt als getan und zweitens nicht genug. Zu oft machen die Menschen die Erfahrung, dass ökologische Produkte teurer sind als konventionelle. Sie stehen ratlos vor dem Dilemma, wie sie einerseits mit ihrem Geld klarkommen sollen und andererseits das Klima schonen können. Die Befürchtung, dass der Umbau unserer Wirtschaft vor allem für einkommensschwache Haushalte zu einer enormen Belastung wird und daraus große Konflikte entstehen, scheint berechtigt.

Den Menschen wird immer klarer, dass ihre individuelle Konsumentscheidung und die Veränderung ihres Lebenswandels nicht zum notwendigen Erfolg führen. Der Handlungsspielraum ist nicht groß genug. Über Wärmedämmung und Heizungssystem in der Mietwohnung entscheidet der Vermieter, Flugreisen sind Teil des Jobs und werden vom Unternehmen erwartet, und sich regional und saisonal zu ernähren hat fürs Klima vergleichsweise wenig Effekt

(170 Kilogramm CO_2 pro Kopf).[142] Also verzichten sie auf Fleisch (450 Kilogramm CO_2 pro Kopf!), nur um sich dann sagen lassen zu müssen, dass die Avocado, die sie gerade essen, eine ziemlich miese Umweltbilanz hat.[143]

Überhaupt kommt immer jemand triumphierend um die Ecke, der entweder erklärt, wie man sich anders richtiger klimabewusst verhält oder dass das, was man tut, in Wahrheit furchtbar belastend für irgendwen und irgendwas ist.

Du denkst, Gemüse und Obst aus der Region sind super, aber dann liest du in einer Bahn-Zeitschrift, dass Äpfel, die ab Oktober in Kühlhäusern gelagert werden, eine schlechtere Ökobilanz haben als im Container aus Neuseeland oder Chile eingeschiffte Äpfel.[144] Du fährst statt mit dem Auto das ganze Jahr über Fahrrad, aber dein Urlaubsflug verbraucht mehr als dein früherer Kleinwagen. Oder du eliminierst mit größter Mühe alles Plastik aus deinem Leben, und dann erfährst du, dass du damit nur minimal zur CO_2-Reduktion beiträgst. Und selbst wenn du beim Carsharing immer das Elektromobil ausleihst, erklärt dir irgendein Experte, dass du trotzdem CO_2 ausstößt, weil die Carsharing-Firma zum Laden Kohlestrom verwendet. Es ist wie verhext und furchtbar frustrierend.

Kein Wunder, dass die Wissenschaft eine große Diskrepanz zwischen Umweltbewusstsein und Handeln errechnet.[145] Denn es ist verdammt schwer überhaupt zu wissen, was in welcher Weise klimarelevant ist. Dann gibt es das, was gut fürs Klima wäre, nur in bestimmten Geschäften, oder es ist so viel teurer als die klimabelastende Alternative, dass du dich fragst, ob es das jetzt wirklich wert ist. Schließlich kommt bestimmt gleich wieder einer um die Ecke, der … Und so weiter.

Wer solche Erfahrung macht, verliert die Lust, sich weiter anzustrengen. Die meisten Menschen tun im Alltag nur noch das, was sie ohne großen Aufwand tun können, und den Rest überlassen sie »denen da oben«.[146] Angesichts der Herausforderung Klimawandel ist das verhängnisvoll. Denn wir brauchen deutlich mehr Engagement. Zumal es geradezu fatal ist, die Macht der Konsumenten zu überschätzen und den Einzelnen die Verantwortung für den Klimawandel zuzuschieben.[147]

Das ist unfair, weil du beispielsweise keinen Einfluss auf die klimapolitisch absurde Preis- und Angebotsstruktur bei Flug- und Bahnreisen nehmen kannst. Du kannst dich nur zwischen den existierenden Angeboten entscheiden. Solange du nur als Konsument Einfluss auf die Umweltpolitik nimmst, hast du keine Chance.[148]

Egal wie viele Opfer du bringst, kannst du die CO_2-Emissionen unserer Gesellschaft nicht allein reduzieren.

Wenn wir wirklich eine Welt mit null Emissionen erreichen wollen, brauchen wir grundlegende Veränderungen, einen echten Strukturwandel, eine neue industrielle Revolution. Es genügt nicht, andere Produkte zu kaufen, auch nicht andere Produkte zu produzieren. Wir müssen auf andere Art und Weise produzieren. Und dafür brauchen wir andere gesellschaftliche Vereinbarungen.

Der Physiker Anders Levermann, der im Potsdam-Institut für Klimafolgenforschung die Abteilung Komplexitätsforschung leitet, sagt, dass wir nicht nur die fünf bis zehn Prozent der Bevölkerung brauchen, die bereit und in der Lage sind, Zeit, Geld und Mühe in die Veränderung zu stecken. Wir brauchen alle, um weltweit das Blatt in Richtung Nachhaltigkeit zu wenden.[149]

Natürlich müssen wir über unseren Konsum nachdenken. Die erste Frage lautet aber: Konsum von was? Konsum, der zu Überfischung, Vermüllung und Zerstörung der Erde führt, muss natürlich aufhören und zwar sofort! Aber wir werden die Treibhausgase nicht allein über Verzicht um 95 Prozent reduzieren. Ein solches Ziel scheint unerreichbar fern. Wir müssen den Menschen einen machbaren Weg zeigen und dafür auch politisch die Weichen stellen. Statt Askese zu predigen und zu üben, sollten wir uns freuen: Mit Klimaschutz bleibt die Welt lebenswert. Klimaschutz macht Spaß. Und nachhaltig konsumieren ist einfach.

Das bedeutet vor allem, jegliches Wirtschaften auf Nachhaltigkeit und Klimaschutz auszurichten. Dafür braucht es einen bunten Strauß an Instrumenten aus Ordnungsrecht und ökonomischen Rahmenbedingungen. Die Politik muss diese Instrumente schaffen und zur Verfügung stellen, die Menschen müssen sie verantwortungsbewusst, kreativ und harmonisch einsetzen. Dann ist Klimaschutz nicht Askese, sondern *das* Mittel, die Welt zu erhalten.

Effizienz, Suffizienz und Konsistenz: Was ist die richtige Strategie?

Alle drei sind Schlagworte der Klimabewegung, über deren Vor- und Nachteile intensiv diskutiert wird. Doch diese Diskussion kostet Zeit, die wir – nach über 40 Jahren Diskussion – nicht mehr haben. Um es kurz zu machen:

Effizienz, die Vermeidung von Verschwendung, also mit möglichst wenig Ressourcenverbrauch ans Ziel zu kommen, ist wichtig. Da der Mensch aber dazu neigt, sich immer größere Ziele zu setzen, kommt es zu den sogenannten Rebound-Effekten: Autos beispielsweise verbrauchen heute theoretisch weniger Sprit als früher, weil sie aber größer und schwerer geworden und mit Klimaanlage und elektronischem Service ausgestattet sind, weisen sie unterm Strich einen höheren Energieverbrauch auf als die Spritfresser früherer Jahrzehnte.

Suffizienz, Genügsamkeit, ist deswegen der logische nächste Schritt. Oder anders gesagt: Verzicht scheint unverzichtbar. Wir brauchen ein Konsumbewusstsein, das den realen Bedarf hinterfragt und vor allem die jeweiligen Folgen eines bestimmten Konsumverhaltens einbezieht. Wenn wir nicht von selbst aufhören, immer mehr zu brauchen, müssen wir eine klimaverträgliche Obergrenze definieren. Eine Art CO_2-Budget ist der Kerngedanke des Emissionshandels. Wenn jeder Mensch in Deutschland nur noch etwa sieben Kilogramm CO_2 pro Tag ausstoßen darf[150], dann wird er lernen, wie er mit weniger zurechtkommt. Doch die globale Durchsetzung einer solchen scharfen Obergrenze ist schwierig. Oder wollen wir eine weltweite CO_2-Polizei oder so etwas wie Klimagefängnisse?

Konsistenz, Kreislaufwirtschaft, also eine Welt ohne Abfälle, in der alles wiederverwertet wird, ist ein verlockender Gedanke. Die Natur macht es uns in wunderbarer Weise vor. Bislang gelingt es uns nur, die Lebensdauer von Rohstoffen im Verwertungsprozess zu verlängern, von echten Kreisläufen kann kaum die Rede sein. Es wird zwar viel von »Re-Cycling« gesprochen, aber vollkommene Kreisläufe sind noch Utopie.

Deswegen ist die Strategiediskussion nicht hilfreich, erst recht nicht die Frage, welche der Strategien die beste ist. Wir sollten alle drei Wege beschreiten, gleichzeitig oder am besten miteinander verzahnt. Hauptsache, wir kommen endlich mit großen Schritten weiter!

Brauchen wir überhaupt Wirtschaftswachstum?

Manche halten die Wachstumsidee für den Kern unserer Klima- und Umweltprobleme. Die Idee: Wer den Ressourcenverbrauch begrenzen und den Reichtum gerechter verteilen wolle, müsse sich von der Abhängigkeit des Wirtschaftswachstums lösen.[151] Sie unterstellen, dass Wirtschaftswachstum und Ressourcenverbrauch zwingend miteinander verknüpft sind. Das dachte irrtümlicherweise schon im 18. Jahrhundert der britische Ökonom Thomas Robert Malthus, der große Hungernöte vorhersagte, da die Bevölkerung exponentiell wachse, die Nahrungsmittelproduktion aber nur linear. Fakt ist, dass wir heute die Weltbevölkerung problemlos ernähren könnten, wenn es uns gelänge, die Lebensmittel gerecht zu verteilen. Wir haben kein Wachstums-, sondern ein Verteilungsproblem.[152] Die in den Feuilletons diskutierte Postwachstumsökonomie wird in der Wissenschaft eher skeptisch betrachtet.

Ich bin davon überzeugt, dass sich Wachstum und Ressourcenverbrauch entkoppeln lassen. Auch der Klimawandel ist nicht die Folge eines ungebremsten Wachstums, sondern eines Wachstums auf Basis fossiler Energien. Eigentlich ist Wachstum etwas Wunderbares: Nicht nur in der Kindheit wachsen wir, sondern unser ganzes Leben lang. Leben ist Wachstum. Menschen, Tiere und Pflanzen sind Teil eines ewigen Kreislaufes aus Werden und Vergehen. Die Erde ist über Milliarden von Jahren zu dem gewachsen, was sie heute ist. Und sie dreht sich immer weiter. Wäre das Wirtschaftswachstum ähnlich organisiert, würden wir uns darüber freuen. Die Kreislaufökonomie beruht genau auf solcher Idee eines zirkulären Wachstums, des ewigen Werdens und Vergehens.

Problematisch ist ein ungezügeltes Wirtschaftswachstum, das den Planeten zerstört statt ihn zu beleben. Wir müssen das Wirtschaftswachstum vom fossilen Energieverbrauch entkoppeln und uns abgewöhnen, es als Maßstab für Wohlstand zu definieren. Statt vor der *Tagesschau* Börsenkurse zu zeigen, sollten wir die Indikatoren der Nachhaltigkeit erfahren: Ressourcenverbrauch, Sauberkeit der Luft, Anteil erneuerbarer Energien.

Wachsender Umweltschutz, wachsende Gesundheit, wachsender Zugang zu sauberem Trinkwasser und sauberer Energie sind wünschenswert. Der wachsende Einsatz von beispielsweise erneuer-

MARKT KONSUM DEAL

barer Energie, klimaschonender Mobilität, Techniken zur Herstellung von sauberem Trinkwasser kann für wachsenden Wohlstand sorgen. So wäre Wirtschaftswachstum nicht die Ursache eines globalen Klimawandels, sondern dessen Lösung.

Auch in der Bundesregierung wird intensiv über »die dringende Notwendigkeit einer post-fossilen Wirtschaftsweise« nachgedacht. Der Wissenschaftliche Beirat der Bundesregierung Globale Umweltveränderungen (WBGU) hat bereits 2011 ein Hauptgutachten herausgebracht, das die Machbarkeit der Wende zur Nachhaltigkeit und zehn konkrete Maßnahmenbündel zur Beschleunigung des erforderlichen Umbaus präsentierte.[153]

Der Übergang zu einer klimaverträglichen Gesellschaft müsse an drei Hauptpfeilern ansetzen: erstens beim Energie- und beim Verkehrssektor, zweitens bei den Megacitys, in denen 2050 etwa sechs Milliarden Menschen leben werden, und drittens bei der Land- und Forstwirtschaft. Der Umbau, so sagt der Beirat, sei kaum zu überschätzen und vergleichbar mit der neolithischen Revolution, also der Erfindung und Verbreitung von Ackerbau und Viehzucht, sowie der industriellen Revolution. Dafür, so lautet die zentrale Botschaft des WBGU, »müssen wir nicht nur das Innovationstempo forcieren, sondern auch aufhören, den Wandel zu blockieren.« Erforderlich sei ein neuer »Contrat Social« – ein weitgehend virtueller Gesellschaftsvertrag, der nicht zuletzt auf dem Selbstverständnis jedes Einzelnen als verantwortungsbewusstem Erdenbürger beruhe und auch zwischen Generationen geschlossen werde.[154]

Was hat es mit dem »Green New Deal« auf sich?

Als 1929 die Weltwirtschaftskrise begann, reagierte die US-Regierung unter Franklin D. Roosevelt mit einem umfassenden Wirtschaftsprogramm, das sich »New Deal« nannte – analog zum »New Deal« beim Kartenspiel, wenn die Karten gemischt und neu verteilt werden. Es ging darum, durch staatliche Eingriffe ins Wirtschaftssystem die entstandene soziale Unwucht des Kapitalismus auszugleichen.

Der Begriff »Green New Deal«[155] greift dieses historische Vorbild für staatliche Wirtschaftsintervention auf und transformiert es auf die ökologische Unwucht der modernen Industriegesellschaft. Er wurde zuerst von Medien und Zivilgesellschaft genutzt und 2008 erstmals offiziell bei den Vereinten Nationen verwendet, als dort eine Initiative *Global Green New Deal* ins Leben gerufen wurde.[156] Mit »Green New Deal« haben auch die amerikanische Kongressabgeordnete Alexandria Ocasio-Cortez und der Senator Ed Markey ihr politisches Programm[157] betitelt, mit dem sie wie einst Roosevelt durch staatliche Investitionen die Wirtschaft ankurbeln und so gleichzeitig Klimaschutz wie auch soziale Gerechtigkeit befördern wollen.

Den Begriff »Green New Deal« verwendet auch der deutsche Verlag für die 2019 übersetzte Ausgabe von Naomi Kleins neuestem Buch *On fire*.[158] Die Autorin betont darin den engen Zusammenhang von Klimakrise und Sozialpolitik. Die westlichen Konsumgewohnheiten müssten radikal verändert werden, das dürfe aber nicht zulasten der ärmeren Bevölkerung passieren. Insofern müsse man neben der generationenübergreifenden Klimaungerechtigkeit auch soziale Ungerechtigkeiten lösen, wofür der Staat in den Umbau der Infrastruktur investieren müsse.

Ebenfalls 2019 veröffentlichte der amerikanische Trendforscher Jeremy Rifkin ein Buch mit dem Titel *Green New Deal*.[159] Der Bestsellerautor ist kein Wissenschaftler, aber mit seinen Büchern verknüpft er reale Praxisbeispiele mit theoretischen wissenschaftlichen Erkenntnissen und entwickelt daraus visionäre Erzählungen künftiger Alltagswelten, was wiederum viele Menschen motiviert, seine oder ähnliche Ideen tatsächlich zu realisieren. Aus der Praxis berichtet er beispielsweise von Modellprojekten in Frankreich, Luxemburg und den Niederlanden, in denen neue Formen kommunaler Demokratie und Wirtschaft ausprobiert werden. Er beschreibt unterschiedlichste Akteure der Nachhaltigkeit, die bislang eher im Verborgenen wirkten, bis mit »Fridays for Future« eine global unübersehbare Bewegung die Weltbühne betrat. Das Faszinierende an Rifkins Darstellung der künftigen Green Economy ist, dass er die Umsetzung vor allem in den Händen der Zivilgesellschaft sieht, in Bürgerinitiativen, in Energiegenossenschaften und auf kommunaler Ebene. Die Plattformen dafür entstehen im Internet, wo sich Netze für Mobilität, Energie und Kommunikation entwickeln. Seine Idee: Nicht der Staat, nicht die Hipster aus dem Silicon Valley, sondern Menschen wie du und ich, eine globale Graswurzelbewegung, werden den Wechsel zu einer gerechten, nachhaltigen Welt schaffen.[160]

Die ökonomische Ausgangsbasis dafür – und da nutzt Rifkin die Erkenntnisse der modernen Wirtschaftswissenschaft – könnte ausgerechnet die Finanzwelt schaffen. Stichwort Green Finance.

Profitiert die Finanzwelt nicht von der fossilen Welt?

In der Wirtschaftswissenschaft wird die Rolle der Finanzwelt beim Klimaschutz viel diskutiert. Es gibt Stimmen, die sagen, dass die Finanzmärkte im hohen Maße auf fossile Energien ausgerichtet sind, weil sich dort in den letzten Jahrzehnten sehr viel Geld verdienen ließ. Und solange wir weiter mit fossilen Energien wirtschaften, lässt sich dort auch weiterhin viel Geld verdienen. So gesehen wäre die Finanzwelt die größte Förderquelle des Klimawandels.

Als ein Beleg für diese Negativrolle der Finanzwelt wird der spektakuläre Börsengang der größten Erdölfördergesellschaft der Welt im Dezember 2019 betrachtet, der im selben Monat stattfand, als in Madrid die Klimakonferenz tagte und in Brüssel die neue Kommissionspräsidentin Ursula von der Leyen den EU-Green-Deal verkündete. Saudi-Arabien brachte einen Teil seines staatlichen Ölkonzerns unter dem Namen Saudi Aramco an die Börse, der 25,6 Milliarden Dollar einsammelte und jetzt sensationelle 1,7 Billionen Euro wert ist.[161] Saudi Aramco ist derzeit das wertvollste Unternehmen der Welt, teurer als Microsoft, Google oder Apple. Offenbar halten die Investoren Öl immer noch für ein Geschäft mit Zukunft.

Man kann es auch anders sehen. Denn zum einen waren die finanziellen Erwartungen des saudischen Königshauses wohl deutlich höher, insofern fiel das Ergebnis eher enttäuschend aus. Zum anderen musste der autoritäre Staat seine gesamte Autorität auf die Waagschale legen, um seine Untertanen zum Aktienkauf zu bewegen.[162]

Ich betrachte den Börsengang als ein letztes Aufbäumen eines sterbenden fossilen Imperiums. Die meisten Investoren in der globalen Welt haben bereits begriffen, dass der Wechsel zu einer nachhaltigen Wirtschaft unaufhaltsam ist. Um überhaupt noch Investoren für dieses geballte Risiko der Ölförderung zu finden, propagiert selbst das erzkonservative Königreich in seiner »Vision 2030« eine Welt der erneuerbaren Energien.[163] Dass sie überhaupt noch Anleger gefunden haben, liegt nicht an der rosigen Zukunft der Ölindustrie, sondern daran, dass das saudische Königshaus die Einnahmen erklärtermaßen nutzen will, um sich auf die postfossile Wirtschaftsära einzustellen. So gesehen war dieser Börsengang bloß der Auftakt zu einem Jahrzehnt des fossilen Schlussverkaufs.

Dazu passt, dass wenige Wochen später Larry Fink, Chef von Blackrock, einem der mächtigsten internationalen Vermögensverwalter, die Unternehmenschefs aufrief, sich mehr um Nachhaltigkeit und Klimaschutz zu kümmern. »Die Erkenntnisse über das Klimarisiko zwingen Investoren dazu, die Kernannahmen über die moderne Finanzwirtschaft neu zu bewerten.« Jede Regierung, jedes Unternehmen und jeder Aktionär müsse sich dem Klimawandel stellen. »Klimarisiko ist ein Investitionsrisiko.« Und er kündigt an, dass es in naher Zukunft – und früher als von den meisten erwartet – eine erhebliche Umverteilung von Kapital geben werde.[164]

Der Brief schlug in der Öffentlichkeit ein wie eine Bombe. Schließlich ist Blackrock einer der größten Investoren in vielen Unternehmen. Und: Blackrock gehört zu den größten Besitzern von Aktien der Öl- und Gasriesen – darunter ExxonMobil, Chevron, Shell und BP. Was ist los mit Larry Fink?

Nun, das Institute for Energy Economics and Financial Analysis (IEEFA) fand im Sommer 2019 heraus, dass Blackrock in den letzten zehn Jahren schätzungsweise 90 Milliarden Dollar verloren hat, weil es das ernsthafte finanzielle Risiko von fossilen Investitionen ignoriert und das Wachstum bei Investitionen in saubere Energie verpasst hat.[165]

Ist es verlogen, wenn Investmentfirmen plötzlich Klimaschutz fordern?

Larry Fink ist nicht plötzlich von Moral und Gewissen getrieben, sondern folgt weiterhin seinem untrüglichen Geschäftssinn. Eine neue Frage treibt ihn um: Könnte es sein, dass Öl, Gas und Kohle keine Gelddruckmaschinen mehr sind, sondern gefährlich – nicht nur für die Gesundheit des Planeten, sondern auch fürs Portemonnaie der westlichen Welt? Larry Fink hat die Risiken fossiler Investitionen jetzt offenbar erkannt. Doch damit ist er beileibe nicht der Erste.

Immer mehr Investoren versuchen heute, ihr Geld nicht mehr in fossile Anlagen zu stecken. Der norwegische Staatsfonds, der größte Staatsfonds der Welt, verkündete im Sommer 2019, klimaschädliche Investments, nämlich Aktien im Wert von mehr als sechs Milliarden Euro, verkaufen zu wollen.[166] Zwar klammert er derzeit Großkonzerne wie BP, Chevron, Exxon und Shell davon noch aus, aber das Signal in Richtung »Dekarbonisierung des Portfolios«

wurde weltweit gehört. Die Frage ist, ob er und alle anderen Investoren den eigenen Worten Taten folgen lassen – und vor allem wann und wie.

Denn noch stecken viele Billionen Dollar in fossilen Industrien und noch werden – nicht nur in Saudi-Arabien, sondern auch in Europa – viele Milliarden Dollar in fossile Industrien gesteckt. Ebenfalls aus Anlass des Weltwirtschaftsforums in Davos veröffentlichte Greenpeace seinen Bericht »It's the finance sector, stupid«. Demnach haben allein 24 Banken, die in Davos anwesend waren, seit dem Pariser Abkommen 1,4 Billionen US-Dollar in fossile Industrien investiert.[167]

Doch Tatsache ist, dass im Klimavertrag von Paris ein Rückzug aus fossilen Brennstoffen fest vereinbart ist. Tatsache ist, dass Ökostrom zunehmend billiger wird als Fossilstrom. Tatsache ist, dass Öl, Kohle und Gas keine Zukunft haben. Tatsache ist, dass die Ölkonzerne 2019 schon das zweite Jahr in Folge weniger Gewinn machten,[168] weil die fossile Industrie mehr Öl produziert als die Welt verbraucht.[169] Das Überangebot drückt auf den Preis.

All diese Tatsachen wurden rigoros ignoriert von den Topmanagern in den Investment- und Pensionsfonds, Versicherungen und Banken. Bis heute, bis Greta Thunberg und Millionen von Jugendlichen anfingen, regelmäßig auf die Straße statt in die Schule zu gehen.

Doch das ist nicht nur eine gute Nachricht. Denn wenn wir tatsächlich in den nächsten Jahren komplett aus der fossilen Technologie aussteigen, dann sitzt die Finanzwelt derzeit auf einer Milliarden-Dollar-Blase aus Investitionen in fossile Brennstoffe. Heißt: Die Weltökonomie steuert auf einen »Carbon Bubble Crash« zu, wenn sie die »Stranded Investments« in Kohle, Öl oder Gas nicht zügig durch nachhaltige Finanzanlagen ersetzt.

Was könnte bei einem »Carbon Bubble Crash« passieren?

Norwegen lebt vom Öl. Das Vermögen des Staatsfonds stammt aus fossilen Quellen. Deswegen ist die Angst der Norweger vor sinkenden Einnahmen groß und deswegen verhalten sie sich auch scheinbar paradox: Der Staat fördert Elektroautos und den Umstieg auf eine nachhaltige Lebensweise. Der staatliche Pensionsfonds steigt als Investor aus fossilen Industrien aus, und gleichzeitig startete im Oktober 2019 die Ausbeutung eines der fünf größten jemals entdeckten Ölfelder der Nordsee[170] – und zwar ausgerechnet durch ein Unternehmen, das zu zwei Dritteln dem Staat gehört.

Wie geht das zusammen? Nun, Norwegen hat versäumt, frühzeitig andere Einnahmequellen zu schaffen. Öl schien eine sichere Sache und für den Aufbau einer alternativen Wirtschaft braucht man Geld. Also wird jetzt versucht, noch so viel Geld wie möglich mit Öl zu verdienen, um damit ein Geschäftsmodell zu entwickeln für die kommende postfossile Epoche.

Und so wird es weitergehen. Zuerst kommt der Schlussverkauf, dann der Grabbeltisch und am Ende ist das schwarze Gold höchstens noch Ramschware für Rudis Resterampe. Mit ihren ausgeprägten Antennen für Risiken nehmen die Finanzmärkte wahr, dass die fossile Industrie im Sterben liegt. Sie verlassen das sinkende Schiff. In PR-Anzeigen empfehlen selbst konservative Finanzanlagenvermittler Kleinanlegern, sich daran zu orientieren.[171]

Und nicht nur die Finanzbranche, sondern auch die Politik begreift allmählich, was sich da zusammenbraut. Denn ähnlich wie bei der globalen Finanzkrise von 2008 ballen sich derzeit erhebliche finanzielle Risiken. Damals waren es die Kreditausfallrisiken der Immobilienbranche, heute sind es die Risiken der fossilen Industrien – in unterschiedlichsten Anlageformen und tief versteckt. Sie aufzuspüren ist gar nicht so einfach, wie wir zum Jahreswechsel 2019/20 schon bei Siemens sehen konnten: Auch in einer eigentlich harmlosen Signalanlage für ein Eisenbahnsystem stecken CO_2-Anteile. Deswegen gibt es derzeit intensive Forschung, wie sich diese Risiken entdecken und bewerten lassen.

Ansonsten besteht die Gefahr, dass es im Laufe der steigenden CO_2-Kosten in den nächsten Jahren zu einem Crash kommt. Erst werden einzelne Unternehmen ihre CO_2-Kosten nicht mehr schultern können, dann aber sehr schnell auch große Investmentgesellschaften. Und so könnte es einen Dominoeffekt geben, der – ähnlich wie 2008 – zum Zusammenbruch der gesamten Weltwirtschaft führen könnte. Schließlich basiert das gesamte Wirtschafts- und Finanzsystem derzeit noch auf fossilen Energien.

Inwiefern ist »Green Finance« eine Chance für den Klimaschutz?

Die Politik versucht Anreize zu geben, damit die Investoren fossile Klimarisiken vermeiden – denn wenn es schiefgeht, werden wir wie nach der letzten Finanzkrise gewaltige »Rettungsschirme« ungeahnter Größenordnung für die Finanzindustrie aufspannen müssen. Die unbezahlten Schulden der riskanten Investments müssten über »Carbon Bad Banks« jahrelang abtragen werden.[172] Heißt: Es würde wieder richtig teuer für die Steuerzahler.

Andererseits liegt in diesem Systemwechsel auch eine Chance, auf die Larry Fink in seinem Neujahrsbrief verweist. Seine Botschaft: Die Firmen sollten sich gefälligst mehr um den Klimaschutz kümmern. Eine Mahnung, die die Unternehmen ernst nehmen. Denn Blackrock hält weltweit in rund 2500 Firmen fünf bis zehn Prozent des Kapitals, teils als größter Aktionär. Große Aktionäre können durch ihr Stimmrecht Einfluss nehmen – und sie werden es tun, um ihre Risiken zu mindern und die Gewinnchancen zu erhöhen.

Wenn CO_2 also zum Risiko wird und Klimaschutz zur Chance, dann wird es zu erheblichen Kapitalumschichtungen kommen, und die werden die Geschäftsmodelle der Unternehmen beeinflussen. Klimaschutz und die damit verbundenen Technologien und Strukturen würden zum Wachstumsmotor der Wirtschaft. Die Rolle der Finanzmärkte könnte also eine sehr wichtige sein.

Weltweit verwalten Pensionsfonds ein Vermögen von über **41 Billionen US-Dollar**,[173] der internationale Publikumsfondsmarkt ist mit **53 Billionen US-Dollar**[174] sogar noch größer. Wenn diese Gelder im Rahmen von Dekarbonisierung umgesteuert werden, könnten wir ein grünes Wirtschaftswunder erleben.

Also rettet der Finanzmarkt doch das Klima?

Nein, sicher nicht. Ganz von selbst orientieren sich die Finanzmärkte nicht neu. Die Geschichte zeigt das Gegenteil: Sie haben die verschiedenen politischen Abkommen, die es seit Anfang der 1990er gab, zunächst nicht ernst genommen. Und selbst den Klimavertrag von Paris haben sie lange genug ignoriert. Doch seitdem die Folgen des beginnenden Klimawandels fast täglich in den Nachrichten und nicht länger zu leugnen sind und zudem die globale Fridays-for-Future-Bewegung öffentlichen Druck macht, beginnt die Politik ernsthaft, die Regeln zu ändern – und schon ändern die Finanzmärkte ihre Laufrichtung. Sie sind wie Jagdhunde, denen man eine neue Fährte gelegt hat. Plötzlich laufen sie nicht mehr dem Fuchs hinterher, sondern dem Hasen.

Die Politik setzt die Spielregeln für die Wirtschaft, nicht zuletzt indem Staaten selbst als Investoren voranschreiten. Viele Kommunen, Sparkassen und Landschaftsverbände in Nordrhein-Westfalen halten RWE-Aktien in Millionenhöhe, was sie politisch erpressbar macht und auch zu manchmal widersinnigen Entscheidungen führt, etwa wenn sich Kommunen gegen die Interessen ihrer Bürger stellen.

Doch auch öffentliche Haushalte wollen nicht nur aktiv in Klimaschutz investieren, sondern auch finanzielle Risiken vermeiden. Immer mehr Städte und Kommunen betreiben deswegen bereits eine entschlossene »Divestment«-Politik. Zivilgesellschaftliche Gruppen arbeiten durch Aufklärungsarbeit und Petitionen weltweit an solchen lokalen Entscheidungen mit.[175] Weltweit sind es schon weit über 140 Städte und Regionen, die vor allem Pensionsrücklagen klimafreundlich anlegen. In Deutschland machte 2015 Münster den Anfang. Inzwischen haben sich Oldenburg, Stuttgart, Bremen, Berlin, Bonn, Leipzig und Göttingen dem Vorbild angeschlossen. Baden-Württemberg legt seit 2017 die Versorgungsrücklage für Beamte in Höhe von 3,8 Milliarden Euro nicht mehr in Kohle oder Erdöl an. Auch Berlin hat nach einem Beschluss des Landesparlaments von 2016 insgesamt 750 Millionen Euro aus seinem Pensionsfonds umgeschichtet, gefolgt von Bremen im Jahr 2017.[176] Das Bundesumweltministerium fördert seit 2018 ein Projekt[177], das sich mit nachhaltigen Geldanlagen befasst. Insbesondere kreisfreie Städte sollen mobilisiert und motiviert werden, sich mit dem Abzug von Geldern aus klimaschädlichen Geldanlagen auseinanderzusetzen.[178]

Und auch auf europäischer Ebene ist »Divestment« ein Thema: Die Europäische Investitionsbank vergab 2018 Darlehen von fast 60 Milliarden Euro, in etwa so viel wie die Weltbank. Sie finanzierte zwischen 2013 und 2017 fossile Brennstoffprojekte mit über elf Milliarden Euro jährlich, davon rund acht Milliarden in Gasinfrastruktur und 1,68 Milliarden in Gasgewinnung. Doch im November beschlossen die EU-Mitgliedstaaten und die EU-Kommission, dass die Europäische Investitionsbank zu einer »Klimabank« werden und die Förderung von Projekten für fossile Energieträger Ende 2021 beenden soll. Bis 2030 soll eine Billion Euro für den Ausbau erneuerbarer Energieträger bereitgestellt werden. Damit betriebe die Europäische Investitionsbank nach eigenen Angaben »die ehrgeizigste Klimaschutzpolitik aller öffentlichen Förderbanken auf der Welt«.[179]

Wie funktioniert der Green Deal der EU?

Der Green Deal[180] ist die europäische Umsetzung des Pariser Abkommens und wurde im Dezember 2019 veröffentlicht. Darin steht das Versprechen, dass »die EU zu einer fairen und wohlhabenden Gesellschaft mit einer modernen, ressourceneffizienten und wettbewerbsfähigen Wirtschaft werden soll, in der im Jahr 2050 keine Netto-Treibhausgasemissionen mehr freigesetzt werden und das Wirtschaftswachstum von der Ressourcennutzung abgekoppelt ist«.[181] Es sollen alle politischen Hebel konsequent genutzt werden: Regulierung und Normung, Investitionen und Innovation, nationale Reformen, Dialog mit den Sozialpartnern und internationale Zusammenarbeit. Außerdem gibt es schon einen Fahrplan, was als Nächstes getan werden soll.[182] Das ist schon eine ziemliche Ansage!

Aufgrund der weitreichenden Strategie sollen die EU-Länder bis 2050 klimaneutral werden.[183] Um den Weg zu bereiten, werden die Emissionsvorgaben für 2030 auf 50 bis 55 Prozent CO_2-Emissionsminderungen gegenüber 1990 deutlich verschärft. Bislang lag das Ziel bei 40 Prozent. Bis 2017 hat die EU es gerade geschafft, 22 Prozent einzusparen.

Beim Green Deal geht es um sehr viel mehr als nur um klassische Struktur- und Investitionsmaßnahmen, etwa im Bereich von Offshore-Windenergie, Gebäudesanierung oder Hilfe für Kohleregionen. Der Klimaschutz soll Tempo aufnehmen. Bis 2030 sind laut EU-Kommission zusätzliche Investitionen in Höhe von 260 Milliarden Euro nötig – pro Jahr.[184] Die kommen nicht aus der EU-Kasse, sondern von Investoren aus aller Welt. Und so soll es in schnellen Schritten weitergehen.

Die EU-Kommission hat es verstanden, Gesetzgebung und staatliche Förderung geschickt zu verzahnen. Sie will das Ziel, der erste klimaneutrale Kontinent zu werden, durch ein neues Gesetz unumkehrbar machen.[185] Ein Gesetz ist keine wohlklingende Absichtserklärung mehr, sondern ein verbindliches Instrument. Kein EU-Vorhaben kann mehr dem Ziel der Klimaneutralität zuwiderlaufen. Ein solches Klimagesetz zwingt alle zum Handeln und ermöglicht im Fall von Verstößen auch den Klageweg.

Durch eine solche Verbindlichkeit bekommen Investoren die notwendige Sicherheit für ihre Investitionen, die für die Erreichung der Klimaziele eine bislang nie dagewesene Größenordnung erreichen müssten. Das Geld ist da. Der Wille auch. Jetzt schafft die EU die gesetzliche Basis, um den Schalter der Finanzmärkte auf Grün umzulegen.

So entstünde eine Eine-Billion-Euro-Chance, enorme Investitionen nach Europa zu holen. Denn dass die Zukunft grün ist, hat sich in der Finanzwelt schon lange herumgesprochen. Global ist bereits ein Wendepunkt erreicht: Schon jetzt fließen mehr Investitionen in erneuerbare als in fossile Energien zur Stromherstellung. Und künftig werden noch deutlich mehr Investitionen in nachhaltige Klimaschutztechnologien und Infrastrukturen fließen.

Die Industrie arbeitet bereits an vielversprechenden Technologien für eine nachhaltige Energie- und Verkehrswende hin zu einer Vollversorgung mit erneuerbaren Energien, mit denen sich zum Teil schon heute viel Geld verdienen lässt. Die Investoren stehen in den Startblöcken. Für sie geht es nicht mehr um Klimaziele, sondern um neue, rasant wachsende Märkte.

Also wird es in den nächsten zwei Jahren um die Ausrichtung des Finanzsystems auf Nachhaltigkeit und Klimaschutz gehen – eine Green-Finance-Architektur kann entstehen.[186] So werden jenseits von der üblichen staatlichen Initiative durch geänderte Spielregeln neue Marktkräfte aktiviert, damit Geld in nachhaltige Projekte und Unternehmen investiert wird.[187]

Im Sommer 2020 soll der EU-Maßnahmen-Fahrplan vorgestellt werden, um das verschärfte Klimaziel zu erreichen. Ein Gesetz zur Abfallreform ist in Arbeit, das die EU Schritt für Schritt zu einer Zero-Waste-Policy führt: Abfall soll möglichst vermieden und nur im Ausnahmefall hundertprozentig recycelt werden. 2021 soll es einen Gesetzentwurf zur Reform des Emissionshandels geben, um auch Schiff- und Luftfahrt einzubeziehen. Rechtstexte zur künftigen Energiebesteuerung sollen folgen.

Im nächsten Schritt muss diese europäische Regelung von den Mitgliedstaaten der EU in nationales Recht übersetzt, danach von den Ländern, Städten und Kommunen in lokale Gesetze gebracht werden, um so in unserem Alltag zu landen. Der Green Deal ist der Anspruch, in der internationalen Klimapolitik die Führung zu übernehmen, und gleichzeitig die Chance, wirtschaftlich davon zu profitieren.

Also entwickelt die EU eine Art Spielregeln für die Finanzmärkte?

Genau. Zum Beispiel wird gerade definiert, was »nachhaltig« eigentlich meint. Wer sein Geld »grün« investieren will, steht derzeit vor einem Riesenangebot von grünen Anleihen, die allerdings auf 400 verschiedenen »Standards« basieren. In solchem Wirrwarr ist Greenwashing, also substanzloses Marketing, einfach. Zwar gibt es bereits einzelne etablierte Industriestandards, aber sie sind freiwillig. Deswegen werden derzeit auf EU-Ebene eine gesetzlich geregelte, ordentliche und trennscharfe Klassifizierung und darauf aufbauend Standards und Labels für grüne Finanzmarktprodukte entwickelt.

Die Befürchtung eines »Carbon Bubble Crash« treibt die politisch Verantwortlichen immer stärker zu verbindlichen Maßnahmen, die für Transparenz über fossile Geschäfte oder besser noch Sicherheit von Angaben über nachhaltige Aktivitäten sorgen.

Ende Dezember 2019 trat bereits die neue EU-Transparenzverordnung in Kraft.[188] Jetzt ist es für Unternehmen deutlich schwerer, ihre Aktien als nachhaltig anzupreisen, nur weil sie in Indien einen Baum gepflanzt haben oder einen Nachhaltigkeitsrat mit Marketingbroschüren beschäftigen. Nach der neuen Verordnung müssen Banken, Anlageberater, Portfoliomanager, Fondsmanager und Versicherungsvermittler – also alle regulierten Finanzdienstleister – künftig auf ihrer Website darüber berichten, wie sie mit Nachhaltigkeitsrisiken umgehen und wie nachhaltig ihre Investitionen sind.

Damit Unternehmen dies nicht kompliziert selbst entwickeln müssen, hat ein Frankfurter Startup bereits eine Klimametrik entwickelt. Mit ihrer Hilfe können Unternehmen berechnen, um wie viel Grad Celsius sich die Erde bis 2050 erwärmen würde, wenn alle Unternehmen so wirtschaften würden wie sie selbst.[189] So lässt sich das Klimarisiko leicht berechnen, beziffern und kommunizieren. Solche oder ähnliche Klimascores könnten bald Standard für Unternehmen werden, die dann Risiken reduzieren, indem sie aus CO_2-intensiven Produktionsprozessen aussteigen.

PARTEIEN
PROFIS
BETEILIGUNG

Sind verbindliche Klimagesetze etwas anderes als Ökodiktatur?

Ein Verbot ist keine Diktatur. Auch viele Verbote sind keine Diktatur. Sonst wäre Deutschland auch ohne Klimaschutzgesetze eine multiple Diktatur: die Ab-22Uhr-Nachtruhe-Diktatur, die Nicht-gegen-die-Einbahnstraßen-Richtungsdiktatur, die Mindesttempo-auf-Autobahnen-Diktatur, die Stehlen-verboten-Diktatur, eine Kinderarbeitsverbot-Diktatur, die Neun-Jahre-Schulpflicht-Bildungsdiktatur und selbst auf dem Bolzplatz eine Keine-Hände-Diktatur.

Die französische Klimaforscherin Corinne Le Quéré untersuchte 2019 mit ihrem Team 18 entwickelte Volkswirtschaften, denen es gelungen ist, zwischen 2005 und 2015 ihre Emissionen zu senken. Statt also – wie sonst in der Klimaforschung üblich – nach den Ursachen des Klimawandels zu forschen, änderte sie die Perspektive und fragte: Was führt zum Erfolg? Wie gelingt es die Emissionen zu reduzieren?[190]

Sie fand drei Antworten: Alle 18 Staaten hatten ihren Energieverbrauch gesenkt (teilweise unfreiwillig durch ein geringeres Wachstum des Bruttoinlandsprodukts). Sie hatten fossile durch erneuerbare Energien ersetzt. Und sie hatten, wie eine Korrelationsanalyse zeigte, anders als die nicht erfolgreichen Länder, politische Maßnahmen ergriffen, um die Energieeffizienz und den Ausbau erneuerbarer Energien zu unterstützen.

Dieses Ergebnis lässt den Schluss zu, dass Anstrengungen zur Emissionsverringerung nur fruchten, wenn sie verstärkt werden. Kurz: Klimaschutz braucht Klimapolitik. Am schnellsten wirken Verbote oder Gebote.

Niemand mag sich etwas vorschreiben lassen; wir wollen nicht gesagt bekommen, was wir zu tun oder zu lassen haben. Am liebsten wollen wir aus freien Stücken die richtige Entscheidung treffen. Doch unsere Entscheidungen passieren nicht im luftleeren Raum, sondern im Rahmen von gesellschaftlichen Konventionen und Verabredungen. Und jahrzehntelanges Verbreiten emotional fesselnder Werbebilder hat so manche absurde Vorstellung tief in unserer Kultur verankert: beispielsweise die, dass Zigaretten etwas mit Freiheit zu tun haben könnten.[191] Sucht soll Freiheit sein? Es gibt Leute, die das Rauchverbot an öffentlichen Plätzen als Freiheitsentzug erlebt haben. Alle anderen, die die Zeit vor 2007 noch in Erinnerung haben, wundern sich heute über die jahrelang erbittert geführten Diskussionen um ein mögliches Rauchverbot.[192]

Nach wie vor wird Autofahren in Deutschland als Symbol der Freiheit verbissen verteidigt. Und das, obwohl selbst der – fürwahr nicht autofeindliche – ADAC täglich Tausende kilometerlange Staus vermeldet. Die jährliche Staubilanz stieg 2018 auf Rekordniveau: Die Gesamtlänge aller ermittelten Staus reichte 38-mal um die Erde. Insgesamt mussten Autofahrer in diesem Jahr rund 459 000 Stunden (circa 52 Jahre!) im Stau ausharren. Im Durchschnitt bildeten sich jeden Tag knapp 2000 Staus – wohlgemerkt: jeden Tag![193]

Wie Blechlawinen und »Stehzeuge« (durchschnittlich steht jedes Auto 23 Stunden am Tag ungenutzt herum) zum Inbegriff von Freiheit werden konnten, werden künftige Historiker vielleicht ergründen. Heutige Zukunftsforscher sehen jedenfalls in digitalisierten Mobilitätslösungen sehr viel mehr echte Freiheit.[194] War die alte energiefressende Glühbirne wirklich ein Ausbund an Freiheit und ihr Verbot ein »Freiheitsentzug«?[195]

Psychologen vermuten, dass die Klage, es sei heutzutage ja fast »alles verboten«, Ausdruck davon sei, dass man den Widerspruch zwischen Wissen und (möglichem) Handeln nicht aushält.[196] Oder hängen die Freiheitsvorstellungen wirklich so viel mehr an »Fleisch, Fahren und Fliegen«[197] als an sauberen Flüssen und Meeren, einer vielfältigen Tier- und Pflanzenwelt und einer friedlichen Welt mit ausreichend Ressourcen für alle Menschen? Die Philosophin Carolin Emcke hat dazu geschrieben: »Was neuerdings als vermeintlich antiliberaler ›Verzicht‹ abgewertet wird, ist das, was früher einmal ›Wahl‹ hieß und Grundelement jeder liberalen Erzählung war. Wir können wählen, wie wir leben wollen, wir können mitbestimmen, welche Art der Landwirtschaft, welche Form der Mobilität wir als Gesellschaft wollen, wir können mitbestimmen, ob und wie wir teilen und umverteilen wollen, wir können mitverhandeln, was für uns ein freies, solidarisches und gerechtes Leben bedeutet, im lokalen und im globalen Kontext. Und ja, es lässt sich auch autonom entscheiden, etwas nicht zu wollen.«[198]

Es geht also gar nicht um Verbote, sondern um Entscheidungen, Regelungen, Wahlen, Mitbestimmung und offene, freie, faire Verfahren, um in einem demokratischen Gemeinwesen nachhaltige und sozial verträgliche Umgangsformen zu vereinbaren. Wir brauchen politische Rahmenbedingungen, die nachhaltiges Leben ermöglichen. Wir brauchen Gestaltungs- und Handlungsräume, um durch umweltfreundliches Verhalten wieder in ein Gefühl der Selbstwirksamkeit zu gelangen.

Soll ich etwa in eine Partei eintreten oder Lobbyismus betreiben?

Mitglied einer Partei zu sein ist immer eine Option, und es kann durchaus sinnvoll sein, sich gemeinsam mit Gleichgesinnten parteipolitisch zu engagieren. Demokratie ist mehr, als alle vier Jahr einen angekreuzten Zettel in die Wahlurne zu werfen, und ein Engagement in einer Partei ist natürlich schon mehr als das, aber um politisch aktiv zu sein, braucht man kein Parteibuch.

Die gewählten Abgeordneten müssen sich ja irgendwie ihre Meinung bilden, die sie bei den Abstimmungen im Bundestag und Bundesrat, in den Landtagen, in den Kommunen und in ihren Parteien vertreten. Das tun sie wie jeder, indem sie Bücher und Zeitungen lesen, Radio hören, fernsehen, sich im Internet informieren und sich mit anderen Menschen treffen. Wie wir alle sind auch Politiker nicht davor gefeit, ihren eigenen Filterblasen zu erliegen.[199]

Damit das nicht passiert, sehen die Geschäftsordnungen des Bundestages und der Bundesregierung ausdrücklich die Mitwirkung von Interessenverbänden vor. Ministerien sollen bei der Vorbereitung von Gesetzen möglichst den Sachverstand der Spitzenverbände einholen. Das kann in öffentlichen Anhörungen passieren, in Enquêtekommissionen oder in persönlichen Gesprächen. Ob Gewerkschaften, Wohlfahrtsverbände oder Wirtschaftsvereinigungen – sie alle werden zu allen möglichen Anlässen um Stellungnahmen gebeten und nach ihrer Meinung gefragt.[200] Der Bundestag führt eine öffentliche, im Internet einsehbare Liste der im Bundestag registrierten Vereine und Verbände,[201] die rund 5000 Einträge umfasst.

Auch wenn »Lobbyismus« negativ konnotiert ist und Lobbyisten unterstellt wird, unlautere Interessen zu verfolgen und von finanzstarken Personen oder Unternehmen dafür bezahlt zu werden, Politik zu beeinflussen, bleibt es für unsere Demokratie richtig und wichtig, dass die Interessen von Gruppen oder Organisationen politisch vertreten werden, solange dies transparent abläuft.

Der Staatswissenschaftler Rudolf Speth bezeichnet Lobbyisten als »fünfte Gewalt« und hält diese in einer pluralistischen Gesellschaft mit einer wachsenden Anzahl von Interessengruppen für begrüßenswert. Es gebe heute eine so große Vielfalt an Interessen, dass jedes Ministerium für seine Arbeit auf die »Zulieferung« von diesen Interessen angewiesen sei. Die Zivilgesellschaft bildet so gesehen eine Art »Zulieferindustrie« für die Politik, um stellvertretend für die entsprechenden Gesellschaftsteile Einfluss auf die politischen Entscheidungen zu nehmen.[202]

Lobbyismus ist also einerseits gewollt und begrüßenswert, andererseits besteht durch ihn das Risiko der Einflussnahme durchsetzungsstarker privater Interessen auf die demokratische Willensbildung. LobbyControl,[203] eine Initiative für Transparenz und Demokratie und als eingetragener Verein organisiert, ist in gewisser Weise selbst eine Lobbygruppe, die sich als Anwalt für die Interessen der Demokratie einsetzt. Ihre Sorge: »Wenn politische Entscheidungen in Expertengremien und Kommissionen ausgelagert oder Gesetzestexte gleich vollständig von Anwaltsfirmen geschrieben werden, untergräbt der Staat seine Verantwortung für einen fairen und transparenten Interessenausgleich.«[204]

Lässt sich zwischen gutem und schlechtem Lobbyismus trennen?

Zur Unterscheidung von »gutem« und »schlechtem« Lobbyismus dienen die Kriterien »ehrenamtlich« versus »bezahlt« und »Gemeinwohl« versus »Partikularinteressen«. Sich ehrenamtlich fürs Gemeinwohl zu engagieren, sei gut für die Demokratie; gegen (gute) Bezahlung die Interessen von Unternehmen zu vertreten, sei dagegen schädlich.

Doch diese Unterscheidung ist heikel. Zum einen gibt es inzwischen – aufgrund von professionellem Fundraising – mit einem solide bezahlten Kernteam ausgestattete Gemeinwohlorganisationen, sodass Ehrenamtlichkeit nicht mehr zwingend gegeben ist. Zum anderen hat der Sachverständigenrat für Umweltfragen, in dem ich Mitglied bin, im Sommer 2019 in seinem Sondergutachten »Zur Legitimation von Umweltpolitik« ausführlich erörtert, wie oft Vertreter von Partikularinteressen sich mit Argumenten des Gemeinwohls durchsetzen.[205]

So betont beispielsweise der Deutsche Bauernverband (DBV), professionell organisierter Vertreter der Partikularinteressen von Landwirten, im Streit um umweltpolitische Maßnahmen stets die Bedeutung der Bauern für die Ernährung der Bevölkerung und bringt damit den Gemeinwohlaspekt ein.[206]

In der EU-politischen Diskussion um die Festlegung eines CO_2-Grenzwertes für Pkw ist wissenschaftlich nachgewiesen,[207] dass die Association des Constructeurs Européens d'Automobiles (ACEA) ab 1998 die gemeinsamen Interessen der europäischen Fahrzeughersteller vertrat und jahrelang erfolgreich einen bindenden Grenzwert verzögerte. Als sich 2009 ein verpflichtender Grenzwert nicht mehr verhindern ließ, konnten die europäischen Hersteller keine gemeinsame Position mehr finden – ihre Interessen gingen aufgrund ihrer unterschiedlichen Produktpalette zu sehr auseinander. So übernahm der Verband der Automobilindustrie (VDA) die speziellen Interessen der deutschen Hersteller und argumentierte vor allem mit der Bedeutung der Branche für den deutschen Arbeitsmarkt. Die Bundesregierung engagierte sich bei den EU-Verhandlungen besonders für die Interessen der (deutschen) Produzenten im »Premiumsegment« und verhinderte so den Beschluss eines ambitionierten, klimapolitisch wünschenswerten Grenzwertes im Sinne des Klimas.

Der VDA vertrat die Interessen der deutschen Autoindustrie, die Bundesregierung vertrat die Interessen der Beschäftigten der Autoindustrie – und am Ende sind die globalen Gemeinwohlziele Umwelt-, Klima- und Gesundheitsschutz vergessen.

Welche Interessen eine Gruppe vertritt und ob die Beschäftigten bezahlt oder ehrenamtlich arbeiten, ist also allein wenig aussagekräftig. Die theoretisch gute Beteiligung von Interessengruppen an politischen Prozessen kann in der Praxis missbraucht werden. Auf der einen Seite werden die Partikularinteressen durch vermeintliche Gemeinwohlinteressen verschleiert – und auf der anderen Seite werden Menschen, die sich ernsthaft für Klima- und Umweltschutz einsetzen, beschuldigt, sie seien Lobbyisten der Solar- oder Windindustrie.

Um Verwirrung und verdeckte Einflussnahme zu vermeiden, brauchen wir vor allem Transparenz. Denn meist findet die Einflussnahme im Hinterzimmer der Parlamente statt und meist bleibt im Dunkeln, wer die Arbeit der Interessenvertretung finanziert. Auf EU-Ebene gibt es deswegen bereits ein Transparenzregister des Europäischen Parlaments und Treffen mit Organisationen und selbständigen Einzelpersonen müssen veröffentlicht werden. LobbyControl fordert ein solches Register auch auf Bundesebene. Und im Hinblick auf die Finanzierung macht sich die Organisation Transparency International[208] schon seit 25 Jahren für strengere Veröffentlichungspflichten stark.

Deswegen: Lobbyismus per se ist nichts Verwerfliches, sondern – wenn es als transparente Interessenvertretung ehrlich betrieben wird – etwas fundamental Wichtiges für eine funktionierende Demokratie.

Was für Arten von Interessengruppen gibt es beim Klimaschutz?

Laut Bundesverband deutscher Vereine & Verbände gibt es derzeit rund 600 000 eingeschriebene Vereine (»e. V.«) und weitere zwei Millionen nicht eingeschriebene Vereine.[209] Zwar sinkt die Zahl der Vereine in den letzten Jahren kontinuierlich, dafür gibt es immer mehr informelle Gruppen, virtuell auf Facebook oder Telegram oder real als Lauf- oder Musikgruppe. All das sind Orte der Meinungsbildung, und es sind Orte des politischen Handelns.

2008 initiierte das Bundesumweltministerium die Nationale Klimaschutzinitiative (NKI), um in ganz Deutschland Klimaschutzprojekte anzustoßen und zu fördern. Bis Ende 2018 wurden fast 30 000 Projekte durchgeführt und dadurch insgesamt rund 1,5 Millionen Tonnen CO_2 eingespart.[210] Auf der zugehörigen Webseite[211] findet man Ideen, was in der eigenen Stadt, dem Dorf, der Kommune passieren kann: Das Spektrum reicht von klimafreundlichen Trinkwasserquartieren bis zum Klimabonusprojekt für umweltfreundliches Einkaufen, vom Klimaschutzmanagement in Krankenhäusern und Rehakliniken bis zu Klimaschutz in Wohnungseigentümergemeinschaften.

Für Schulen und Bildungseinrichtungen betrieb das Bundesumweltministerium von 2008 bis 2018 ein umfangreiches Klimaschutzförderprogramm.[212] Es gab zum Beispiel einen »Klimaschutzschulenatlas«, auf dem Schulen ihre Aktivitäten darstellen, sich vernetzen und austauschen konnten. Er wurde leider aus Datenschutzgründen eingestellt.[213] Hier bräuchte es nur eine Handvoll IT-Leute, die wissen, wie sich das Datenschutzproblem lösen lässt, um die Ideen der Öffentlichkeit wieder zugänglich zu machen.

Gefördert durch das Bundesumweltministerium hat der Deutsche Olympische Sportbund schon 2011 eine Broschüre zum »Klimaschutz im Sport« herausgebracht.[214] Da finden sich reichlich Beispiele, wie sich der kleine Lauftreff und selbst Großveranstaltungen nachhaltig gestalten lassen – wenn man nur will.

PARTEIEN PROFIS BETEILIGUNG

Müssen wir immer so viel diskutieren?

Die Welt ist kompliziert. Und manchmal steht das eine im Gegensatz zum anderen. Deswegen bedarf es immer einer Abwägung verschiedener Dimensionen, und wir müssen aushalten, dass es keine perfekte Lösung gibt. »Ambiguitätstoleranz«[215, 216] nennt das die Wissenschaft: die Fähigkeit, Widersprüchliches auszuhalten. Und deswegen müssen wir immer möglichst viele Personen an Entscheidungen beteiligen, damit wir möglichst viele Perspektiven mitdenken können und nicht aus Versehen irgendeinen wirklich wichtigen Aspekt vollkommen übergehen.

Beispielsweise den Konsum einzuschränken ist für Menschen, die nicht im Überfluss leben, keine Option. Manche Menschen stufen einen sicheren Arbeitsplatz höher ein als Umweltschutz. In manchen Situationen ist Mobilität wichtiger als Klimaschutz. Solche Wertesysteme einfach nur zu verdammen ist nicht hilfreich. Wir müssen lernen, die Wünsche und Bedürfnisse anderer Menschen zu respektieren. Manchmal stehen religiöse Gefühle oder tief verankerte kulturelle Traditionen im Konflikt mit einer nachhaltigen Lebensweise. Das können wir nicht einfach ignorieren oder beiseiteschieben. Im schlimmsten Fall verletzen wir unser Gegenüber dadurch so sehr, dass gar keine Zusammenarbeit mehr möglich ist.

Vielleicht kommen wir zu vollkommen neuen Lösungen, indem wir das scheinbar abwegige Verhalten von Menschen anderer kultureller Prägung wohlwollend betrachten, sie um ihre Unterstützung bitten und von ihnen lernen.

Wer hätte noch vor 10 oder 20 Jahren gedacht, dass wir heutzutage sehr ernsthaft über Insekten als Nahrungsmittel nachdenken?[217] Das Bundesinstitut für Risikobewertung sieht jedenfalls die positive Umweltbilanz der Insektenproduktion. »Ihre Futterverwertungseffizienz wird als höher und die CO_2-Bilanz als günstiger eingeschätzt als bei der Fleischerzeugung mit warmblütigen Nutztieren. Auch unter ethischen und Tierschutzaspekten gelten Haltung und Verzehr von Insekten als weniger problematisch.«[218] Seit 2018 sind in der EU Insekten als Lebensmittel erlaubt (ja, auch für diese Genehmigung mussten sich Menschen erstmal einsetzen!). Jetzt finden sich im Netz erste Übersichten von Restaurants, die Insektengerichte servieren.[219]

Sollten nicht einfach »Profis« entscheiden?

Wer sind Profis? Wer hat Ahnung? Wer den Durchblick? Klar, es gibt viele Einzelpersonen, die große Expertise in diesem oder jenem Bereich haben. Doch das gibt niemandem das Recht, über einen anderen Menschen zu entscheiden. Okay, Kinder ausgenommen. Deswegen haben wir ja gesellschaftlich ein Mündigkeitsalter vereinbart: die Volljährigkeit.

Es gibt nicht die *eine* Lösung, richtig für alle Regionen, für alle Menschen. Zwar gelten überall dieselben Fragen: Wie machen wir Betroffene zu Beteiligten? Wie bringen wir zukünftige Generationen heute mit an den Tisch? Wie gestalten wir unsere Zukunft? Wie schaffen wir den Wandel? Aber die Antworten werden lokal, regional und global sehr unterschiedlich ausfallen – und das ist gut so. Wir brauchen Diversität auf dem Planeten, keine Einheitskulturen.

Aus diesem Grund hat Umwelt- oder Klimaschutz auch nicht bei allen Entscheidungen den Vorrang. Schließlich geht es um verschiedene Dimensionen von Nachhaltigkeit, also auch um Artenschutz und Biodiversität, um Gesundheit und Bildung, um Gerechtigkeit und soziale Teilhabe.

Das Berliner Museum der Zukunft *Futurium*[220] präsentiert großartige Ideen für eine solidarische und nachhaltige Zukunft der Erde. Im Mittelpunkt des ersten Raums steht ein großes Diagramm, auf dem die unterschiedlichen Kategorien unseres Handelns die Eckpunkte eines riesigen Spinnennetzes sind: Verteilt im Dreieck aus Mensch, Technik und Natur sind Punkte wie Weltbevölkerung, Glauben, Kultur, Politik, Wissenschaft, Fantasie, Kunst, Gefühle, aber auch Infrastrukturen, Wirtschaft, Erfindungen, Forschung, Energiebedarf, Rohstoffe sowie Erde, Klima, Artenvielfalt, Ökosysteme, Naturgesetze, Universum. Und alles hängt mit allem zusammen. Wer also glaubt, es reiche *eine* Idee, mit der sich alle Probleme lösen ließen, sollte sich einmal vor dieses Diagramm stellen.

Die Fehler der Kolonialmächte, die sich den »unzivilisierten Naturvölkern« in Afrika, Asien und Südamerika überlegen glaubten, sollten wir jetzt nicht in Form von selbstgefälliger Ökobesserwisserei wiederholen. Wir wissen es eben nicht besser, und vieles wissen wir noch gar nicht und müssen es erst herausfinden. Fortschritt ist nur möglich, wenn wir aus Fehlern lernen. Deswegen müssen wir lernen, uns wechselseitig zu korrigieren, aber nicht, indem wir uns diskreditieren, sondern wechselseitig den Horizont erweitern. Je mehr Menschen aus ihrem Blickwinkel eine wichtige Frage, ein Problem betrachten, desto mehr Anknüpfungspunkte finden sich, die die Gesamtperspektive erweitern.[221] Menschen schauen aus unterschiedlichen Perspektiven auf ein Thema. Zum Beispiel kann es für einen Verkehrsbetrieb völlig irrelevant sein, seine Busse vom Verbrennungs- auf Elektromotor umzustellen. Schließlich sollen die Menschen einfach nur von einem Ort zum anderen transportiert werden. Solange sich der Wechsel finanziell nicht lohnt, wird der Verkehrsbetrieb nichts verändern. Aber für Menschen, die an der Buslinie wohnen, wäre eine Reduzierung von Lärm und Abgasen durchaus relevant. Die Reduzierung der Rußpartikel könnte anderen motorisierten Verkehrsteilnehmenden mögliche Fahrverbote ersparen und der Stadt Strafzahlungen. Und aus Sicht der Energieversorger könnten städtische Busse die Rolle variabler Stromspeicher übernehmen. Je mehr Leute aus ihrem Blickwinkel auf diese Frage gucken, desto mehr Anknüpfungspunkte finden sich.[222]

Wie könnte eine Bürgerbeteiligung konkret aussehen?

Es gibt bereits einige hochkarätige Beispiele, wo das Bundesumweltministerium durch Bürgerbeteiligung sehr gute Ergebnisse erzielen konnte:

Für die Entwicklung des »Klimaschutzplans 2050«, den die Bundesregierung im November 2016 verabschiedete, startete Bundesumweltministerin Barbara Hendricks einen öffentlichen Dialogprozess:[223] Auf Bürgerkonferenzen in fünf Städten sowie in einem Online-Dialog mit rund 500 Beteiligten wurden 77 Vorschläge für Klimaschutzmaßnahmen entwickelt; parallel dazu haben Bundesländer, Kommunen und Verbände in Fachforen getagt und dabei rund 400 Vorschläge eingebracht.[224] Im selben Jahr ließ das Ministerium für das »Integrierte Umweltprogramm 2030« erstmals ein Bürgergutachten[225] erstellen[226] und für die Fortschreibung des Deutschen Ressourceneffizienzprogramms[227] wurde 2019 im Zuge eines mehrstufigen Beteiligungsverfahrens ein Bürgerratschlag entwickelt.[228] In drei Bürgerwerkstätten wurde mit insgesamt 250 zufällig ausgewählten Bürgerinnen und Bürgern diskutiert; anschließend konnten sich alle Interessierten ortsunabhängig am Online-Dialog beteiligen. Die Ergebnisse flossen als Handlungsempfehlungen in den Anhang des Programms ein.

Das »Aktionsprogramm Insektenschutz«[229] – das erste Programm in Deutschland zum Schutz einer speziellen Art, unter anderem mit deutlich strengeren Regeln zum Einsatz von Pestiziden – wurde in der frühen Entwurfsphase in einer lebhaft geführten Online-Diskussion abgesteckt: Es wurden über 27 000 Bewertungen, über 1000 Kommentare und rund 320 Maßnahmenvorschläge in die Debatte eingebracht. Themen waren Agrarlandschaft, Schutzgebiete, Pestizidanwendungen, Boden- und Gewässerschutz sowie Lichtverschmutzung. Mit einem zweitägigen Planspiel wurden zudem gezielt Jugendliche in den Dialog eingebunden: 25 junge Menschen schlüpften in die Rolle von Ministeriumsmitarbeiterinnen und -mitarbeitern und erarbeiteten eigene Vorschläge zum Insektenschutz.[230]

All die genannten Beteiligungsverfahren sind bislang noch vereinzelte Experimente. Aber es zeigt sich, dass dies der Weg ist, den wir schleunigst weitergehen sollten. Denn durch die Verfahren werden gleichzeitig Informationen bereitgestellt, Präferenzen kommuniziert und die Ressourcenverteilung ausgehandelt sowie Argumente gegenübergestellt und weiterentwickelt.[231] Obendrein trägt die Partizipation erheblich zur Legitimation der Regierungsentscheidungen bei.[232] Die Menschen werden den – gemeinsam mit ihnen selbst beschlossenen – Gesetzen, Regeln und Verhaltensvorgaben eher Folge leisten als Gesetzen, die über ihre Köpfe hinweg verabschiedet werden.[233] Heißt: Wir bekommen auf diese Weise nicht nur bessere Gesetze und Programme, sondern auch Gesetze und Programme, die besser umgesetzt werden.

Aufgrund dieser Erfahrungen hat das Bundesumweltministerium einen Leitfaden für eine gute Bürgerbeteiligung entwickelt.[234] Und auch aus anderen Experimentierfeldern gibt es inzwischen einen großen Fundus an Erfahrungen mit unzähligen Arten von Beteiligungsformen.[235] Das Spektrum reicht von Bürgerrat über Zukunftskonferenzen bis zur Volksabstimmung.

Unsere Demokratieerfahrung ist im Hinblick auf die Menschheitsgeschichte noch vergleichsweise jung. Friedliche Problemlösung müssen wir erst noch lernen und vor allem üben, üben, üben. Denn wir brauchen eine entschlossene, demokratisch legitimierte Umwelt- und Klimapolitik, also eine Demokratie in verträglich vereinbarten ökologischen Grenzen.[236] In einem Wort: eine Ökokratie!

58 Wie könnte eine »Ökokratie« funktionieren?

Die einfachste und direkteste Form der Bürgerbeteiligung sind Volksabstimmungen, wie sie in der Schweiz stattfinden. In Deutschland gibt es Volks- und Bürgerbegehren auf Landes- und Kommunalebene. In München beispielsweise sprachen sich 2017 bei einem Bürgerentscheid 60,2 Prozent für die Abschaltung des lokalen Kohlekraftwerks bis 2022 aus.[237] Dieser Erfolg sollte Schule machen. Deswegen haben drei Organisationen, nämlich das Umweltinstitut München, Mehr Demokratie und Bürgerbegehren Klimaschutz, zusammen mit zahlreichen Kooperationspartnern im März 2019 das praxisnahe Handbuch[238] *Klimawende von unten* herausgebracht. Das Buch soll Menschen inspirieren und ihnen Informationen für eigene lokale Kampagnen liefern – auch wenn sie sich noch nie zuvor in den politischen Betrieb eingebracht haben.

Zur Bewältigung der Klimakrise werden mittlerweile »Bürgerräte« einberufen, das sind nach bestimmten Kriterien (Geschlecht, Alter, Bildung, Wohnort, Migrationshintergrund) gemischte Gruppen, zufällig ausgelost aus dem Einwohnermelderegister der Kommunen.

Bürgerräte sind besonders in britischen Kommunen beliebt. Den Anfang machte der Londoner Stadtteil Camden. Dort hatte der Bürgerrat 17 kommunale Klimaschutzmaßnahmen vorgeschlagen, darunter Solarmodule auf möglichst vielen Häusern, mehr Radwege, autofreie Zonen, autofreie Tage, und der Stadtrat hat alle übernommen. Bürgerräte gibt es auch in Brent, Croyon, Devon, Lambeth, Leeds, Luton, Newham, Oxford und Sheffield.[239] In Kürze soll auch ein nationaler Klima-Bürgerrat, wie er in Frankreich bereits existiert und in Neuseeland geplant ist, eingerichtet werden.

Der große Vorteil der quasi zusammengewürfelten Bürgerräte ist, dass die Menschen untereinander keine Vorrangpositionen aufbauen nach dem Motto: Ich habe bei der Wahl x Prozent mehr Stimmen bekommen, deswegen ist meine Stimme wichtiger als deine. Im Bürgerrat wissen alle, dass ihre einzige Berechtigung mitzureden die ist, dass sie ausgelost wurden. Und durch die Diversitätskriterien ist die Gruppe so buntgemischt, dass sich auch keine unbewussten »Wir sind mehr«- oder »Wir sind normal«-Abgrenzungsfantasien aufbauen können. Hier ist jeder Mensch Individuum und repräsentiert keine Mehrheit, auch keine gefühlte.

Denn genau um diese innere Haltung geht es: Wir sind nicht im Wettbewerb der Völker, konkurrieren nicht ums Überleben, es gibt keine Ausgrenzung von Minderheiten, keine Sicherung von Privilegien. Unser Leben auf diesem Planeten gelingt nur miteinander, nicht gegeneinander.

Egal in welcher Form wir zusammenkommen, um gemeinsam politisch zu handeln: Eine »ökokratische« Entscheidungsfindung basiert auf dem festen Vorsatz, nachhaltiger, gerechter, inklusiver, toleranter zu werden. Es muss möglich sein, uns wechselseitig zumindest auszuhalten und uns das Leben in seiner ganzen Vielfalt zu gönnen. Denn nur dann werden wir im gegenseitigen Respekt zu Verträgen kommen, an die wir uns auch halten.

VERTRAG
VERHANDLUNG
PRÄAMBEL

Wie wichtig ist ein Vertrag?

Die Antwort auf diese Frage gibt ein Satz, der am 12. Januar 2020 in Deutschland für Furore sorgte: »Es gibt praktisch keine rechtlich und wirtschaftlich vertretbare Möglichkeit, den Vertrag aufzulösen, ohne die Treuepflichten zu vernachlässigen.«[240] Mit diesen Worten, also mit seiner Vertragspflicht, begründete Joe Kaeser, der Vorstandsvorsitzende der Siemens AG, die Entscheidung, ein Zuliefergeschäft nicht abzusagen.

Vorausgegangen war über den Jahreswechsel 2019/20 eine öffentliche Diskussion um ein extrem klimaschädliches Kohlebergwerk[241] im Nordosten Australiens. Vor Ort hatte schon seit 2016[242] die australische Protestgruppe #StopAdani vor den Folgen des Bergwerks für Umwelt, Klima und Bevölkerung gewarnt. Die Proteste blieben wirkungslos, der Vertrag wurde abgeschlossen.

Zum Jahresende starteten in Deutschland erste Petitionen, einzelne Medien griffen das Thema auf.[243] Die Fridays-for-Future-Aktivistin Luisa Neubauer twitterte dazu, das Thema bekam immer mehr Aufmerksamkeit. Nun ging Konzernchef Kaeser in die PR-Offensive, lud Luisa Neubauer zu einem persönlichen Gespräch ein,[244] bot ihr einen Posten im Aufsichtsrat der neu zu gründenden Siemens Energy an und versprach, bei einer Extrasitzung des Konzernvorstands die Adani-Entscheidung erneut diskutieren zu lassen. Neubauer lehnte den Posten ab, und Siemens hielt am – für die Konzernbilanz eigentlich unbedeutenden – Adani-Auftrag fest.

Die Diskussionen waren damit nicht gestoppt. Die eine Seite beklagte die Ignoranz[245], das Kalkül[246] und die Doppelmoral[247] des Konzerns, die andere verwies auf die Sicherung von Arbeitsplätzen[248], den Wirtschaftsstandort Deutschland[249] und sogar darauf, dass die in Australien geschürfte Kohle helfe, den Hunger in der Welt zu besiegen.[250]

Was in der medialen Diskussion praktisch unerwähnt blieb, war die Vertragstreue, zu der Siemens verpflichtet war. Tatsächlich ist sie ein sehr gutes Argument. Und zwar nicht nur, um den Vertrag einzuhalten, sondern vor allem dafür, einen solchen Vertrag erst gar nicht abzuschließen.

VERTRAG VERHANDLUNG PRÄAMBEL

Zu Recht verwies der Vorstandsvorsitzende in seinem Statement auf den mit Adani im Dezember 2019 geschlossenen Vertrag, den das Unternehmen erfüllen oder mit Verhandlungen über Schadensersatz vorzeitig aufkündigen muss.

Doch es gibt einen anderen, sehr viel älteren Vertrag. Einen Vertrag, der genau solche klimaschädlichen Projekte wie das Kohlebergwerk Carmichael unmöglich macht. Denn im Dezember 2015 wurde in Paris ein Abkommen unterzeichnet, in dem sich 197 Staaten dazu verpflichteten, dem Klimawandel und seinen Auswirkungen geschlossen entgegenzutreten.[251] Diese Verpflichtung gilt für Deutschland, für Indien und auch für Australien.

Auf der Grundlage des Pariser Vertrages hätte weder Siemens noch Adani, noch die australische Regierung dem Vertrag zur Umsetzung des Kohlebergwerks zustimmen dürfen.

Zeigt das #Adani-Beispiel nicht gerade, dass Verträge nutzlos sind?

Im Gegenteil. Prinzipiell argumentieren die Beteiligten ja mit der Vertragspflicht. Nur sind die Verträge offenbar nicht ausreichend klar formuliert, sodass es Lücken gibt, die von bestimmten Interessengruppen entweder bewusst ausgenutzt werden oder die dazu führen, dass unachtsame Menschen den Sinn und Zweck der Gesetze nicht erfüllen.

Die Verträge, Abkommen und Gesetze reichen nur nicht aus. Sie sind nicht an sich falsch, sondern ihre Ausführung im Detail ist fehlerhaft. Ein Software-Bug stellt ja auch nicht gleich das ganze Computerprogramm infrage. Wir müssen den Fehler finden und korrigieren.

Eine Welt ohne Verträge würde nur einem anderen Gesetz zur Macht verhelfen: dem Gesetz des Stärkeren. Das ist ganz sicher keine gute Lösung. Wir brauchen Verträge, um allen Beteiligten – egal wie stark oder schwach – Handlungsfreiheit zu ermöglichen. Das ist nicht leicht.

Aber ausgehend von dem Grundsatz, dass die eigene Freiheit da endet, wo die Freiheit des anderen beginnt, müssen wir ständig ausverhandeln, wo und wie genau diese Grenzen verlaufen. Sie sind quasi der Jägerzaun unseres Gartens. Innerhalb dieser Grenzen haben wir die Freiheit, Federball zu spielen, Karotten zu züchten oder in der Sonne zu liegen. In Verträgen definieren wir diese

Linien. Solch ein Rechtsstaat, der wiederum Garant unserer Demokratie ist, beruht auf Gesetzen, die in rechtlich festgelegten Verfahren geschlossen werden.

Was bislang allerdings in den zahllosen Verträgen, die heute existieren, fast überall zu kurz kommt, ist die Dimension der künftigen Generationen N_1 bis N_x. Folglich brauchen wir einen besseren, einen generationengerechten Klimavertrag, einen New Green Deal.

Ist das Aushandeln von Verträgen nicht zu förmlich und kompliziert?

Unser komplettes Leben basiert auf Verträgen: Wenn du ins Kino gehst, schließt du einen Vertrag mit dem Kinobetreiber. Er verspricht, dir zu einer bestimmten Zeit einen bestimmten Film zu zeigen. Wenn er das nicht tut, bekommst du dein Geld zurück. Wenn du in den Bus steigst, schließt du einen Vertrag mit dem Busunternehmen. Du hast vielleicht noch nie die Geschäftsbedingungen gelesen, aber du weißt, dass du ein »erhöhtes Fahrentgelt« bezahlen musst, wenn du nicht vor Fahrtantritt ein Ticket gekauft hast. Das ist kein Gesetz, sondern eine »rechtsgültige Abmachung zwischen zwei oder mehreren Partnern«, also ein Vertrag.

Es gibt schon jetzt Milliarden Verträge. Sie nennen sich nicht unbedingt so, sondern Verabredungen, Vereinbarungen, Anweisungen usw. Nicht immer werden sie schriftlich gemacht, oft mündlich, manchmal sogar stillschweigend. Egal ob eine Chefin ihrem Mitarbeiter oder ein Lehrer seiner Schülerin eine Aufgabe gibt, das passiert immer in einem vertraglichen Rahmen.

Ob in Betrieb oder Schule, nahezu überall, wo Menschen sich in vorgegebenen Strukturen zusammenfinden und Aufgaben teilen, ist ziemlich genau geregelt, wie solche Aufgaben auszusehen haben und welche Grenzen sie nicht überschreiten dürfen. Diese Reglungen wiederum orientieren sich an kommunalen oder nationalen Vereinbarungen und die wiederum an internationalen.

Über alldem, so könnte man sagen, steht die Allgemeine Erklärung der Menschenrechte als – wenn auch noch immer nicht allgemein verbindliche – letzte Instanz. Denn es gibt kein weltweit anerkanntes unabhängiges Gericht, vor das man ziehen könnte, um Menschenrechtsverletzungen anzuklagen. Der Europäische Gerichtshof für Menschenrechte (EGMR) in Straßburg ist, wie der Name schon sagt, eine *europäische* Institution und soll die Einhaltung der Europäischen Menschenrechtskonvention sicherstellen, die schon 47 Staaten unterzeichnet haben, also auch Nicht-EU-Staaten, aber eben noch lange nicht alle. Trotzdem gibt es Beispiele, wo es gelungen ist, unter Berufung auf Menschenrechte Unternehmen erfolgreich vor Gericht zu bringen.[252]

Amnesty International, Human Rights Watch oder die Internationale Gesellschaft für Menschenrechte beispielsweise nutzen die Menschenrechtserklärung in ihrer Öffentlichkeitsarbeit. Sie erstellen Übersichten, wie und in welchem Maß Staaten gegen Menschenrechte verstoßen, um so öffentlichen Druck gegen diese Vergehen aufzubauen.

Eine Vielzahl bestehender Konventionen, Verfassungen, Vereinbarungen und Verträge ist beeinflusst und geprägt von der Allgemeinen Erklärung der Menschenrechte.[253] Auf dieser Basis können Menschen miteinander in Verhandlung treten und sich darüber austauschen, unter welchen Konditionen sie ein gemeinsames Leben auf diesem Planeten führen wollen. Dazu können sie Regeln, Vereinbarungen, Verträge formulieren, die im Konfliktfall den Weg vors Gericht und damit den Ausgleich ungleicher Voraussetzungen ermöglichen. Das ist vor allem dann hilfreich, wenn man einer stärkeren Macht gegenübersteht. Denn in einem Rechtsstaat und vor Gericht sind »David« und »Goliath« gleichberechtigt, egal wieviel Geld sie haben, egal wieviel Einfluss sie haben. Sie sind einfach zwei Konfliktparteien, und das Gericht entscheidet, wer recht bekommt.

Inwiefern helfen Verträge und Gesetze gegen den Klimawandel?

Gerichte sorgen derzeit für die tatsächliche Umsetzung von klimapolitischen Vereinbarungen, die von der Politik offenbar als unverbindliche Zielsetzungen interpretiert werden.

Die Deutsche Umwelthilfe machte im Februar 2018 von sich reden, als sie vor dem Bundesverwaltungsgericht in letzter Instanz eine Musterklage gegen die Städte Düsseldorf und Stuttgart gewann.[254] Das Bundesgericht bestätigte die vorherigen Urteile der Landesgerichte, dass die Städte in der Pflicht seien, angesichts der überschrittenen Immissionsgrenzwerte ihre Luftreinhaltepläne nachzubessern und darin ein Fahrverbot für bestimmte Pkw zu verankern. Im Klartext: Wenn's zu sehr stinkt, dürfen alte Diesel nicht mehr fahren.

Von da an gab es zahlreiche erfolgreiche Klagen gegen Regierungen in Bund, Ländern und Kommunen, bei denen die zuständigen Gerichte immer wieder Gesetzesverstöße erkannten – und zwar pikanterweise gegen Gesetze, welche die Beklagten selbst erlassen hatten. Seither gibt es Dieselfahrverbote in immer mehr deutschen Städten.[255]

Zwar begann gleichzeitig eine in dieser Form neuartige Medienkampagne[256] gegen die so erfolgreich klagende Umwelt- und Verbraucherschutzorganisation, aber die ließ sich nicht beirren. Schon seit 2005 beschritt sie kleinteilig den Klageweg, um herauszufinden, welche juristischen Schritte möglich waren, um Umwelt- und Klimaschutz durchzusetzen. So hatte sie sich ab 2005 nach drei Prozessjahren durch alle Instanzen bis zum Europäischen Gerichtshof (EuGH) durchgestritten, der am 25. Juli 2008 das einklagbare Recht auf saubere Luft bestätigte.[257]

Da sich der bayerische Ministerpräsident trotz des Urteils von 2016 weigerte, in München Fahrverbote zu verhängen, wurden 2017 und 2018 »Zwangsgelder« in Höhe von je 4000 Euro festgesetzt. Doch das blieb wirkungslos. Denn das Zwangsgeld, das das Land Bayern zahlen musste, floss wieder zurück in die Landeskasse. Die Deutsche Umwelthilfe beantragte deshalb statt weiterer Zwangsgelder eine Zwangshaft für den zuständigen Umweltminister oder den Ministerpräsidenten, bis der Freistaat das Urteil des Gerichts umgesetzt hat. Und tatsächlich hat der Europäische Gerichtshof dies grundsätzlich für möglich erklärt.[258] Worüber nun wieder das bayerische Landesgericht entscheiden muss.

Egal wie lange die Klagen dauern und wie sie enden, sie zeigen, dass Gerichtsurteile zumindest medial eine Rolle spielen. Möglicherweise hat es für die politisch Verantwortlichen derzeit (noch?) keine juristischen Konsequenzen, wenn sie das Urteil nicht umsetzen, der öffentliche Druck aber wächst. Zwar gibt es keine Klimapolizei oder ein Klimagefängnis, aber die Menschen lassen sich die Klimaignoranz der Politik nicht länger gefallen und wenden sich ab. Und zum Glück gibt es Initiativen, die sich um neue Regelungen und neue juristische Antworten bemühen. Möglicherweise sind auch in Deutschland bald neue »Rechtspersönlichkeiten« zugelassen wie in Kolumbien und Neuseeland, wo Gerichte entschieden, dass nicht nur Menschen, Unternehmen und Organisationen, sondern auch Flüsse Rechte geltend machen können.[259]

Der Klimawandel steht nicht nur in Deutschland vor Gericht. Zwischen Mai 2018 und Mai 2019 gab es Klimaklagen in mindestens

28 Ländern, drei Viertel davon in den USA.[260] Es sind meistens Klagen gegen Regierungen, aber auch Unternehmen mit hohen Treibhausgasemissionen stehen vor Gericht.[261] Seit den 1990er-Jahren wurden 1300 Klimaklagen verhandelt. Tendenz steigend.

Im November 2015 verklagte der peruanische Bauer Saúl Luciano Lliuya mit Unterstützung der deutschen Nichtregierungsorganisation Germanwatch den Energiekonzern RWE wegen Mitschuld am Klimawandel.[262] Es geht um die vergleichsweise kleine Summe von 17 000 Euro. Nichts, das einen Konzern dieser Größenordnung ängstigen würde. Der aber lehnte sogar den angebotenen Vergleich ab. Es geht ihm ums Prinzip. Es ist weltweit die erste Klage dieser Art, nie zuvor hat ein einzelner Mensch in einem zivilrechtlichen Verfahren einen Konzern wegen des Klimawandels vor Gericht gebracht.

Im November 2015 hatte Saúl die Klage zuerst beim Landgericht Essen eingereicht. Im Dezember 2016 wurde diese Klage abgewiesen. Saúl ging in die zweite Instanz und siehe da: Im November 2017 ließ das Oberlandesgericht Hamm die Berufungsklage zu. Mit einer spektakulären Begründung: Große Emittenten wie RWE seien grundsätzlich verpflichtet, Betroffene von Klimaschäden in armen Ländern zu unterstützen. Noch läuft die Beweisaufnahme, irgendwann wird es ein Urteil geben, und es ist zu erwarten, dass der Prozess dann in dritter Instanz vor dem Bundesverfassungsgericht weitergeführt wird.

Und die Klagen gehen weiter.[263] Im Oktober 2016 verklagten 384 Schweizer Seniorinnen ihre Regierung mit dem Argument, ältere Menschen seien in ihrer Gesundheit durch die vom Klimawandel bedingte Hitze in besonderem Maße bedroht.[264] Und im Mai 2018 klagten zehn Familien aus Europa, Fidschi und Kenia gegen die EU-Klimapolitik, weil sie aufgrund des Klimawandels ihre Existenz nicht mehr sichern könnten.[265] Schließlich kündigten im Januar 2020 Greenpeace, die Deutsche Umwelthilfe (DUH) und Germanwatch drei neue Verfassungsbeschwerden gegen den Bundestag und die Bundesregierung an.[266]

Nicht alle Klagen haben Erfolg. Die Klage der drei Bauernfamilien aus Brandenburg, dem Alten Land und von der Nordseeinsel Pellworm gegen die Bundesregierung im Oktober 2019, weil Deutschland die selbstgesetzten Klimaziele 2020 verfehlt habe und deswegen ihre Lebensgrundlage bedroht sei, wurde vom Gericht abgewiesen. Es sei bei Verfehlen des Ziels zulässig gewesen, überschüssige Emissionsberechtigungen von anderen EU-Mitgliedstaaten zu erwerben. So steht es in der Lastenteilungsverordnung der EU im Rahmen der Europäischen Klimaschutzvereinbarung.[267] Künftig werden Menschen, die es mit dem Klimaschutz ernst meinen, solche Regelungen also nicht mehr akzeptieren.

So geht Rechtsstaat. Und so könnte echter gesamtgesellschaftlicher und generationengerechter Klimaschutz gehen.

Wie viele Verträge sollen wir denn noch machen?

Ob du mit dem Rad oder mit dem Bus fährst, ist deine persönliche Entscheidung. Dafür braucht es im Prinzip keine Regelung, keinen Vertrag. Aber manche Menschen starten mit einem Vorsatz ins neue Jahr. Sie schließen eine Art Vertrag mit sich selbst.

Ob dein Volleyballteam mit der Bahn oder dem Flugzeug zum internationalen Turnier fährt, entscheidet der Vereinsvorstand. Grundlage dafür sind Beschlüsse auf Mitgliederversammlungen. Das sind rechtlich bindende Vereinbarungen, an die sich der Vorstand halten muss. Er muss seine Entscheidungen gegenüber den Vereinsmitgliedern rechtfertigen.

Ob die Bahn mit Diesel oder Ökostrom fährt, entscheidet der Bahnvorstand, der seine Entscheidung gegenüber der Kundschaft (Geschäftsverträge beim Ticketverkauf), der Belegschaft (Arbeitsverträge) und den Gesellschaftern (Gesellschafts- bzw. Aktienverträge) rechtfertigen muss. Ob und wohin Flugzeuge fliegen, entscheiden die Fluggesellschaften, aber ob sie auf subventionierten Flughäfen starten und landen und ob sie Kerosinsteuer bezahlen, das entscheidet die Kommune oder die Bundesregierung (Verwaltungsrecht, Steuerrecht), was gegenüber der Bevölkerung zu rechtfertigen ist (Wahlgesetze, Grundgesetz).

In puncto Klimaschutz gibt es reichlich Vertrags- und Gesetzesbedarf, und zwar auf allen Ebenen. Global, transnational, national, regional, lokal – und am Ende sogar in jedem Unternehmen, jeder Organisation, jeder Familie.

VERTRAG VERHANDLUNG PRÄAMBEL

Wie fangen wir den generationengerechten Vertrag an?

Grundsätzlich macht man Verträge in Zeiten, in denen man sich gut versteht, für Zeiten, in denen man sich uneinig ist. Dann begegnen sich die Beteiligten auf Augenhöhe, gibt es Gleichberechtigung, eine Äquivalenz der Kräfte, eine »Waffengleichheit«.

Auf der Weltbühne der Klimakonferenzen hat sich über die letzten Jahrzehnte eine solche Augenhöhe im Ansatz erarbeiten lassen. Auch wenn einige Abgesandte sich immer noch darüber beschweren, dass sie auf den Konferenzen herablassend behandelt werden, so zeigen die Verträge doch zunehmend den Charakter einer möglichen Gleichberechtigung. Das liegt sicher daran, dass auch die Industriestaaten zunehmend erkennen, dass sie früher oder später selbst von den Folgen des ungebremsten Klimawandels betroffen sein werden.

Sobald jedoch die globale Perspektive verlassen und auf nationale oder lokale Ebene zurückgegangen wird, vergessen die Beteiligten, dass sie alle in gleicher Weise betroffen sind. Plötzlich ist nicht mehr die Rettung der Erde, sondern der nächste Sieg in der eigenen kleinen Welt von Bedeutung. Statt des Ausgleichs durch ein gemeinsames Problem dominiert nun der Krieg der unterschiedlichen Interessen. Keine gute Grundlage, um einen Vertrag zu schließen. Friedenskonferenzen seien so gut wie unmöglich durchzuführen, erklärt der erfahrene Diplomat Wolfgang Ischinger, solange »eine der beiden Parteien spekuliert, dass sie die Konferenz zum Überleben nicht braucht«, häufig müssten Kriegsherrn erst »an den Verhandlungstisch gezwungen werden«.[268]

Wie bringen wir die Vertragspartner an den Verhandlungstisch?

Das *Handelsblatt* brachte die Reaktionen auf den erwähnten Siemens-Adani-Vertrag in ein vielsagendes Bild: »Und statt allgemein und meist wirkungslos an das grüne Gewissen der Wirtschaft zu appellieren, jagt die Ökolobby bevorzugt nach dem Prinzip Wolfsrudel: Das verletzlichste Tier einer Herde wird identifiziert, vom Rest getrennt und dann einzeln attackiert. So wie jetzt Siemens.«[269] Eine bemerkenswerte Sichtweise, die die Realität einigermaßen auf den Kopf stellt.

Siemens ist nicht das schwache Bambi, das es nun medial erwischt hat. Siemens ist ein globaler Konzern, der mit einer für die eigene Existenz marginalen Entscheidung über Sein oder Nichtsein Tausender anderer befinden kann. Auch sind die Klima-NGOs keine hungrigen Wölfe, die das Unternehmen fressen wollen. Im Gegenteil: Sie verteidigen Natur, Tiere und Menschen, die zum Opfer eines ungebremsten Klimawandels werden. Sie engagieren sich für Klimaschutz und Umweltschutz und nutzen friedliche Mittel, um unwillige Geschäftspartner, die ansonsten kein Interesse an einem Gespräch hätten, an den Verhandlungstisch zu bringen!

Denn ohne die mobilisierte Hundertschaft an Unterstützern hätte die Klimaaktivistin Luisa Neubauer sicher keinen Gesprächstermin bei Joe Kaeser bekommen. Sein Jobangebot könnte man als Versuch der Korruption werten, aber die Ankündigung, den Nachhaltigkeitsbeirat des Unternehmens mit einem Vetorecht auszustatten, ist ein durchaus ernstzunehmendes Verhandlungsangebot.

Ist ein neues Gremium ein gutes Verhandlungsergebnis?

Wenn das Gremium mit entsprechenden Befugnissen ausgestattet ist, durchaus. Das ist aber nicht automatisch der Fall. Derzeit gibt es nämlich bereits einen Vorstand bei Siemens, der für »Sustainability« zuständig ist.[270] Er heißt Roland Busch und ist designierter Nachfolger von Joe Kaeser. Er hat den »Nachhaltigkeitsbericht 2018«[271] herausgegeben, in dem es vollmundig heißt, »Siemens dienten ›die Agenda 2030‹ der Vereinten Nationen und ihre 17 Sustainable Development Goals (SDGs) als Richtschnur«. Außerdem leitet Busch den Nachhaltigkeitsausschuss,[272] ein 14-köpfiges Gremium, das politisch, ethisch oder ökologisch potenziell problematische Projekte schon im Vorfeld überprüfen soll.[273] Es gibt im Unternehmen zwar »Business Conduct Guidelines«, welche »die grundlegenden Prinzipien und Regeln für das Handeln innerhalb unseres Unternehmens und in den Beziehungen zu unseren externen Partnern sowie der Öffentlichkeit« enthalten, aber zum Thema Klimaschutz steht da offenbar nichts. Jedenfalls nichts, was dazu führte, dass dieser Nachhaltigkeitsbeirat den Adani-Deal verhindert hat.[274]

Das soll sich jetzt ändern. Jedenfalls hat Joe Kaeser das angekündigt. Und das wäre ein großer Schritt hin zu einem Klimavertrag, der allerdings erst echt wäre, wenn auch all die anderen Unternehmen, die derzeit ihre Alibi-Nachhaltigkeitsgremien präsentieren, diesen Ausschüssen tatsächliche Befugnisse zugestehen.

Die Deutsche Bank hat sich zusammen mit 130 Banken auf der UN-Klimakonferenz zu mehr Nachhaltigkeit verpflichtet. Auf der Webseite finden sich vollmundige Bekenntnisse und Erklärungen[275] – und wenn man lange genug sucht, auch der Hinweis, dass es seit November 2017 einen »konzernweiten Nachhaltigkeitsrat«[276] gibt. Er setzt sich »aus erfahrenen Führungskräften aus unseren Geschäfts- und Infrastrukturbereichen« zusammen und hat welche Aufgabe? Genau: Er *berät* den Vorstand. Keine Rechte, keine Verantwortung, keine Entscheidungsmacht.

Wenn es in all diesen Unternehmen mithilfe von Mails, Tweets und lokalen Aktionen gelänge, die CEOs an den Verhandlungstisch zu bringen und sie dort einem Nachhaltigkeitsbeirat mit wirklichen Befugnissen zustimmten, dann wäre richtig viel gewonnen.

Inwiefern ist ein Beirat wichtig für den großen Klimavertrag?

Ein Nachhaltigkeits-/Klimabeirat ist nur ein Puzzleteil im Gesamtbild des Vertrags. Aber vielleicht ein wesentliches. Denn damit der Beirat arbeiten kann, braucht er eine Basis. Schließlich soll er keine diktatorische Instanz, sondern durch ein ordentliches Verfahren legitimiert sein. Er soll nicht willkürlich eingreifen und nach Lust und Laune befeuern und blockieren, sondern entlang einvernehmlicher Werte agieren. Er braucht klar geregelte Befugnisse und Verantwortlichkeiten, klar geregelte Budgets, Ziele und Aufgaben und natürlich klare Verhaltensregeln für mögliche Risiken und Nebenwirkungen. Er braucht als Grundlage einen demokratisch verabschiedeten Klimavertrag.

Ein solcher Klimavertrag würde die Menschen motivieren, er würde gefeiert und die Urkunde würde stolz präsentiert werden. Es ist wie bei einer Hochzeit, ein Ehevertrag wird geschlossen, dann gibt es eine Riesenparty, die schönsten Bilder stehen für alle sichtbar auf der Kommode und zum Auftakt fahren die frisch vermählten Paare in die Flitterwochen. Kann sich jemand erinnern, dass es derlei nach Abschluss des Pariser Klimaabkommens gab? Und wieso sind eigentlich nirgends die – extra bunt gestalteten – **17 Ziele der Agenda 2030** zu sehen? Wieso hängen sie nicht neben jedem Foto vom Bundespräsidenten in Ministerien und Behörden, in Schulen und Bibliotheken, in Unternehmen und Organisationen? Haben wir jemals ein rauschendes Fest gefeiert? Waren wir in irgendwelchen Flitterwochen?

Im Gegenteil: Es gab zwar positive Meldungen dazu in den Medien, stolz geführte Reden von der Politik, und fast alles ging in der umgehend laut werdenden Kritik unter. Klimaleugner, Antidemokraten und Ewiggestrige waren prinzipiell gegen die Verträge. Und denen, die Umwelt- und Klimaschutz grundsätzlich befürworteten, gingen die Ziele nicht weit genug. Das muss bei einem echten generationengerechten Klimavertrag, einem New Green Deal, anders werden. Er soll nicht nur von den heute Verantwortlichen und Betroffenen erarbeitet werden, sondern man würde bewusst Methoden entwickeln, um auch die Generation von morgen daran zu beteiligen.

Dieser Geist der Beteiligung aller – über die Grenzen von Raum und Zeit hinaus – wäre schon in der Präambel fest verankert.

Wie sieht die Präambel von Rio20+ und wie die von Paris aus?

In der Präambel der Agenda 2030 werden fünf Aspekte, die sogenannten »5 P« benannt: People – Planet – Prosperity – Peace – Partnership.[277] Ausformuliert sind es Kernbotschaften des guten Willens:

> »Wir sind entschlossen, Armut und Hunger [...] ein Ende zu setzen und sicherzustellen, dass alle Menschen ihr Potential in Würde und Gleichheit und in einer gesunden Umwelt voll entfalten können.
> Wir sind entschlossen, den Planeten vor Schädigung zu schützen [...], damit die Erde die Bedürfnisse der heutigen und der kommenden Generationen decken kann.
> Wir sind entschlossen, dafür zu sorgen, dass [...] sich der wirtschaftliche, soziale und technische Fortschritt in Harmonie mit der Natur vollzieht.
> Wir sind entschlossen, friedliche, gerechte und inklusive Gesellschaften zu fördern, die frei von Furcht und Gewalt sind. [...]
> Wir sind entschlossen, die für die Umsetzung dieser Agenda benötigten Mittel durch eine mit neuem Leben erfüllte Globale Partnerschaft für nachhaltige Entwicklung zu mobilisieren, [...] an der sich alle Länder, alle Interessenträger und alle Menschen beteiligen.«

VERTRAG VERHANDLUNG PRÄAMBEL

Ähnlich und doch anders klingt der Klimavertrag von Paris.[278] Hier zeigt sich weniger Entschlossenheit als erst mal überhaupt die Einigkeit bestimmte Dinge anzuerkennen, zum Beispiel dass es notwendig ist »auf die akute Bedrohung durch Klimaänderungen auf der Grundlage der besten verfügbaren wissenschaftlichen Erkenntnisse« zu reagieren, dass es grundsätzlich spezielle Bedürfnisse der Entwicklungsländer gibt, aber darunter wieder spezielle Bedürfnisse in Bezug auf Finanzierung oder Technologie. Anerkannt wird auch, dass die Länder unterschiedlich durch Klimaänderungen und Auswirkungen der Klimaschutzmaßnahmen betroffen sind. Die Tatsache, dass solche Aspekte schriftlich festgehalten werden, zeigt, dass sie von den Beteiligten nicht als Selbstverständlichkeit betrachtet wurden. Deswegen wird in der Pariser Präambel auch der Zusammenhang von Klimaänderungen und Zugang zu nachhaltiger Entwicklung und Beseitigung von Armut betont. Auch die Anerkennung der Menschenrechte, des Rechts auf Gesundheit, der Rechte von indigenen Völkern, lokalen Gemeinschaften, Migranten, Kindern, Menschen mit Behinderungen und besonders schutzbedürftigen Menschen sowie die Gleichstellung der Geschlechter, die Stärkung der Rolle der Frau und die Gerechtigkeit zwischen den Generationen sind Teil der Pariser Präambel.

Sowohl die Entschlossenheit wie auch Rücksichtnahme und Anerkennung des oftmals Vernachlässigten – besonders jener noch unbekannten Generationen N_1-N_x – sollten wir beibehalten und uns klar zu den Werten von Rio und Paris bekennen.

69 Was tun wir, wenn jemand die Präambel nicht unterschreibt?

Wenn jemand die Präambel als Ganzes nicht mitträgt, dann braucht man eigentlich nicht mehr weiterzureden. Er oder sie will nicht Teil des Projektes sein, um das es geht. Warum auch immer. Wenn jemand den menschengemachten Klimawandel infrage stellt, die wissenschaftlichen Erkenntnisse und Zusammenhänge leugnet, kein Interesse an den fundamentalen Problemen großer Teile der Menschheit hat, worüber willst du dann noch diskutieren?

Kritik zu Details und Verbesserungsvorschläge sind immer willkommen, unproduktives Gemecker als Verhinderung und Verzögerung eher nicht. Denn es genügt ja nicht, nur die Präambel zu unterzeichnen. Die Unterschrift gilt in Wahrheit dem Vertrag. Und da geht's zur Sache.

ZIELE
ZAHLEN
ZEUGNISSE

70 | Was ist das Ziel?

Die Basis für ein zu formulierendes Ziel ist meist eine strahlende Vision von einer positiven Zukunft.[279] Zur Vollständigkeit braucht es aber auch eine nüchterne Bestandsaufnahme der Gegenwart ohne Vorfestlegungen.

Der Weg zwischen Gegenwart und Vision wird dann mit Zielen und Zwischenzielen befestigt. Wenn das große Ziel allerdings in sehr weiter Ferne liegt und viel Zeit vergehen wird, um es zu erreichen, verliert es vielleicht an Attraktivität. Oder es kommt zu Veränderungen der Rahmenbedingungen, wie zum Beispiel in der IT-Branche immer wieder geschehen, wo monatelang an einer App für ein Handy gearbeitet werden konnte, die, als sie endlich fertig war, nicht mehr passte, weil sich die Handys weiterentwickelt hatten. So entstand die Betakultur, wie wir sie heute kennen: Eine App wird möglichst schnell so weit programmiert, dass sie anwendbar ist; Details, Erweiterungen und auch Fehlerkorrekturen werden dann erst in späteren Versionen ergänzt. Mit jedem Update werden gleich die Schnittstellen zu den moderneren Geräten eingebaut, sodass die App für möglichst viele verschiedene Geräte einsetzbar ist. Das verringert das Investitionsrisiko, denn die »Time-to-Market«, die Zeit, in der an der Entwicklung gearbeitet wird, verkürzt sich und zugleich verlängert sich die Lebensdauer einer App, denn sie kann ja permanent weiterentwickelt werden.

Dieses »Fahren auf Sicht« ist unter der Bezeichnung »Agiles Management«[280] in den Unternehmen beim Thema Digitalisierung derzeit sehr angesagt; es ließe sich aber auch beim Thema Klimaschutz zum Einsatz bringen.

Für den Anfang können wir auf den Verträgen von New York und Paris 2015 aufbauen. Wir kennen die darauf basierenden 106 Indikatoren für Deutschland und wissen im Jahre 2020 auch, welche Bereiche schon Alarmstufe Rot haben. Die Vision ist klar, die drängendsten Herausforderungen auch.

Doch die Wissenschaft hat inzwischen herausgefunden, dass es auch soziale Kipppunkte gibt.[281] Es gibt nicht nur im Klima*wandel*, sondern auch im Klima*schutz* »Tipping Points«, die die Welt verändern, angestoßen von engagierten Personen: vom Bauern aus Peru, von der Energiegenossenschaft in Baden oder von dir. Wenn wir alle im eigenen Verantwortungsraum aktiv werden, dann entsteht daraus eine wirkungsvolle Dynamik.

Ist das Jahr 2050 unser zeitliches Ziel?

Nein. Der Zeitpunkt unserer Planung liegt in jedem Fall weit davor. Wir haben schon sehr viel Zeit gebraucht, um zu dem aktuellen Erkenntnisstand zu kommen.

Zum Zeitpunkt der ersten Konferenz in Rio, 1992, war die Erwärmung als schwerwiegendes Problem im Grundsatz bekannt. Klar war allerdings noch nicht, in welchem Ausmaß und Tempo sie sich entwickelt. Insofern ging man von den gewohnten zeitlichen Perspektiven aus und dachte in Generationen.

Mit zunehmender wissenschaftlicher Forschung wurde nicht nur die Zwei-Grad-Grenze, sondern auch die »Große Beschleunigung« entdeckt. So wurde das Jahr 2050 zu einer Art »Deadline« der Biosphäre. Die Zeit drängt, und je länger wir warten, desto stärker. Obendrein entdeckt die Forschung permanent weitere »Tipping Points«[282], Kipppunkte, durch die die Erde sich noch schneller und noch dramatischer erhitzen könnte. Die Uhr tickt unüberhörbar.

Jeden Tag radele ich an einer spektakulären Installation vorbei, die Fridays for Future im September 2019 am historischen Gasometer in Berlin-Schöneberg angebracht hat:[283] eine 40 Meter breite und zehn Meter hohe, knallrot leuchtende CO_2-Uhr, die anzeigt, wie viele Tausend Tonnen CO_2 uns noch bleiben, um das angestrebte 1,5-Grad-Ziel zu erreichen.

Den zugrunde liegenden HTML-Code hat das Berliner Klimaforschungsinstitut MCC entwickelt.[284] Auf dessen Webseite läuft eine virtuelle CO_2-Uhr, auf der sowohl für das 1,5-Grad-Ziel als auch für das Zwei-Grad-Ziel das noch verbleibende CO_2-Budget abzulesen ist. Zum Zeitpunkt der Drucklegung dieses Buches, im Februar 2020, stoßen wir rechnerisch noch 1332 Tonnen pro Sekunde aus. Demnach wäre unser Budget für das 1,5-Grad-Ziel in weniger als neun Jahren aufgebraucht. Das Budget für das Zwei-Grad-Ziel wäre in etwa 26 Jahren erschöpft.

Wenn wir weitermachen wie bisher, wäre ab 2029 jedes Gramm CO_2 zu viel für das 1,5-Grad-Ziel und ab 2045 jedes Gramm CO_2 zu viel für das Zwei-Grad-Ziel. Jeder Tag, an dem wir unsere Emissionen früher reduzieren, bleibt uns als Zeitgewinn. Da im Moment aber unsere Emissionen sogar noch steigen, wird die Uhr früher abgelaufen sein. Dann geht zwar nicht die Welt unter, aber wir werden Probleme in einer von heute aus gesehen kaum vorstellbaren Dimension bekommen.

Insofern sollten wir eine Lösung finden, die unsere Emissionen ab 2030 auf null fährt – wenn's schiefgeht, hätten wir dann noch rund zehn Jahre Zeit, je nachdem *wie* schief es geht.

Kann bis 2030 nicht noch ganz viel anderes passieren?

Theoretisch könnten sich Änderungen im Erdsystem einstellen, die den Prozess verlangsamen – und eventuell findet die Menschheit nicht nur Lösungen, den Klimawandel zu bremsen oder zu stoppen, sondern ihn sogar rückgängig zu machen. Genau auf solche – aus Sicht der Wissenschaft allerdings eher wenig wahrscheinliche – Szenarien verweisen Fossillobbyisten. Sie bestreiten nicht den Klimawandel, beharren aber auf einem unerschütterlichen Technikoptimismus: »Hey, zehn Jahre im Zeitalter der rasanten Entwicklung neuer Digitaltechniken, das ist wie ein Jahrhundert der Industrialisierung. Da wird schon irgendeinem klugen Kopf eine disruptive Technik einfallen, mit der wir das Problem im Handumdrehen lösen!«

Aber wollen wir uns darauf verlassen? In dieser Weise haben auch die Fans der Atomenergie argumentiert, als sie für den Bau der ersten Atomkraftwerke votierten, obgleich es noch keine Lösung für die Entsorgung des Atommülls gab. Man legte Zwischenlager auf 40 Jahre an; auch die Behälter der hoch radioaktiven Abfälle waren für 40 Jahre ausgelegt. Man hielt das für eine ausreichende Zeit.[285]

Bis heute haben wir keine Endlager gefunden, und die Suche soll noch bis 2031 andauern.[286] In Deutschland nutzen drei Generationen die Atomenergie, aber 30 000 Generationen werden mit den Hinterlassenschaften zu kämpfen haben.[287] Übrigens sind dies auch die stärksten Argumente gegen die neuerdings aufgeworfene Idee, man könne Atomkraftwerke zur Rettung des Klimas einsetzen. Das sind nur ideologische Ablenkungsmanöver, um wirklich relevante Klimaschutzmaßnahmen zu diskreditieren. In Wahrheit sind erneuerbare Energien heute schon günstiger, selbst wenn man die Kosten für den Atommüll noch gar nicht einrechnet.[288]

Dass wir die Zukunft nicht vorhersagen können, ist eine banale Weisheit. Aber wir können mit gewisser Wahrscheinlichkeit gewisse Entwicklungen vorhersagen. Kreativität und Fantasie sind schwer berechenbar im Gegensatz zu den Gesetzen der Physik. Wenn ich eine Kaffeetasse aus einem Meter Höhe auf einen Steinboden fallen lasse, ist die Wahrscheinlichkeit hoch, dass sie kaputtgeht. Und so lässt sich mit Methoden der Physik auch die künftige Erderwärmung berechnen – und naturwissenschaftlich prognostizieren, welche Folgen sie hat.[289] Genauso können wir die Risiken des Klimawandels berechnen. Deutschland ist – wenn auch nur mit zwei Prozent der Weltemissionen – durch seine hohen Pro-Kopf-Emissionen nicht nur einer der Verursacher des Klimawandels, sondern in hohem Maße auch von den negativen Folgen des Klimawandels betroffen – mit regional unterschiedlichen Auswirkungen, wie das Umweltbundesamt für jedes Bundesland ermittelt hat.[290]

Ein globaler Klima-Risiko-Index wird auf Basis von Daten des Rückversicherers Munich Re und des Internationalen Währungsfonds (IWF) von German Watch erstellt und jährlich veröffentlicht. Er vergleicht die durch Extremwetter verursachten Sachschäden und Todesfälle nach Kaufkraftparitäten, und zwar sowohl die absoluten Zahlen als auch im Verhältnis zur Einwohnerzahl und zum Bruttoinlandsprodukt.[291] Demnach zählte Deutschland 2018 erstmals zu den drei am stärksten von Extremwetter betroffenen Staaten.[292]

Genauso sollten wir auch beim Klimaschutz eine Risikoabwägung vornehmen. Schließlich entscheiden wir uns heute für Maßnahmen, deren Auswirkungen bis 2030 wir eventuell gar nicht absehen können.

Durch solche Überlegungen werden Zielformulierungen schnell zu komplexen Abhandlungen, sodass sich Leute überfordert fühlen und/oder aufgrund der Ungewissheit in Untätigkeit verfallen. Doch die Frage »Wieso soll ich mich anstrengen, wenn es womöglich gar nichts bringt?« ließe sich auch jeden Morgen beim Aufstehen stellen, denn man stirbt ja eh irgendwann.

Die Energiewende in Deutschland ist ein gutes Beispiel, dass es sich lohnt, sich auf den Weg zu machen, selbst wenn man nur die grobe Richtung kennt. Im Juli 1993 hat die deutsche Stromwirtschaft eine Zeitungsanzeige geschaltet, in der sie prophezeite, die Erneuerbaren würden »auch langfristig nicht mehr als vier Prozent unseres Strombedarfes« decken[293] – heute sind wir bei über 40 Prozent. Wer will, findet Wege; wer nicht will, findet Gründe. Was den einen unmöglich schien, machen andere möglich, und zwar um das Zehnfache – auch wenn die Entwicklung niemand konkret vorhersagen konnte.

Der angestoßene Umbau des Energiesystems hatte Folgen, die niemand vorhergesehen hat, etwa notwendige Reformen des Strommarktes, den Netzausbau und die Netzregulierung. Solche unvorhersehbaren Entwicklungen machen Nachsteuern immer wieder erforderlich. Wer hätte 2005 das Smartphone und seine Folgen für die Welt vorausgesehen?

Wie weit reicht unsere Zielperspektive?

»2050 auf null« ist eine gute und simple Zielsetzung, egal für welches Klimaprojekt. Es geht darum, schnelle und einfache Lösungen zu entwickeln, sie auszuprobieren und kritisch zu hinterfragen.

Wichtig ist, dass wir nichts tun, was irreversibel ist. Die Braunkohle aus der Lausitz, die wir heute binnen weniger Jahrzehnte so gedankenlos verbrennen, ist zwischen fünf und 25 Millionen Jahre alt, stammt also aus einer Zeit, als der Homo sapiens noch längst nicht existierte. Und in den letzten 40 Jahren haben wir in Deutschland Milliarden Tonnen an tödlich strahlendem radioaktivem Müll produziert, der noch sehr viel größere Zeiträume als den der bisherigen Geschichte des Homo sapiens überdauern wird.[294]

Mit einem unbedachten Fingerschnipsen Millionen Jahre Erdgeschichte beeinflussen? Ein bisschen mehr Bescheidenheit täte uns und vor allem der Erde gut.

Andererseits dürfen wir nicht lange zaudern und zögern. Bis 2030 sind es nur noch zehn Jahre. Wenn es uns bis dahin nicht gelingt, das Ruder herumzureißen, ist die Frage, wie lange wir überhaupt noch rudern können angesichts dann herrschender Bedingungen – Stichwort: Verwüstungsanthropozän.

Deswegen müssen wir jetzt bewusst kurzfristig denken und konzentriert Lösungen entwickeln, die bis 2030 wirken – und möglichst nicht darüber hinaus. Wir brauchen keine perfekten Lösungen für die Ewigkeit, sondern schnelle Lösungen, die uns über die kurze Strecke bringen. Es geht um kluge Improvisation statt um besserwisserische Perfektion. Das ist die Essenz des Agilen Managements.

Wie lässt sich »Agiles Management« auf das Klimathema anwenden?

Beim Klimaschutz stehen wir vor einer ungeheuer komplexen Aufgabe, wie wir sie in der Geschichte der Menschheit noch nie zu bewältigen hatten. Dafür brauchen wir tragfähige und trotzdem schnelle Entscheidungen. Komplexe Aufgaben lassen sich am besten mit iterativen Verfahren lösen, also mit einer schrittweisen Annäherung an die endgültige Lösung – falls es die überhaupt gibt. Auf dieser Kernidee basiert Agiles Management.[295]

Um möglichst schnell zu Ergebnissen zu kommen, werden zu unterschiedlichen Bereichen möglichst diverse Teams zusammengestellt, die sich auf das jeweilige Teilproblem konzentrieren. Divers sollten die Teams deswegen sein, weil verschiedene Köpfe verschiedene Sichtweisen und verschiedene Ideen haben. Die Teams arbeiten ohne Druck, ohne Machtkampf, ohne Herrschaftswissen. Stattdessen wird auf und über alle Ebenen und transparent kooperiert. So fallen unerwünschte Nebenwirkungen und Detailfehler schneller auf.

Um Tempo in die Lösungsfindung zu bekommen, werden in der Wirtschaft häufig Methoden des »Design Thinking«[296] angewendet. Der am Potsdamer Hasso-Plattner-Institut gelehrte und praktizierte Ansatz stellt programmatisch »nutzerorientiertes Erfinden« in den Mittelpunkt. Der Nutzer, auf dessen Bedürfnisse beim Thema Klimaschutz zu fokussieren wäre, ist das Erdsystem – und das wünscht sich eine CO_2-freie Welt. Die einzelnen, auf schnelles Verstehen, Entwickeln und Ausprobieren zielenden Schritte der Methode ließen sich vom Prinzip auch bei Klimaschutzprojekten zur Anwendung bringen.[297]

Beim Agilen Management wird die komplexe Gesamtaufgabe in Kleingruppen mit Detailaufgaben aufgeteilt. Weil sie in kurzen Zeitabständen zu Ergebnissen kommen, ist es möglich, früh neue Erkenntnisse zu gewinnen, schnell dazuzulernen und so das weitere Vorgehen im Sinne des übergeordneten großen Ziels zu verbessern. So arbeitet man sich von Kleingruppe zu Kleingruppe in kurzen, sich im Prinzip wiederholenden, aber stetig verbesserten Teilschritten vorwärts.

Wie formulieren wir unsere Ziele und Zwischenziele?

Zur professionellen Zielformulierung hat sich im Projektmanagement die SMART-Methode etabliert.[298] SMART ist ein Akronym für: Specific, Measurable, Achievable, Reasonable, Time-bound, übertragen auf Deutsch: Spezifisch, Messbar, Aktivierend, Realistisch, Terminiert.

»Ich will mehr Rad fahren« ist schon ziemlich *spezifisch*, weil klar ist, um wen es (ich) und um was es (Radfahren) geht. »Wir essen weniger Fleisch« ist dagegen noch ziemlich vage. Wer ist »wir«? Und was genau ist mit Fleisch gemeint: Steak, Bratwurst, Schinken & Co? Oder auch alles, was tierische Zutaten enthält wie Ei, Gelatine, Milchprodukte? Da ist also noch einiges zu präzisieren.

Kommen wir zur *Messbarkeit*. Wie viel ist mehr, wie viel ist weniger? Im Verhältnis zu welchem Vergleichswert? Wie oft und wie lange? Messen wir in Kilogramm oder in Gramm, in Stunden oder Tagen? Woher kriegen wir diese Zahlen?

Die nächste Frage ist, ob das Ziel *motiviert* und ob es tatsächlich erreichbar ist. Jeden Tag Rad fahren wird man kaum schaffen. Und macht die Zielerreichung noch Freude? Und schließlich muss ein Ziel noch mit einem *Termin* versehen sein: Ab wann und bis wann? Und mit welchen Zwischenzielen wird regelmäßig der Fortschritt überprüft?

In gewisser Weise ist dieses Managementwissen 2015 in den Klimaschutzvertrag von Paris eingeflossen: Alle Länder sollten selbst Ziele benennen. Vorgegeben war nur das Zwei-Grad-oder-weniger-Ziel bis 2050, und Ziele, die jedes Land jetzt formulieren und bis 2030 erreichen sollte. Man hat sogar Termine, nämlich 2020 und 2025, für Zwischenziele gesetzt. Nur deswegen wissen wir derzeit, dass Deutschland in puncto Zielerreichung nicht ganz so gut dasteht.

Gibt es Unternehmen, die sich schon Klimaziele gesetzt haben?

Es gibt jedenfalls schon zahlreiche Unternehmen, die sich den Klimaschutz auf die Fahnen geschrieben haben. Vermutlich gibt es sogar kaum noch ein Unternehmen, das nicht von sich behauptet, etwas fürs Klima zu tun. Die Frage ist, ob das ernsthaft betrieben wird. Selbst IT-Konzern Apple will grün werden[299] und verkündete

2018 stolz, alle Standorte des Konzerns komplett mit erneuerbarer Energie betreiben zu wollen. Ende 2019 hatten sich auch 44 Zulieferer des Konzerns dazu verpflichtet.

Doch so toll das Ziel auch klingen mag, die eigenen Konzernstandorte sind nur ein Bruchteil der Produktionsinfrastruktur. Weltweit hat Apple 4300 Zulieferer, allein 767 in Deutschland. Da ist also noch viel fossile Energie im iPhone versteckt. Ähnlich kritisch dürften die vollmundigen Ankündigungen von Google oder Amazon zu bewerten sein. Diese Art von »Zielsetzung« ist leider – trotz der grundsätzlich richtigen Richtung – Greenwashing. Echte Transparenz sähe anders aus.

Auch wenn Unternehmen behaupten, sie wollten »bis 2030 klimaneutral« sein[300] – und davon gibt es zahlreiche –, ist Vorsicht geboten. Denn das bedeutet nicht, dass sie ihre CO_2-Emissionen auf null senken wollen, sondern lediglich, dass sie vorhaben, ihre Emissionen ab 2030 durch entsprechende Zertifikate auszugleichen.[301] Das sollten sie aber besser schon heute tun – und die nächsten zehn Jahre nutzen, um ab 2030 gar keine Emissionen mehr zu produzieren. Das wäre ernst gemeinter Klimaschutz!

Gibt es Unternehmen, die Klimaziele ernsthaft verfolgen?

Auch die gibt es zum Glück. Immer wieder finden sich in den Medien Positivbeispiele, von denen andere lernen können. 2015 hatten die beiden Bundesministerien für Wirtschaft und Umwelt zusammen mit dem DIHK eine Initiative »Klimaschutz-Unternehmen« gestartet.[302] Die Idee ist es, aus 35 Unternehmen branchenübergreifend eine Exzellenzgruppe zu bilden, deren Methoden von anderen kopiert werden dürfen. Erste Erfolgsrezepte sind auf der Webseite des Vereins nachzulesen.[303]

2019 haben sich die Entrepreneurs for Future gegründet. Sie sind nach eigenen Angaben »Unternehmerinnen und Unternehmer, die heute schon Klimaschutz voranbringen bzw. sich dafür einsetzen, dass die Wirtschaft mit innovativen Produkten, Technologien, Dienstleistungen und Geschäftsmodellen einen schnelleren Klimaschutz voranbringt«. Bis Februar 2020 hatten knapp 5000 Unternehmen die Stellungnahme[304] unterschrieben. Was und wie viel die Unternehmen selbst tun, lässt sich daran nicht ablesen. Aber vielleicht findest du in der Liste ein Unternehmen aus deiner Branche oder Gegend, das du kontaktieren und um seine Erfahrungen bitten kannst. Die Umweltjournalistin Daniela Becker berichtete beispielsweise über die Unternehmen elobau, Bosch und sodasan, die schon seit Jahren Klimaschutz systematisch betreiben.[305]

Wie bekommen wir Transparenz über unsere Emissionen?

Als Bemessungsgröße ist weltweit in Wissenschaft, Wirtschaft und Politik der CO_2-Ausstoß anerkannt. Er muss lokal wie global massiv reduziert werden. Das wissen wir sicher. Und wir wissen auch, dass in Deutschland die meisten Emissionen in der Stromproduktion, im Verkehr, in Gebäuden, in der Industrie und in der Landwirtschaft entstehen. Aber wir wissen nicht genau, wer welche Emissionen produziert. Wir brauchen dringend Klarheit und Transparenz.

So gibt es beispielsweise die #klimavor8-Idee, fünf Minuten vor der ARD-»Tagesschau« statt der Börsennachrichten Zahlen und Fakten zu Umwelt-, Klimaschutz und Nachhaltigkeit zu senden.[306]

Wenn man als Einzelner seine Emissionen radikal reduziert, ist man darauf angewiesen, dass die Welt um einen herum die Emissionen ebenfalls reduziert. Verkehrsmittel, Gebäude, Wege, Produkte – einfach überall wird CO_2 emittiert. In Deutschland zu leben heißt, Teil des fossilen Systems und Teil der viel zu hohen Pro-Kopf-Emissionen zu sein.

Unternehmen und Organisationen können sich einen Überblick über ihre laufenden Emissionen verschaffen, indem sie auf drei Ebenen (Scopes) ihre Emissionen ermitteln:[307] Es gibt direkte Emissionen, die beim Betrieb von Maschinen, im Produktions-, Liefer- oder Gebäudebetrieb, durch Klimaanlagen oder Dienstreisen entstehen (Scope 1). Es gibt indirekte Emissionen, die ihre Lieferanten von Strom, Fernwärme und Fernkälte produzieren (Scope 2). Und es gibt Emissionen in der Wertschöpfungskette, also die vorgelagerten Emissionen von Zulieferern, aber auch die Emissionen, die später bei der Nutzung und Entsorgung ihrer Güter entstehen (Scope 3).

Transparenz bei Scope 1 ist die leichteste Übung: Denn im Grunde hat jedes Unternehmen schon heute einen guten Überblick über den eigenen Verbrauch fossiler Rohstoffe. Das ließe sich mit simplen Mitteln in CO_2 umrechnen. Und schon hätte man mit jeder Finanzbilanz auch eine CO_2-Bilanz.

Ebenso bei Scope 2. Über die Energieabrechnungen der Zulieferer hat man die notwendigen Daten zur Berechnung des CO_2-Verbrauchs. Hier ließen sich die Emissionen übrigens am schnellsten reduzieren. Denn während man bei Scope 1 eventuell die Produktionsabläufe verändern und in neue Anlagen investieren müsste, könnte man bei Scope 2 den Lieferanten wechseln. Beim Strom ist das sehr leicht möglich. Hier gibt es eine große Auswahl an klimagerechten Anbietern. Bei der Fernwärme und -kälte stellen viele Anbieter allmählich um.[308] Das könnten und sollten Unternehmen als Kunden auf politischer Ebene unterstützen: Denn um den Wandel zu beschleunigen, bedarf es dringender Veränderungen des übergeordneten Regelungsrahmens.[309]

Am langwierigsten ist sicher Scope 3. Denn das setzt zum einen voraus, dass jedes Unternehmen auf den anderen beiden Ebenen für sich selbst Transparenz geschaffen hat und bereit und willens ist, diese Daten mit den Geschäftspartnern zu teilen – kurz: dieselben Klimaziele teilt. Für große Unternehmen wird das zur Herausforderung. Denn der Druck von Kunden und Investoren wächst. Sie fordern immer stärker Transparenz über die Klimabilanz der Unternehmen. Damit globale Konzerne entlang ihrer Wertschöpfungskette Transparenz zu ihrer CO_2-Bilanz bekommen, arbeitet der Technologiekonzern SAP an einer entsprechenden Software.[310]

Kurzfristig und ohne großen Aufwand können Unternehmen und Organisationen in jedem Fall auf den Ebenen Scope 1 und Scope 2 für Klarheit sorgen.

Gibt es Klarheit bei den deutschen 2030-Zielen?

Es gibt zwar Ziele, anhand derer sich überprüfen lässt, wo wir insgesamt stehen. Sie sind aber viel zu wenig konkret und detailliert, als dass sich daraus eine Verbindlichkeit ableiten oder irgendetwas lernen ließe – außer, dass es so nicht funktioniert.

Die Nachhaltigkeitsziele der Bundesregierung sind insgesamt sehr allgemein gehalten. Da soll zwar beispielsweise der Energieverbrauch im Güterverkehr bis 2030 um 15 bis 20 Prozent im Vergleich zu 2005 sinken. Aber weder gibt es eine klare Zuordnung, welche Art von Güterverkehr – auf der Straße, der Schiene oder auf dem Wasser – jeweils welche Zielwerte erreichen soll, noch gibt es klare jährliche Zwischenziele oder zumindest Etappenziele für 2020 oder 2025. Kein Wunder, dass die Emissionen in den letzten Jahren nicht nur nicht gesunken, sondern sogar gestiegen sind.

Dasselbe im Personenverkehr: Auch hier bewegen sich Menschen auf der Straße, auf Gleisen oder in der Luft, im öffentlichen und im Individualverkehr. Es könnten und müssten für jeden Bereich Einzelziele ausgewiesen werden. Nichts dergleichen ist passiert. Auch hier steigen die Emissionen.

Wie können wir Fortschritte messen und sichern?

Wie jedes Projekt braucht auch das Großprojekt Klimaschutz ein Controlling, das prüft, ob die Inhalte erreicht werden, ob der Zeitplan eingehalten wird und ob die Kosten im Rahmen bleiben. Bei agilen Projekten ist das schwieriger als bei klassischen Großprojekten.[311]

Schon aufgrund der variablen Zielsetzung, die laufend flexibel an die aktuellsten Erfahrungen und Erkenntnisse angepasst werden muss, geraten Controller und vor allem die Teams leicht in eine Laissez-faire-Haltung: »Planung, Kontrolle – altbackene Bürokratie, Zeitverschwendung!«

In der Realität ist es natürlich doch sehr hilfreich und notwendig, die Ziele verbindlich zu setzen. Das 2050-Ziel steht weltweit. Das 2030-Ziel ist ebenfalls international vereinbart. Jetzt geht es darum, sich in diesem Rahmen flexibel und schnell zu bewegen. Selbst ein 100-Meter-Sprint[312] lässt sich in Phasen und bis zu 41 Schritte unterteilen, die unterschiedlich trainiert und optimiert werden können.

Wie wichtig ist die Dokumentation aller Aktivitäten?

Transparenz und Kommunikation sind extrem wichtig. Dazu gehört auch, Verabredungen schriftlich festzuhalten und die Schritte der Umsetzung präzise zu dokumentieren. Dafür braucht es ebenfalls Verabredungen, die den Erfahrungsaustausch erleichtern und Vergleiche ermöglichen. Im internationalen Klimaschutz wurden beispielsweise Vereinbarungen getroffen, wie sich die sechs verschiedenen klimaschädlichen Treibhausgase unkompliziert vergleichen lassen. CO2 wurde zur »Währung«, in die alle anderen Gase umgerechnet werden. Die Wechselkurse sind definiert, so lassen sich Fortschritte und nationale Unterschiede anhand von einer Zahl, die alles zusammenfasst, leicht vergleichen.

Entscheidend sind klare Termine, klare Zielwerte, verbindlich definierte Berichtszeiträume und Transparenz auf allen Ebenen.[313] Am besten wäre eine öffentliche Plattform, auf der alle Teams täglich/wöchentlich/monatlich ihre Fortschritte eintragen. So entsteht nicht nur Selbstkontrolle innerhalb der Teams, sondern auch soziale Kontrolle durch die externe Beobachtung.

Die Führungskräfte in der Wirtschaft haben größtenteils verstanden, wohin die Reise geht, und stellen bereits die Weichen auf eine grüne Geschäftswelt um. Allerdings reden wir hier von jahre- oder jahrzehntelangen Investitionszyklen. Damit das schneller geht, braucht es politische Rahmenbedingungen. Doch die politisch Verantwortlichen schauen nicht auf die Argumente der Wissenschaft, auch nicht allein auf die Stimmen der Wirtschaft, sondern am stärksten auf die Stimmung in der Bevölkerung. Und solange die Umfragen signalisieren, dass es zwar eine Mehrheit für den Klimaschutz gibt, aber immer noch große Bevölkerungsteile dagegen sind, werden sich die Parteien nicht so klar positionieren, wie sie es müssten. Deswegen: Jede Stimme zählt.

Es geht nicht nur um Berichtswesen für das strenge Controlling, sondern auch um Werbung für die Sache. Die saubere sachliche Dokumentation einer Arbeit zeigt überzeugender als jede Werbebroschüre voller Marketingsprech: Klimaschutz ist nicht nur ein enkelfähiges Zukunftsprojekt, sondern auch eine Chance für die Welt von heute. Wenn wir uns jetzt erfolgreich ins Zeug legen, dann bringen wir unsere aktuelle Wirtschaft zum Blühen und hinterlassen den nächsten Generationen ein »holozänartiges Anthropozän«, in dem sie ebenfalls blühen und gedeihen können.

VERANTWORTEN STEUERN REGELN

Wer ist wofür verantwortlich?

Beim Pariser Klimaabkommen haben die Industrieländer zugestanden, dass ihnen bei der Zielerreichung (zur Erinnerung: deutlich unter zwei Grad, möglichst 1,5 Grad!) eine besondere *Verantwortung* zukomme. Aber was heißt das? Und wer ist gemeint? Gute Frage. Leider gibt es keine gute Antwort.

Dabei ist klar: Die sicherste Methode, um *nicht* ans Ziel zu kommen, ist es, Zuständigkeiten diffus zu halten. Der Satz »Ab jetzt tun wir xxx!« führt ziemlich sicher zu *nichts*. Wir machen mehr Sport. *Wir* reduzieren die Emissionen. *Wir* retten die Welt. Alles wertlos, selbst wenn den Satz alle im Chor rufen. Denn wer ist *wir*? Im Zweifel deutet jeder auf den Nächsten und sagt: Wieso ich, warum nicht der?

Wichtig ist, dass Verantwortlichkeiten klar zugewiesen sind, auch und gerade wenn sehr viele Menschen beteiligt sind. Das große Nachhaltigkeitsthema (wir reden von 17 großen Zielen!) erfordert vielfältige Kompetenzen. Und doch braucht es auch konkrete einzelne Personen, die sich für Aufgaben, Ziele und Zielerreichung klar verantwortlich fühlen. Wenn 100 Menschen beteiligt sind, braucht es 100 klare Aufgaben, Ziele und Verantwortlichkeiten.

Genau das fehlt derzeit in der Klimapolitik.

Welche Folgen hat es, dass die deutschen Klimaziele unklar formuliert sind?

Das 1,5-bis-Zwei-Grad-Ziel – zu dem sich Deutschland vertraglich verpflichtet hat – erfordert bis 2050 eine umfassende Dekarbonisierung des Wirtschaftssystems. Doch schon im ersten Schritt der Umsetzung wird diese Verpflichtung aufgeweicht:

Im 2016 verabschiedeten »Klimaschutzplan 2050« wird das konkrete Minderungsziel schon verwässert. Statt einer Reduzierung der Emissionen um 95 Prozent (blieben immer noch fünf Prozent Rest) ist nur noch ein schwammiger Zielwert von 80 bis 95 Prozent bis 2050 festgeschrieben.[314] Wenn du eine 100-Gramm-Tafel Schokolade kaufst, in der aber nur 80 Gramm verpackt sind oder auch 90, aber sicher nicht mehr als 95, dann wärest du zu Recht empört. Wo ist die Empörung der Deutschen, dass ihre Regierung einen Vertrag abschließt, den sie ganz offensichtlich gar nicht wirklich vorhat, zu erfüllen?

Entsprechend halbherzig sind die Zwischenziele: Die Emissionen sollen bis 2020 um 40 Prozent, bis 2030 um 55 Prozent und bis 2040 um 70 Prozent reduziert werden. Übrigens alles im Vergleich zu 1990.

Leider geht es so weiter.

Um die Treibhausgasemissionen in der notwendigen Weise zu reduzieren, sind *alle* Sektoren in der Pflicht: Verkehr, Landwirtschaft, Energiewirtschaft, Industrie, verarbeitendes Gewerbe und Privathaushalte. Nun gibt es zum Beispiel in der Landwirtschaft Emissionen, die sich nicht total vermeiden lassen (Lachgas).[315] Andere Sektoren, nämlich Energiewirtschaft, Gebäude und Verkehr, müssen also vollständig dekarbonisiert werden.

Die gute Nachricht: Die Privathaushalte haben zumindest seit 1990 ihre Emissionen stetig gesenkt und waren schon 2016 bei knapp 40 Prozent Reduktion. Auch Industrie und verarbeitendes Gewerbe waren auf gutem Weg.[316]

Doch jetzt die schlechte Nachricht: Landwirtschaft und Energiewirtschaft liegen bei mageren minus 20 Prozent. Und die allerschlimmste Nachricht: Der Verkehr hat zugelegt. Er zeigt eine Art Jo-Jo-Effekt, war nach dem Höchststand der Jahrhundertwende (etwa 115 Prozent) um 2010 herum zwar auf 95 Prozent gesunken und steht jetzt wieder bei 101 Prozent.[317]

Das alles wäre vielleicht zu verschmerzen, wenn es nur um simple Kurven und Zielzahlen ginge. Aber hinter den Zahlen versteckt sich ein Gesamtbudget.[318] Die Welt darf insgesamt nur noch 420 Gigatonnen CO_2 emittieren, wenn die Erwärmung der Erde begrenzt werden soll.[319] Alles, was wir heute noch rauspulvern, müssen wir morgen erst recht einsparen. Insofern sind die harmlosen Ziele im Grunde gar nicht zielführend, sondern dienen im Gegenteil der Vertuschung des wahren Handlungsdrucks. Denn gemäß dem Plan wäre das verbleibende CO_2-Budget bereits vor dem Jahr 2030 vollständig aufgebraucht.[320]

Warum wird das CO_2-Budget nicht offen thematisiert?

Da die Politik Offenheit bei Problemdarstellungen scheut, hat sie stattdessen das Volk mit Wahlgeschenken bei Laune gehalten. Bevorzugt mit solchen, die nicht sie, sondern die Nachfolgeregierung zu bezahlen hat. Während die Regierungen auf den Klimakonferenzen durchaus über den Ernst der Lage diskutierten, haben sie im eigenen Land davon nichts erzählt. Offenbar hatten sie Angst vor der Reaktion des Volkes. Das rächt sich jetzt. Denn so langsam kann man dem Volk nicht mehr vorgaukeln, dass fossile Energie billig zu haben sei.

Und tatsächlich zeigt das Volk die befürchtete Reaktion: Die Gelbwesten in Frankreich entstanden, als die Regierung im Zuge der Energiewende 2018 Diesel und Benzin mit einer CO_2-Steuer belegen wollte.[321] Es ging um etwa sechs Cent pro Liter. Nicht mehr als die übliche Preisschwankung an der Tankstelle, eigentlich nicht der Rede wert, könnte man meinen. Aber offenbar war es der berühmte Tropfen, der das Fass zum Überlaufen brachte. Es brach eine Unzufriedenheit aus den Menschen heraus, die bis heute anhält. Dabei geht es gar nicht um die Energiepreise. Es geht um den jahrelangen Vertrauensbruch, darum, dass das Volk sich hintergangen fühlt.

Höchste Zeit also, den Menschen offen zu sagen, dass wir alle anfangen müssen, den wirklichen Preis zu zahlen, und dass der immer höher wird, je länger wir warten. Und dass wir ohne eine echte Reduktion der Emissionen jetzt später entsprechend mehr reduzieren müssen. Und dass es, wenn wir uns auch morgen der Realität verweigern, übermorgen noch viel teurer werden wird – für diese Quittung wird dann allerdings die nächste Generation aufkommen müssen.

Lehnt die Bevölkerung Umwelt- und Klimaschutz wirklich ab?

Das ist ja das Absurde: Die Politik traut sich nicht, dem Volk die Wahrheit zu sagen und entsprechende Klimaschutzmaßnahmen einzuleiten. Dabei sehen weite Teile der Gesellschaft die Dringlichkeit der Umweltprobleme und wünschen sich verstärkte Anstrengungen der Politik. Die Bevölkerung ist unzufrieden, nicht, weil die

Regierung zu viel, sondern weil sie zu wenig für den Umwelt- und Klimaschutz tut.

So wird zum Beispiel die Energiewende von 90 Prozent der Bevölkerung befürwortet; 80 Prozent betrachten sie als gesellschaftliche Gemeinschaftsaufgabe.[322] Eine wachsende Mehrheit ist der Meinung, dass der Ausbau der erneuerbaren Energien zu langsam vorangeht (2014: 52 Prozent; 2018: 58 Prozent). 39 Prozent der Menschen machen die Politik für die Verzögerungen verantwortlich.[323] Und rund 60 Prozent sind der Meinung, dass die Bundesregierung zu wenig für eine saubere und klimafreundliche Strom- und Wärmeversorgung tut.[324]

Der in der Politik ewig diskutierte Kohleausstieg stößt in der Bevölkerung auf große gesellschaftliche Zustimmung (64 Prozent), sogar in den Bundesländern mit Braunkohleindustrie.[325]

Für eine Verkehrswende sehen 81 Prozent der Bevölkerung akuten Handlungsbedarf, 77 Prozent der Befragten sehen hier die Politik in der Pflicht.[326] Konkret wünschen sich etwa 80 Prozent mehr Radwege und Fahrradstreifen sowie eine Verbesserung der Sicherheit auf Radwegen. Außerdem sind 91 Prozent der Befragten der Ansicht, dass der öffentliche Personennahverkehr (ÖPNV) kostengünstiger werden muss.[327] Aber nur 22 Prozent der Bevölkerung haben den Eindruck, dass die Bundesregierung genügend unternimmt, um die Automobilindustrie auf die Herausforderungen der Elektromobilität vorzubereiten.[328]

Für eine möglichst umwelt- und tierfreundliche Produktion in der Landwirtschaft befürworten über 90 Prozent der Bevölkerung – quer durch alle Altersgruppen und unabhängig von der Parteimitgliedschaft – eine finanzielle Unterstützung.[329] Und eine Minderheit nähme auch höhere Konsumsteuern in Kauf, wenn sie aufkommensneutral zugunsten gesunder Lebensmittel oder zur Verbesserung des Tierschutzes eingesetzt werden.[330]

Dass die Politik trotzdem nicht die Entschlossenheit aufbringt, klarere Nachhaltigkeitsschritte einzuleiten, lässt sich kaum erklären. Vielleicht nehmen sie die öffentliche Meinung anders wahr. Schließlich zeigen die Verkaufszahlen im Alltag, dass die Menschen keineswegs nachhaltige Produkte kaufen, selbst wenn sie die Möglichkeit haben. Umweltbewusstsein und Verhalten stehen häufig in markantem Widerspruch. Alltagsgewohnheiten haben generell enorme Beharrungskräfte, also auch solche, die umweltbelastend sind. Deswegen fordern[331] und wünschen sich[332] Menschen sogar mehr Verbote. Auch herrscht Verunsicherung darüber, wie sich Zielkonflikte mit sozialen und ökonomischen Herausforderungen konkret auflösen lassen. Strittig ist also weniger, ob, sondern wie die nachhaltigen Veränderungen aussehen können und sollen.

Gerade solche Widersprüche und Vorbehalte werden durch professionelle Lobbyarbeit gezielt genutzt. Die Kommunikationsprofis schüren und verstärken die Bedenken dermaßen, dass die Politik ins Zögern kommt. Und so gelingt es selbst in einem wohlhabenden, technologisch fortschrittlichen Land wie Deutschland nicht, die relevanten und notwendigen Entscheidungen zu treffen, obwohl Klimaschutz und Umweltpolitik grundsätzlich anerkannt und befürwortet werden.

Deswegen muss die politische Steuerung dringend reformiert werden.

Wie könnten wir unsere Klimapolitik besser steuern?

Die vorhandenen politischen Programme zu Digitalisierung, Außenpolitik, Arbeitsmarktpolitik etc. scheinen oberflächlich betrachtet nicht viel mit Nachhaltigkeit zu tun zu haben. Tatsächlich aber braucht Digitalisierung Energie, ist damit ein Emissionstreiber und belastet durch seinen Bedarf an Rohstoffen die Umwelt. Gleichzeitig können digitale Technologien auch helfen, die Energieeffizienz zu steigern und dezentrale Lösungen für die erneuerbare Energiewelt zu schaffen. Die Außenpolitik muss auf Folgen des Klimawandels reagieren, weil um schwindende Ressourcen, Öl, Gas und inzwischen auch andere Rohstoffe Konflikte entstehen, die zu Kriegen führen können. Auch die durch den Klimawandel veränderten Lebensbedingungen lösen jetzt schon Flucht- und Migrationsbewegung aus. Und in der Arbeitsmarktpolitik spielt der Strukturwandel weg von fossiler Industrie hin zu einer nachhaltigen Wirtschaft eine erhebliche Rolle, weil beispielsweise aus Bergleuten nicht einfach Biolandwirte werden.

Insofern müssten alle politischen Programme und Strategien laufend auf ihre Nachhaltigkeit hin geprüft werden. Neue Gesetze müssen auf ihre Folgen abgeschätzt werden: Sind sie Motor der Nachhaltigkeit oder Bremse? Auf Landesebene wird derlei schon gemacht: In Baden-Württemberg werden alle Kabinettsvorlagen einem Nachhaltigkeitscheck unterzogen.[333]

Eine Steuerung gelingt hier also insgesamt dadurch, dass Widersprüche eliminiert werden, die viel zu viele und viel zu große Reibungsverluste erzeugen.

Auch die Vereinbarung konkreter Sektorstrategien mit Betroffenen eröffnet Potenzial zur Steuerung. Für alle relevanten Sektoren – derzeit besonders dringend für Verkehr, Energie, Gebäude und Landwirtschaft – sollten gesonderte Ziele und Strategien zur nachhaltigen Umgestaltung entwickelt werden – und zwar unter Beteiligung aller Betroffenen. So müssten beispielsweise im Sektor Landwirtschaft nicht nur unterschiedliche Ministerien (Landwirtschaft, Verkehr, Umwelt etc.) und wissenschaftliche Experten eingebunden sein, sondern unbedingt auch Bauernverbände, Handel und Konsumenten.

Vergleichbar zur »Kohlekommission« könnte es also eine »Mobilitätskommission«, eine »Wärmekommission«, eine »Agrarkommission« etc. geben. Deren Ergebnisse würden mit Umsetzungsbeginn durch ein wissenschaftliches Monitoring begleitet. Dafür ließe sich das für die Energiewende etablierte Monitoring »Energie der Zukunft«[334] als Vorbild nehmen: Hier wird seit 2012 regelmäßig erfasst und ausgewertet, wie sich die Energiewende in Bezug auf Indikatoren wie Treibhausgasemissionen, den Anteil erneuerbarer Energien, Energieeffizienz, Versorgungssicherheit, Belastungen von Wirtschaft und Haushalten, Netzausbau, Forschung und Innovation entwickelt.

So hätte man eine stabile und gesicherte Datenbasis, um laufend zu überprüfen, ob sich der Prozess auf gutem Weg Richtung Ziel befindet. Zugleich würde man frühzeitig etwaige Nebenwirkungen bemerken, sodass man gegebenenfalls kurzfristig um- und nachsteuern kann.

Wer könnte die bestehenden Widersprüche aufdecken?

Hier kommt der Nachhaltigkeitsbeirat ins Spiel. Nicht nur Siemens, auch Deutschland hat einen. Der Rat für Nachhaltige Entwicklung (RNE),[335] auch Nachhaltigkeitsrat genannt, wurde erstmals im Jahr 2001 berufen. Seine Mitglieder repräsentieren wesentliche gesellschaftliche Gruppen und werden für drei Jahre berufen. Der RNE berät die Bundesregierung, gibt Empfehlungen zur Umsetzung der Nachhaltigkeitsstrategie, bezieht dabei internationale Expertinnen und Experten ein[336] und macht öffentliche Veranstaltungen und

Projekte zum Thema Nachhaltigkeit. Es ist gut, dass sich hier hochkarätige Persönlichkeiten engagieren, aber Macht oder wirklich Kontrollfunktion hat der Rat nicht.

Der Parlamentarische Beirat für nachhaltige Entwicklung (PBnE) wurde 2004 auf Initiative von Abgeordneten verschiedener Parteien und mit Zustimmung aller im Parlament vertretenen Fraktionen erstmalig eingesetzt, um die Deutsche Nachhaltigkeitsstrategie aus dem Jahr 2002 und die Nachhaltigkeitspolitik der Bundesregierung zu begleiten.[337] Der Parlamentarische Beirat berichtet dem Bundestag regelmäßig über seine Aktivitäten. Allerdings hat er im Grunde nichts zu melden. Die Ressorts führen eigenständig Nachhaltigkeitsprüfungen durch, die vom Rat lediglich überprüft werden. Findet er Mängel, kann er sie rügen, mehr aber auch nicht.

Hier ließe sich ansetzen: Würde man die Strategien und Programme frühzeitig öffentlich ins Internet stellen, könnte man sowohl zivilgesellschaftliches Wissen einbinden als auch Konflikte frühzeitig erkennen und diskutieren. Und würde man die – bislang rein internen – ressorteigenen Nachhaltigkeitsprüfungen einer breiten Öffentlichkeit zugänglich machen, könnten Lücken entdeckt und Widersprüche deutlich gemacht werden.[338]

Übrigens liegt ein Entwurf für eine solche Reform bereits in der Schublade der Regierung. Die Große Koalition aus CDU/CSU und SPD hatte 2013 das Umweltministerium beauftragt, zu prüfen, wie man den staatlichen Apparat so organisiert, dass die SDG-Ziele der Agenda 2030 tatsächlich umgesetzt werden.[339] 2016 hat das Ministerium das »Integrierte Umweltprogramm 2030« vorgelegt. Danach wurde nichts mehr davon gehört.

Das ist schade, denn darin geht es um nichts weniger als um die Weiterentwicklung der sozialen Marktwirtschaft zu einer sozialökologischen Marktwirtschaft, also um tief greifende Veränderungen in der Finanz- und Wirtschaftspolitik. Die Regierung müsste vielleicht daran erinnert werden, welche gut durchdachten Konzepte in ihren Schubladen schlummern.

Wie könnten wir die Beiräte verbessern?

Zunächst könnte man den Parlamentarischen Beirat für nachhaltige Entwicklung aufwerten. Nach dem Vorbild des Europaausschusses des Bundestages könnte er als Ausschuss in der Geschäftsordnung des Bundestages verankert werden. Er sollte zu Gesetzgebungsverfahren Stellung nehmen und nach eigenem Ermessen eine tiefer gehende, substanzielle Kontrolle der Nachhaltigkeitsprüfung einzelner Gesetzentwürfe vornehmen können.

Die Bundesregierung wäre verpflichtet, grundsätzlich Stellung zu den Positionspapieren des Parlamentarischen Beirats für nachhaltige Entwicklung zu nehmen und müsste regelmäßig im Parlament über die Umsetzung der Deutschen Nachhaltigkeitsstrategie berichten.[340]

So käme Licht ins Dunkel, und die Öffentlichkeit wäre stets über den Stand der Entwicklung auf dem Laufenden. Die Politik redet zumindest gern von den »Hausaufgaben«, die zu machen seien. Auf diese Weise gäbe es endlich eine regelmäßige Hausaufgabenkontrolle. Die frühzeitige Veröffentlichung der Strategien und Programme käme einer frühen Bürgerbeteiligung zugute, die wiederum die Akzeptanz späterer Entscheidungen erhöhen dürfte.

Im Sachverständigenrat des Bundesumweltministeriums haben wir viel über ein solches Gremium diskutiert. Dabei wurde uns bewusst, dass alle aktuellen Gremien ein entscheidendes Defizit mitbringen: Die künftigen Generationen, auch in Form der heute sehr jungen Menschen, sind darin nicht vertreten.[341] Dabei sind die heutigen Entscheidungen prägend für deren Lebensbedingungen. Wir haben deswegen empfohlen, auf politischer Ebene einen »Rat für Generationengerechtigkeit« einzurichten. Er sollte allein den Interessen der jungen und künftigen Generationen verpflichtet sein. Dieses Modell wird auch unter den Begriffen »Zukunftsrat«[342] oder »Nachhaltigkeitsrat«[343] diskutiert.

Wie könnte ein Rat für Generationengerechtigkeit aussehen?

Ein Rat für Generationengerechtigkeit könnte, je nachdem wo er eingesetzt wird, eine kontrollierende, steuernde oder vermittelnde Funktion bekommen. In jedem Fall bräuchte er politisches Gewicht und sollte parteipolitisch neutral sein. Er bestünde aus Menschen, die Sachverstand in den Bereichen nachhaltiger Umwelt-, Sozial- und Wirtschaftspolitik mitbringen und vor allem unabhängig sind.

In der Bundespolitik könnten die Mitglieder – damit der Rat verfassungsrechtlich verankert und demokratisch legitimiert wird – je zur Hälfte vom Bundestag und vom Bundesrat (auf Vorschlag der Länderparlamente) gewählt werden. Damit nicht durch ständige Personalwechsel Unruhe entsteht und permanent neue Einarbeitung erforderlich ist, wäre eine Amtszeit von zwölf Jahren ohne Wiederwahlmöglichkeit sinnvoll.

Der Rat für Generationengerechtigkeit berät Parlament und Regierung und ist unbedingt in Gesetzgebungsverfahren eingebunden. Ihm werden Gesetze schon in der Entwurfsphase vorgelegt und er hat die Möglichkeit, Stellung zu nehmen. Hat der Rat schwerwiegende Bedenken hinsichtlich möglicher Auswirkungen eines Gesetzes auf künftige Generationen, dann hat er ein Vetorecht, allerdings nur inhaltlich begrenzt und mit aufschiebender Wirkung. In letzter Instanz entscheidet weiterhin das Parlament. So blieben das rechtsstaatliche Gewaltenteilungsprinzip und das Demokratieprinzip gesichert.[344]

In der Wirtschaft könnte ein vergleichbar konstruierter Rat in allen Geschäftsbereichen, aber vor allem bei Neugeschäften eine wesentliche Rolle spielen. In jedem Fall sollte er aber mehr als eine Beratungsfunktion haben, da so der Einfluss definitiv zu klein wäre; eine tatsächliche Entscheidungsbefugnis aber wäre möglicherweise mit entsprechenden Haftungsregelungen verknüpft und könnte daher eine Überforderung des Gremiums sein. Der Mittelweg wäre ein »suspensives Vetorecht«, also ein Veto mit aufschiebender Wirkung.[345]

Ist die Kohlekommission ein Musterbeispiel der Problemlösung?

Ein Nachhaltigkeitsgremium muss nicht zwingend dauerhaft Teil des Organigramms sein. In der Politik gibt es häufiger Gremien, die sich zeitlich befristet mit der Lösung eines großen gesellschaftlichen Problems befassen und dafür tatsächlich verbindliche Lösungen erarbeiten. So gab es beispielsweise um die Jahrtausendwende das »Bündnis für Arbeit«, das sich aus Gewerkschaften, Arbeitgeberverbänden und Regierung zusammensetzte, um Maßnahmen zur Reduzierung der Arbeitslosigkeit zu entwickeln.[346]

Auch die 2018 eingesetzte Kohlekommission[347] ist ein Beispiel dafür, wie sich ein solches Gremium zusammensetzen lässt und mit welchen Gestaltungsmöglichkeiten es ausgestattet ist. Sie hatte 31 Mitglieder aus Wirtschaft, Politik, Wissenschaft und Zivilgesellschaft und sollte einen Kohleausstiegsplan und konkrete Vorschläge für Wachstum und Beschäftigung in den vom Ausstieg betroffenen Regionen entwickeln. Ihr Ergebnis war – trotz der ausgesprochen diversen, in vielen Punkten extrem gegensätzlichen Positionen – am Ende einvernehmlich. Der Abschlussbericht konnte nach zwei Jahren Arbeit einstimmig verabschiedet werden. Das Gremium wurde international als Blaupause für die erfolgreiche Bewältigung von gesellschaftlichen Konflikten gefeiert.

Umso ärgerlicher war es, als die Bundesregierung ein Jahr später die Ergebnisse der Kommission überging und ein deutlich abweichendes Gesetz vorlegte.[348] Das allerdings war zu erwarten. Denn die Kohlekommission war nur befugt, Empfehlungen vorzulegen. Es war der Politik überlassen, daraus konkrete Maßnahmen abzuleiten. Die Zeit bis zur Gesetzesvorlage haben Wirtschaftslobbyisten und Parteifunktionäre für ihre Interessen genutzt.

Solche Beispiele sind aus berechtigten Gründen Gegenstand der Kritik, aber wir können daraus lernen, wie wir es künftig besser machen. Vor allem, wie wir Bürgerbeteiligung nicht zu einer Alibiveranstaltung oder Demokratieshow werden lassen, sondern zu einer echten und verbindlichen Instanz. Bei der Kohlekommission wurde die Chance eindeutig vertan. Aber das sollte uns nicht davon abhalten, weiter für demokratische Prozesse zu kämpfen, die nicht nur Bürgerbeteiligung sichern, sondern auch Lobbyeinfluss verhindern.

Welche Rolle spielt das Umweltministerium?

Das Umweltministerium wurde in Reaktion auf den Super-GAU im ukrainischen Atomkraftwerk Tschernobyl gegründet.[349] Innerhalb weniger Wochen wurde es aus dem politischen Boden gestampft und mit allen Themen gefüllt, die damals in der Diskussion waren: Schutz der Ozonschicht, Artenschutz, Hochwasserschutz, Abfallwirtschaft, Dioxin, Blei und eben auch Reaktorsicherheit, Energiewende und Klimaschutz.

In der Rückschau war es wohl weniger politischer Wille, wirklich eine ökologische Wende in Deutschland einzuläuten, als den aufstrebenden Grünen das Wasser abzugraben. So erklärt sich, dass das Ministerium viele Aufgaben hat, aber wenig Befugnisse. Es handelt sich zwar um ein typisches Querschnittressort, das in seinen Zuständigkeiten ständig mit anderen Ministerien zusammenarbeiten muss, darf aber keine Gesetzesinitiative außerhalb des eigenen Geschäftsbereichs starten. Stell dir vor, du wohnst im Flur. Alle gehen durch deinen Raum hindurch, aber du darfst ihn nicht verlassen. Und du darfst noch nicht mal kurzfristig Stopp sagen. Das sollte sich dringend ändern. Das Umweltministerium braucht in Nachhaltigkeitsbelangen ein Gesetzinitiativrecht und ein suspensives Widerspruchsrecht gegenüber den Gesetzesinitiativen anderer Ministerien – genau wie das Finanzministerium in Haushaltsfragen.[350]

Und noch etwas sollte dringend verschärft werden, nämlich die Rechtsverbindlichkeit der Umweltschutzziele. Damit ökologische Nachhaltigkeit nicht zum modischen Wahlkampfschlager verkommt, sondern ernsthaft und entschlossen Teil des politischen Handelns wird, sollte Artikel 20a des Grundgesetzes erweitert werden: Wir brauchen ein grundsätzliches Maßstäbegesetz für ökologische Ziele, damit sie in Gesetzgebungsprozessen einen ausreichenden Stellenwert haben.[351]

VERANTWORTEN STEUERN REGELN

Wer ist tatsächlich für die Umsetzung zuständig?

Naheliegend wäre, dass für die Umsetzung der Nachhaltigkeitsstrategie jeweils das Ministerium sorgt, das sowieso für den Sektor zuständig ist, also das Landwirtschaftsministerium für die Landwirtschaft, Verkehrsministerium für den Verkehr, Innen-/Bauministerium für den Gebäudesektor. Aber leider gibt es die Schnittmengen beziehungsweise widersprüchliche Zuschnitte. So ist zwar das Umweltministerium beispielsweise zuständig, wenn Stickstoffoxide und Ammoniak Flüsse, Seen und Grundwasser belasten, die Meere überdüngen und die Ozonschicht schädigen. Aber über die Regulierung des Düngemitteleinsatzes, über Massentierhaltung und Verbrennungsprozesse, die reaktiven Stickstoff freisetzen, entscheiden andere. Für dieses schwerwiegende konkrete Beispiel haben wir als Sachverständige über 40 konkrete und effektive Handlungsvorschläge[352] erarbeitet. Es gibt Lösungen, man muss sie nur wollen.

So scheint es nicht nur geboten, die Verantwortung ausdrücklicher als bisher ressortspezifisch zu verorten, sondern gegebenenfalls verschiedene zuständige Ministerien gemeinsam in die Verantwortung zu nehmen und entsprechende Teilverantwortlichkeiten zuzuweisen.

Gesprochen wird zwar hauptsächlich von den amtierenden Ministerinnen und Ministern, die alltägliche Arbeit aber erledigen die diversen Abteilungen des Ministeriums. Der Spruch »Wir haben schon andere Minister ausgesessen!« mag als Scherz gemeint sein, enthält aber einen wahren Kern: Minister kommen und gehen – Ministerialbeamte bleiben. Deshalb ist es wichtig, in den Ministerialverwaltungen das Thema Nachhaltigkeit besser zu verankern. Dort spielt es oft nur eine untergeordnete Rolle, weshalb es eine Instanz braucht, einen oder eine »Nachhaltigkeitsbeauftragte«, der oder die mit Rechten ausgestattet ist – etwa einem Vetorecht mit aufschiebender Wirkung, wenn es um strategische Entscheidungen geht oder um eine Mitzeichnungspflicht bei Gesetzgebungsverfahren.

Und all dieses Klein-Klein soll unser Klima retten?

Dieses Klein-Klein könnte auf demokratische Weise sehr wirkungsvoll für eine nachhaltige Wirtschaft und Gesellschaft sorgen. Nur zur Erinnerung: Klimaschutz wird nur demokratisch funktionieren! Und Demokratie ist eine organisierte Gemeinschaftsaufgabe. Dafür brauchen wir Verträge. Sie eröffnen uns individuelle Handlungsspielräume, in denen wir gemeinsam arbeiten können. Derzeit haben wir Strukturen, die das eher verhindern, indem sie Interessenkonflikte schaffen (etwa Ministerien, die konkurrieren und deswegen gegeneinander statt miteinander wirken), indem sie Manipulation ermöglichen (weil es etwa an Transparenz fehlt, sodass Lobbyisten unbemerkt Einfluss nehmen) oder indem sie Lücken enthalten, sodass manche Probleme gar keine Beachtung finden (etwa bedrohte Tier- und Pflanzenarten oder auch soziale Auswirkungen in bestimmten Gesellschaftsgruppen). Es sind Kleinigkeiten, die das verändern.

Eine Weltrevolution mit Menschenmassen, die die Paläste der Mächtigen stürmen, wäre zwar ein aufregender Kinofilm, aber ehrlich gesagt ist mir eine friedliche ökologische Transformation mit Klein-Klein-Verabredungen deutlich lieber. Sie ist keine Medienfantasie, sondern entspricht der Realität und hat deshalb weitaus größere Aussicht auf Erfolg.

Je größer die öffentliche Aufmerksamkeit für dieses Klein-Klein ist, desto eher werden sich die politischen Strukturen verbessern lassen. Insofern hilft es schon ungemein, wenn die Umsetzung solcher Maßnahmen von vielen aufmerksam beobachtet wird.

Wer übernimmt die Verantwortung?

Nach Verantwortung wird meistens gefragt, wenn etwas schiefgegangen ist. In Wahrheit steckt dahinter die Frage nach Schuld. Wer ist schuld, dass etwas nicht geklappt hat? Dann wird lange geredet und gestritten, bis irgendwann jemand vortritt und sagt: »Ich übernehme die Verantwortung.« Und dann bekommt diese Person die Strafe, zahlt den Preis, tritt zurück oder was auch immer vereinbart ist. So funktionieren viele Vereinbarungen in unserer Gesellschaft.

VERANTWORTEN STEUERN REGELN

Etymologisch stammt Verantwortung wohl aus dem Mittelhochdeutschen des 15. Jahrhunderts und hieß damals so viel wie »als Beschuldigter Antwort geben«, also rechtfertigen oder sich verteidigen. So wird das Wort im juristischen Sinne bis heute verwendet. Im allgemeinen Sprachgebrauch gibt es auch eine weniger streng gefasste Verantwortung.

Der Begriff Verantwortung im arbeitsteiligen Zusammenhang meint die Übernahme einer Rolle oder Position, die innerhalb eines gewissen Aufgabenspektrums mit entsprechendem Handlungsspielraum verknüpft ist. Innerhalb dieses Spielraums sind Entscheidungen frei zu treffen und dabei Risiken und Chancen selbständig abzuwägen. Daraus resultiert die Verpflichtung, »dafür zu sorgen, dass (innerhalb eines bestimmten Rahmens) alles einen möglichst guten Verlauf nimmt, das jeweils Notwendige und Richtige getan wird und möglichst kein Schaden entsteht«.[353] Das ist aber nicht mehr unbedingt mit juristischen Folgen verknüpft. Für die Fehler von Angestellten beispielsweise haftet das Unternehmen. Die moderne Wirtschaftsführung entwickelt deshalb Arbeitssysteme des »Total Quality Management«[354] und eine Prozessstruktur, in der möglichst wenig Fehler passieren können.[355]

Um die Frage also zu beantworten: An der juristischen Verantwortung ändert sich erst dann etwas, wenn die Nachhaltigkeitsziele in Gesetze umgeformt werden. Genau das hat im Dezember 2019 die Bundesregierung getan: Mit dem Klimaschutzgesetz[356] hat sie ihr nationales Klimaschutzziel, bis 2030 den Treibhausgasausstoß um mindestens 55 Prozent zu verringern, verbindlich festgeschrieben. Jetzt ist jedes Ministerium für die Einhaltung der jährlichen Emissionsziele in den einzelnen Sektoren verantwortlich. Die genauen Emissionsdaten in den einzelnen Sektoren werden jährlich vom Umweltbundesamt ermittelt und im März des Folgejahres veröffentlicht.[357]

Aber die inhaltliche Verantwortung übernimmt jeweils die Person, die in dem großen Klimaprojekt eine Teilaufgabe übernimmt, und das sind hoffentlich bald Millionen Menschen in Deutschland, zum Beispiel du.

Was passiert, wenn sich jemand nicht an die Vereinbarungen hält?

Das ist die häufig gestellte Frage nach Strafen und Sanktionen bei Misserfolg und entspricht der jahrhundertelangen Praxis in unserer Gesellschaft.

Wenn ein Produkt einen Mangel hat, bekommt man das Geld zurück. Wenn ein Dienstleister seine Arbeit nicht sach- oder fristgerecht erfüllt, muss er Einbußen hinnehmen – oder schlimmstenfalls sogar Entschädigungen bezahlen. Als Bahnkundin habe ich bei Zugverspätungen einen Anspruch auf Entschädigung.[358] Das gilt übrigens anders als bei Flügen auch dann, wenn die Verzögerung durch das Wetter verursacht wurde.

Was schon zeigt, wie willkürlich solche Regelungen sind. Immerhin hat die Deutsche Bahn genauso wenig Schuld am Wetter wie die Lufthansa. Die Fahrgastrechteverordnung ist Ausdruck des Zeitgeistes und der gesellschaftlichen Machtverhältnisse. Offenbar gibt es gesellschaftliche Kräfte, die einen Preisnachlass im Zugverkehr durchsetzen können, aber keine oder zu wenige, die einen Flugrabatt erstreiten könnten.

Doch das Denken und die Gerechtigkeitsvorstellungen ändern sich. Es ist nicht so lange her, dass Frauen kein Wahlrecht hatten oder Meister ihre Lehrlinge schlagen durften.[359] Und so ändert sich auch der Umgang mit Strafen und Sanktionen.

Heute versuchen Unternehmen, ihre Belegschaft nicht mehr mit Angst und Druck zur Arbeit zu motivieren, sondern durch Spaß und Belohnung. Die Praxis zeigt, dass das für alle ein viel besseres Modell ist. Die Devise »Vertrauen statt Druck« hat als Erfolgsformel schon so gut wie überall Einzug gehalten. Deswegen könnten wir – statt zu fragen: »Was passiert, wenn Ziele nicht erreicht werden?« – positiv fragen: »Was passiert, wenn Ziele erreicht werden?«

Was ist die Alternative zu Strafen und Sanktionen?

In den letzten Jahren erfreuen sich die Erkenntnisse der modernen Verhaltensökonomik und die Prinzipien des Nudging großer Aufmerksamkeit; nicht zuletzt wohl, weil einer der beiden »Erfinder« 2018 den Wirtschaftsnobelpreis bekommen hat. Er heißt Richard Thaler, ist Wirtschaftswissenschaftler und hat 2008 zusammen mit dem Rechtswissenschaftler Cass Sunstein das Buch *Nudge. Wie man kluge Entscheidungen anstößt*[360] veröffentlicht. Die Kernidee ist, dass Menschen sich nur ungern durch Verbote und Vorschriften zu bestimmtem Verhalten zwingen, aber sich gern durch Belohnungen »verführen« lassen. Das legt nahe, eine »Entscheidungsarchitektur« zu schaffen, die es den Menschen leicht macht, sich in einer bestimmten Weise zu verhalten.

Die Kritik an der Nudging-Idee sagt, dass Menschen manipuliert und unbewusst zu einem Verhalten gebracht würden, das sie bei bewusster Entscheidung eventuell ablehnen. Das sei, selbst zugunsten ethisch wertvoller Ziele eingesetzt, mit einem freiheitlichen Selbstverständnis nicht vereinbar. Der häufige Vorwurf, ökologisches oder soziales Nudging sei libertärer Paternalismus, wird von der Nobelpreisträgerin Esther Duflo[361] zurückgewiesen. Sie betont den Unterschied zwischen einem Befähigungs- und einem Entmündigungspaternalismus. Um die Reichen kümmerten sich mehr Leute und Institutionen als um die Armen. Nicht zuletzt der Sozialstaat sei der große paternalistische Kurator, der dafür sorge, dass hierzulande niemand hungern müsse, alle medizinisch versorgt würden oder im Alter nicht mittellos dastünden.[362]

Bemerkenswerterweise kommt die Nudging-Kritik oft von denselben Menschen, die es für essenzielle Grundrechte der freien Marktwirtschaft halten, wenn sich Marketingexperten[363] sehr präzise Gedanken darüber machen, wie Menschen im Supermarkt zu möglichst viel Konsum »verführt« werden können.[364]

Welche Nudging-Impulse es für klimagerechtes Verhalten geben könne, hat das Umweltbundesamt 2017 in einer Studie ermittelt.[365] Heraus kamen Ideen wie eine Probekarte der ansässigen Verkehrsbetriebe nach einem Umzug oder ein Display in der Dusche, auf dem einem Eisbär die Scholle unter den Tatzen wegschmilzt.

In der Verkehrsführung weiß man, dass Menschen seltener bei Rot über die Ampel gehen, wenn die Wartezeit durch eine herunterzählende Anzeige transparent ist, und dass es weniger Geschwindigkeitsüberschreitungen gibt, wenn das Tempo durch eine Radartafel mit einem lächelnden oder einem garstigen Smiley kommentiert wird.[366]

Die Beispiele zeigen, dass es oft nur darum geht, Dinge transparent zu machen. Allein dadurch lässt sich individuelles Verhalten ändern. Man kann natürlich noch viel weiter denken: Wien beispielsweise startet Ende Februar 2020 den Testbetrieb einer neuen App namens »Kultur-Token«.[367] Wer Wege mit öffentlichen Verkehrsmitteln, mit dem Rad oder zu Fuß zurücklegt, sammelt Punkte, die gegen Gratistickets in Kulturinstitutionen eingetauscht werden können. Dazu werden elektrische Lastenfahrräder für Betriebe gefördert und mobile Sharingangebote in der Nachbarschaft unterstützt.[368]

Wie immer lassen sich auch zu solchen Ideen Einwände und Kritikpunkte finden, aber wir brauchen ein Belohnungs- bzw. Bestrafungssystem, bei dem wir uns gemeinsam darauf verständigen, auf welche Ziele sie einzahlen sollen und wie sie funktionieren. Die Bonussysteme von Unternehmen zahlen in der Regel auf das Ziel ein: mehr Konsum, mehr Umsatz, mehr Profit. Wir können uns aber auch andere Ziele setzen – und die Zielerreichung erleichtern und belohnen. Darum geht es beim Thema Nudging.

Können wir also auf Verbote und Gesetze verzichten?

Bei aller Begeisterung für Aufklärung und Vernunft wissen wir leider auch, dass Transparenz und Wissen nicht immer der Schlüssel zur Verhaltensänderung sind. Auch Belohnung reicht manchmal nicht. So hat man jahrzehntelang durch Aufklärung und Information versucht, Menschen vom Rauchen abzuhalten – und zwar zu ihrem eigenen Schutz. Alles vergebens. Erst das Rauchverbot an öffentlichen Plätzen hat für einen signifikanten Rückgang des Tabakkonsums gesorgt.[369]

Die Folgen des Rauchens kosten die deutsche Gesellschaft jährlich etwa 80 Milliarden Euro. Sie belasten das Gesundheitssystem, verursachen Produktionsausfälle und Frühverrentungen. Jährlich sterben in Deutschland über 100 000 Menschen aufgrund von Tabakkonsum. All das ist bekannt. Trotzdem wird weiter geraucht.[370]

Manchmal kann es sinnvoll und notwendig sein, Gebote oder Verbote zu erlassen und Höchst- oder Grenzwert festzulegen. Sie können durchaus schnell und effizient ans Ziel führen, wie die Gesetze zur Begrenzung der Schwefeldioxidemissionen, zur Luftreinhaltung, die Vorschriften für die Abgaswerte von Autos, die Entschwefelung von Kraftstoffen und die Einführung von Katalysatoren, die in den 1980er-Jahren das drohende Waldsterben beendeten, zeigen.[371]

Doch Verbote sind unbeliebt. Als in den 1970er-Jahren die Anschnallpflicht in Deutschland eingeführt wurde, gab es lautstarke Proteste. Sie wurde als Einschränkung der persönlichen Freiheit empfunden. Erst als 1984 das Fahren ohne Gurt mit einem Bußgeld bestraft wurde, ging die Anschnallquote in die Höhe. Heute unvorstellbar. Den Menschen ist bewusst, dass der Gurt ihrer eigenen Sicherheit dient. 98 Prozent fahren mit Gurt. Die verbliebenen zwei Prozent Gestrige leben gefährlich: 28 Prozent aller im Straßenverkehr Getöteten waren nicht oder falsch angeschnallt.[372]

Insofern scheint eine Kombination von beiden Verfahren sinnvoll zu sein. Der Einbau von Katalysatoren war vorgeschrieben, wurde aber mit steuerlichen Anreizen attraktiv gemacht.[373] Es gibt eine Anschnallpflicht; zusätzlich ertönt im Auto ein penetranter Signalton, wenn man nicht angeschnallt ist. Das Anschnallen wird sofort mit Ruhe belohnt.

Unsere Aufgabe ist es also, Strukturen zu schaffen, in denen es den Menschen leicht gemacht wird, sich nachhaltig zu verhalten, etwa indem wir sichtbar machen, wann der Energieverbrauch hoch ist oder wie viel CO_2 in einem Produkt steckt. Zugleich sollten wir durch Gesetze und Verbote regeln, dass manche Produkte und Angebote gar nicht erst in Umlauf kommen oder bestimmtes Verhalten mit Bußgeldern geahndet wird. Auch die Entrepreneurs for Future, die sich für Klimaschutz engagieren und ihre unternehmerische Freiheit sicher nicht prinzipiell gegen staatliche Planwirtschaft eintauschen möchten, fordern »dringend andere politische Rahmenbedingungen«.[374]

Es gibt unzählige Beispiele, die zeigen, dass wir einen freien Markt im Sinne der Menschen erst per Gesetz wirklich ermöglichen: In der Pharmabranche ist es für uns heute selbstverständlich, dass Arzneimittel aufwendige Zulassungsverfahren durchlaufen, bevor sie – mit gesetzlich geregelten Angaben auf dem Beipackzettel – auf den Markt kommen dürfen. In der Finanzbranche gibt es strenge Regulierungen und Kontrollen durch die Bundesanstalt für Finanzdienstleistungsaufsicht und sehr genau geregelte Informationspflichten bei jeglicher Art von Finanzprodukten. Egal wo man hinguckt, wir haben Spielregeln definiert.

Ein Großteil davon betrifft Regelungen zum Verbraucherschutz. Sie basieren auf der Idee, dass Verbraucher den Unternehmen strukturell unterlegen sind. Sie haben weder das Fachwissen noch die finanziellen, technischen oder organisatorischen Ressourcen, um Produkte und Dienstleistungen auf Qualität und Angemessenheit zu überprüfen. Dieses Ungleichgewicht der Kräfte versuchen wir durch staatliche Regulierung zu mildern. Warum nicht dasselbe für das Ungleichgewicht zwischen Biosphäre und Menschheit tun, nur, dass in diesem Fall wir Menschen die Stärkeren sind.

Es muss ja nicht böse Absicht im Spiel sein, wenn Stärkere keine Rücksicht auf Schwächere nehmen; es kann auch einfach Gedankenlosigkeit sein. Umso wichtiger ist es, die Aufmerksamkeit zu wecken und das ungleiche Kräfteverhältnis durch Regulierung fair auszugleichen.

Was könnte im Verkehrssektor gesetzlich geregelt werden?

In der ohnehin sehr präzise geregelten Verkehrswelt könnte man über Gesetze und Vorgaben den Wegweiser leicht in Richtung Klimaschutz drehen. Und das wäre auch dringend geboten: Der Verkehrssektor ist derzeit für etwa ein Fünftel der Treibhausgasemissionen Deutschlands verantwortlich. Entgegen allen Vorsätzen sind die heutigen Emissionen des Verkehrs sogar etwas höher als 1990. Bis 2030 müssen wir auf 60 Prozent[375] und bis 2050 auf fünf Prozent der damaligen Emissionen kommen.

Ideen sind vorhanden, wie der Sachverständigenrat für Umweltfragen schon im November 2017 in einem Sondergutachten ausführlich gezeigt hat.[376]

Wir könnten und sollten endlich ein wissenschaftliches Gutachten über die Verkehrssicherheit, die Gesundheits- und Klimafolgen unbeschränkter Geschwindigkeit auf Autobahnen erstellen lassen, um den jahrelangen und verbissen geführten Streit übers Tempolimit auf sachlicher Ebene beenden zu können. Wichtig wäre auch, eine streckenabhängige Pkw-Maut einzuführen, und zwar für alle Fahrzeuge mit fossilen Verbrennungsmotoren, was juristisch unproblematisch wäre. Und mit der Einführung einer blauen Plakette könnten Kommunen besonders umweltschädliche Dieselfahrzeuge aus den Städten verbannen.

Bislang ist es leider aufgrund der größeren Gewinnspannen für den Autohandel attraktiver, große teure Diesel und Benziner zu verkaufen als Elektromobile. Deswegen sollte es auch in Deutschland eine E-Auto-Quote geben, wie sie in China[377] sehr erfolgreich eingesetzt wurde, um gleichzeitig die chinesische Autoindustrie und den Klimaschutz zu fördern. Auch Norwegen[378] und die Niederlande[379] haben damit gute Erfahrungen gemacht. Ab dem Jahr 2025 sollte möglichst jedes vierte neu zugelassene Fahrzeug ein E-Auto sein und ab 2050 mindestens jedes zweite. Wenn der Handel gezwungen ist, eine bestimmte Prozentquote E-Autos zu verkaufen, müssen sich Verkaufs- und Preisstrategien ändern. Manche Autofans spekulieren bereits auf Schnäppchenangebote.[380]

Längst überfällig ist die Modernisierung der völlig veralteten Straßenverkehrsordnung, die unverändert dem motorisierten Verkehr den Vorrang garantiert. Zeitgemäß wäre eine Verkehrsordnung, bei der Menschen Vorrang haben und der Fuß- und Radverkehr. Dafür – genau wie für Quote und Plakette – ist die Bundesregierung gefragt, und die Kommunalpolitik sollte es stärker einfordern. Schließlich wollen Berlin, Hamburg, München und das Ruhrgebiet im Wettbewerb lebenswerter Städte mit Oslo, Kopenhagen oder Paris mithalten – das geht besser ohne Blechlawinen, Feinstaub und Lärm!

Die derzeitigen Steuern und Abgaben, die individualisierte motorisierte Mobilität belohnen, müssen reformiert werden. Es gibt eine Bundesverkehrswegeplanung 2030, die elf der zwölf von der Bundesregierung aufgestellten Umweltziele verfehlt. Sie gehört auch methodisch modernisiert, müsste alle überregionalen Verkehrsträger, also Straße, Schiene, Schiff und Luftverkehr, vereinen und dürfte nicht mehr nur auf die Nachfrage reagieren (»Oh, mehr Autos, also brauchen wir mehr Straßen!«), sondern müsste aktiv eine integrierte Raum und Verkehrsplanung vornehmen (»Oh, mehr Menschen, also brauchen wir eine Stadt der kurzen Wege!«).

Was könnte im Gebäudesektor gesetzlich geregelt werden?

Auch hier gibt es Gesetze und Regeln, die eine klimagerechte Sanierung voranbringen: Um für Immobilienbesitzer die Kosten einer energetischen Gebäudesanierung zu senken, sollte es direkte finanzielle Förderungen oder besondere steuerliche Abzugsfähigkeit der Investitionen geben. Im Sinne der Mieter sollte – statt einer pauschalen Modernisierungsumlage – der Kaltmietaufschlag für den energetischen Teil einer Sanierung an die erwarteten Heizkosteneinsparungen geknüpft werden. Das wäre fair und sozial verträglich.

Weil der Gebäudesektor genau wie der Verkehrssektor zur Erreichung der Klimaziele sehr wesentlich ist, sollten wir auch hier die Devise »Efficiency first« und »Renewables first« ausgeben, sprich: Nach der energetischen Gebäudesanierung sollte jegliche Energie somit nicht nur sparsam genutzt, sondern aus erneuerbaren Energien hergestellt werden. Im Idealfall bezahlen wir nicht nur weniger Geld für unseren verringerten Stromverbrauch, sondern verdienen uns noch etwas dazu: Mit der Solaranlage auf dem Dach produzieren wir Strom, nutzen ihn mittels Wärmepumpe direkt zum Heizen oder speichern ihn in einer großen Hausbatterie, um mit dieser »Sektorkopplung« gleichzeitig noch das dezentrale Stromnetz zu entlasten. So sind wir nicht allein »Consumer« von Strom, sondern auch Produzenten, also »Prosumer«.[381]

Was könnte im Sektor Landwirtschaft gesetzlich geregelt werden?

Auch die Landwirtschaft erzeugt erhebliche Treibhausgasemissionen etwa durch trockengelegte Moore, intensive Tierhaltung, die Düngung oder Nutzfahrzeuge. Außerdem werden natürliche Kohlenstoffspeicher in Böden und Ökosystemen zerstört, wenn wir Moorflächen entwässern oder Grünland in Ackerland umwandeln. Gleichzeitig sind landwirtschaftliche Betriebe auch in hohem Maße von den Folgen des Klimawandels betroffen: In den letzten 15 Jahren mussten sie durchschnittlich jährliche Ertragsausfälle im Wert von insgesamt rund 470 Millionen Euro verkraften – infolge von Wetterextremen wie Dürre, Hagel und Starkregen.[382]

Mit dem Klimaschutzgesetz 2019 wurden endlich auch für die Landwirtschaft verbindliche Reduktionsziele festgeschrieben, aber es fehlt an Detailregelungen, die es landwirtschaftlichen Betrieben erleichtern, ihre CO_2-Emissionen zu verringern. Gegen solche Gesetze gibt es derzeit gerade von den Bauernverbänden starke Widerstände, und das, obwohl immer mehr Betriebe beweisen, dass es möglich ist, Klimaschutz, Landwirtschaft und Umweltschutz nachhaltig miteinander zu verbinden.[383]

Deshalb fordert beispielsweise der NABU auch ein Klimaschutzprogramm für die Land- und Forstwirtschaft in Deutschland.[384] Um wertvolle Kohlenstoffspeicher zu schützen, könnte man die folgenschwere Umwandlung von Grünland, Feuchtgebieten und Mooren zu Ackerland genehmigungspflichtig machen oder sogar generell verbieten. Gesetzliche Beschränkungen könnten den Einsatz von Mineraldünger und die damit verbundenen Emissionen auch im konventionellen Landbau reduzieren. Vorschriften zur Fruchtfolge und Humusförderung könnten sichern, dass Kohlenstoff im Boden bliebe. Gesetze zur Massenhaltung von Schweinen und Rindern würden nicht nur dem Tierwohl dienen, sondern auch die damit verbundenen Methan- und Lachgasemissionen verringern.

Das im Auftrag der Bundesregierung gebildete Kompetenznetzwerk Nutztierhaltung[385] empfahl die Einführung einer CO_2-Steuer bei Fleisch und tierischen Produkten. Diskutiert wurden zwei Cent pro Kilo Milch, Milchprodukte und Eier, 15 Cent pro Kilo Käse, Butter oder Milchpulver und 40 Cent pro Kilogramm Fleisch.[386]

GELD
PREISE
KOSTEN

Wäre es nicht am billigsten, CO₂ einfach zu verbieten?

Vielleicht, aber es würde eben auch bedeuten, dass keine Busse und Autos mehr fahren, auch keine Straßenbahn mehr. Die Geschäfte würden nicht öffnen, vermutlich würde noch nicht mal mehr der Wecker klingeln. Denn es gäbe nicht mehr ausreichend Strom, da derzeit noch knapp 50 Prozent unseres Stroms mit fossiler Energie erzeugt werden.[387] Ein radikales Verbot von einem Tag auf den anderen wäre gar nicht möglich. Unsere komplette Wirtschaft basiert seit Jahrzehnten auf fossiler Energie. Wir würden mit null Emissionen mehr oder weniger die komplette Wirtschaft lahmlegen. Das will natürlich niemand.

Aber die Vereinbarung von Paris ist im Kern ein angekündigtes Verbot ab 2050 oder zumindest das Versprechen, erlaubte Grenzwerte bis dahin nach und nach auf null sinken zu lassen. Deswegen sucht die Politik für die Zwischenzeit nach fairen und wirkungsvollen Übergangslösungen, die der Wirtschaft helfen, sich allmählich umzustellen.

Große Einigkeit besteht darüber, dass eine CO₂-Bepreisung das richtige Instrument ist. Doch über die Art der Bepreisung wird viel gestritten, allerdings schon sehr lange. In der Zwischenzeit hat man an unterschiedlichen Orten unterschiedliche Entscheidungen gefällt, sodass es auch schon Erfahrungen gibt, aus denen wir lernen können.

Doch um das zu erklären, müssen wir über Geld, Investitionen und Subventionen reden. Wir brauchen dringend eine Kostenwahrheit.

Wozu brauchen wir Kostentransparenz?

In puncto Dringlichkeit sind wir beim Thema Klimaschutz der Wahrheit endlich auf der Spur: Es bleiben nur noch zehn bis zwölf Jahre, dann ist der Klimawandel nicht mehr umkehrbar. Das wissen nicht nur wir Wissenschaftler, das kann und muss heute jeder wissen. Die Zeit ist um. Und ein zweiter Punkt spricht sich auch langsam herum: Hätten wir früher angefangen, wäre die notwendige Kehrtwende nicht so dramatisch. Das gilt vor allem für die Kosten. Je länger wir warten, desto teurer wird es am Ende.

Doch die Politik will seit Jahren »nichts überstürzen« – aus Sorge, »dem Wähler« zu viel zuzumuten. Diese Angst vor dem Volk ist das eigentlich Beängstigende. Denn so langsam dämmert es wohl allen, auf welche Klippe wir zusteuern. Der »Jahrhundertsommer 2003« wurde noch gefeiert, nun, da ein Jahrhundertsommer in Australien die Buschfeuer außer Kontrolle geraten lässt und Millionen Tiere und Pflanzen den Flammen zum Opfer fallen, kommt ein beklemmendes Gefühl auf.

Es ist eine Frage der politischen Verantwortung, den Menschen endlich reinen Wein einzuschenken, so bitter die Wahrheit auch sein mag. Und die bittere Wahrheit ist: Fossile Energie kostet uns schon seit Jahrzehnten wahnsinnig viel Geld. Nach Angaben der Internationalen Energieagentur sind es rund 400 Milliarden, nach Angaben des IWF sogar über 1000 Milliarden Euro – jedes Jahr![388]

Die Politik müsste vor die Öffentlichkeit treten und sagen: »Wir haben die Folgekosten von Öl, Gas, Kohle und Atom seit Jahrzehnten verschleiert, fossile Energien genauso wie Atomenergie mit Milliarden subventioniert – und wir tun es immer noch.«

Wir subventionieren CO_2 heute noch? Ernsthaft?

Es klingt absurd, ist aber wahr. Dabei ließe sich, allein indem wir die Subventionen abschaffen, viel bewirken: Ein Harvard-Forschungsteam wies 2019 nach,[389] dass selbst im schlechtesten angenommenen Fall (nämlich wenn durch die Subventionen nur 0,5 bis zwei Gigatonnen CO_2 reduziert würden) ungefähr ein Viertel der im Pariser Abkommen vereinbarten Emissionsreduzierungen im Energiesektor erreicht würden. Das allein wäre schon bemerkenswert; obendrein reden wir ja neuerdings von den positiven sozialen Kipppunkten.[390] Und da könnte die Abschaffung von Subventionen ein wesentlicher Punkt sein.

Doch die Wahrheit ist, dass seit Jahren auch in Deutschland gewaltige umweltschädliche Subventionen einfach weiterlaufen: 57 Milliarden Euro hat das Umweltbundesamt für 2012 ausgerechnet – und dabei nur die wichtigsten Subventionen des Bundes berücksichtigt. Wenn wir Förderprogramme aus Landes- und kommunaler Ebene dazurechnen würden, wäre die Summe noch deutlich höher. Dabei lag der Verkehrssektor mit mindestens 28,6 Milliarden Euro an der Spitze. Allein die Steuerbefreiungen für den Luftverkehr machten mindestens elf Milliarden Euro aus. An zweiter Stelle stand der Energiesektor, der umweltschädliche Subventionen in Höhe von mindestens 20,3 Milliarden Euro erhielt. Die umweltschädlichen Subventionen für Bau- und Landwirtschaft betrugen mindestens neun Milliarden Euro.[391]

Da diskutieren wir seit Jahrzehnten weltweit Nachhaltigkeit, schreiben uns 17 Nachhaltigkeitsziele in die Bundesstrategie – und dann das: Warum fördern wir immer noch neue Ölheizungen? Wieso zahlt man bei internationalen Flügen für Kerosin keine Energiesteuer und keine Mehrwertsteuer? Wieso gibt es ein Dienstwagenprivileg? Wieso gibt es eine Steuervergütung für Agrardiesel? Wieso gilt beim Güterumschlag in Seehäfen eine reduzierte Energiesteuer? Wieso bekommen stromintensive Unternehmen Zuschüsse zum Ausgleich emissionshandelsbedingter Strompreiserhöhungen?

Viele der Subventionen sind einfach nur Relikte lang vergangener Zeiten. Sie sind Besitzstände einiger weniger, die sich empören, wenn sie ihr widersinniges Privileg aufgeben sollen.

Diesel wird sogar begünstigt, obwohl die deutsche Autoindustrie – trotz ohnehin schon extra für sie niedrig angesetzter Schadstoffgrenzwerte – die Öffentlichkeit jahrelang mit Manipulationssoftware betrogen hat. Bedauerlicherweise lassen Werbung und absurde PR-Storys Menschen immer noch glauben, dass sie mit ihrem Dieselmotor die Luftverschmutzung in der Stadt reinigen (!) könnten.

Statt überhaupt nur irgendeine umweltschädliche Subvention abzubauen, werden sie sogar noch gesteigert: Zum Beispiel ist die Pendlerpauschale, die gerade ohne Not erhöht wurde, kontraproduktiv und bevorzugt einkommensstarke Gruppen, die lange Strecken fahren und auch noch mit einem fossilen und hoch motorisierten Fahrzeug unterwegs sind.[392] Wo bleibt da der Aufschrei der Bevölkerung?

Den Aufschrei gab es, als es hieß, dass eine Billion, also 1000 Milliarden Euro im Rahmen des EU Green Deals ausgegeben werden sollen. Eine unfassbare Summe? Nein. Denn diese Summe gibt Europa nahezu in zwei Jahren allein für fossile Subventionen und Energieimporte aus.[393] Wir investieren also mehr in die Klimaschädigung als in den Klimaschutz. Das ist widersinnig und muss sich dringend ändern.

Wir dürfen uns nicht wundern, dass das Kopfschmerzmittel so teuer ist, solange wir ständig teuren Schnaps kaufen. Statt das Geld in die fossile Industrie fließen zu lassen, sollten wir es in den Ausbau der erneuerbaren Energien, in die energetische Gebäudesanierung samt dezentralen Prosumern, in die Stärkung des Schienenverkehrs und die Elektromobilität sowie klimaschonende Schiffs- und Flugtreibstoffe stecken. Jeder Euro weniger für fossile Energien spart dreifach Geld, denn so verringern wir nicht nur die direkten Ausgaben, sondern auch die Folgekosten des Klimawandels, und schaffen zudem eine wachsende nachhaltige Wirtschaft und neue grüne Jobs.

Aber das ist noch nicht einmal die gesamte Kostenwahrheit.

Was heißt »gesamte Kostenwahrheit«?

Es geht um mehr als um umweltschädliche Subventionen. Zu den Kosten gehören ja auch die umweltschädlichen Auswirkungen von Kohle, Gas und Öl. Im Bild gesagt: Wir schenken den Leuten einen Vorschlaghammer, die damit unser Haus zertrümmern – und dann wundern wir uns, dass die Reparaturkosten steigen.

Die Zerstörung von Landschaften, der Abriss und die Umsiedelung ganzer Dörfer – das Problem des Kohleabbaus sind nicht nur die Emissionen der späteren Verbrennung. Bis die im Tagebau zerstörten Landschaften wiederhergestellt sind, dauert es 30 bis 50 Jahre. Der – relativ unsichtbare – Untertagebau hinterlässt bis in 1000 Meter Tiefe gewaltige Hohlräume, die verfüllt werden müssen. Sonst leben die Menschen oben wie auf einem Schweizer Käse, der sich gefährlich senken kann. Risse an Häusern in einem Umkreis von vielen Kilometern sind Symptome der unterirdischen Bergbewegungen.[394] Mit dem langsam wieder ansteigenden Grubenwasser werden nicht nur hochkonzentrierte Salze, sondern auch gefährliche Chemikalien, Abfälle des Maschinenbetriebs hochgespült. Damit das Grundwasser, aus dem unser Trinkwasser gewonnen wird, nicht verseucht wird, wird das Grubenwasser aus der Tiefe in Flüsse abgepumpt und gelangt so irgendwann ins Meer.

Die Wikipedia-Liste der Bergbauunglücke ist lang,[395] und so mancher Unfall passiert Jahrzehnte nach der Stilllegung: Erst im November 2019 kam es in der – schon 1982 stillgelegten, also 37 Jahre ungenutzten – Kaligrube Teutschenthal in Sachsen-Anhalt zu einer Explosion in 700 Meter Tiefe, zum Glück ohne Verletzte.[396]

Für die sogenannten »Ewigkeitskosten« wurden zwar über eine Stiftungskonstruktion regional milliardenschwere Vereinbarungen mit den Betreibern geschlossen. So wird die Staatskasse zumindest so lange nicht belastet, wie die Konzerne genügend Gewinne abwerfen. Aber ob das zurückgelegte Geld der Konzerne tatsächlich »ewig« reicht, wird sich erst beweisen müssen. Es gibt jedenfalls begründete Zweifel.[397] Schon jetzt wird gestritten, was genau zu den »vertraglichen Verpflichtungen« gehört.[398] Die Klimaschäden im Rest der Welt jedenfalls sind garantiert nicht einkalkuliert.

Solche zumindest lobenswerten Ansätze von Schadensregulierungen wie in Deutschland gibt es sonst nirgends in der Welt.[399] Deutschland importiert Steinkohle vor allem aus Russland, aber auch aus den USA, aus Kolumbien, Australien, Polen, Südafrika und Kanada.[400] Noch lange nicht überall gibt es überhaupt Umweltschutzauflagen, weder für den laufenden Betrieb noch für den Nachbergbau. Die Kosten zahlen spätestens die kommenden Generationen. Das gilt übrigens auch für andere Rohstoffe wie Kalium oder Gold, die für moderne Technologien gebraucht werden. Sie sind zwar nicht unbedingt klima-, dafür aber hochgradig umweltschädlich. Auch ihre Kosten gilt es in ihrer Gesamtheit transparent zu machen, damit wir fair abwägen, wer den Preis dafür bezahlt und ob das Zielprodukt das überhaupt wert ist – oder ob das Recycling solch wertvoller Rohstoffe nicht nur vorgeschrieben wird, sondern sich auch wirtschaftlich lohnen würde.

Zu den Nebenkosten der fossilen Welt gehören auch die Gesundheitskosten. Gesundheitliche Folgen des Klimawandels sind unter anderem Mangelernährung, Infektionen, Allergien, Atemwegserkrankungen durch schlechte Luftqualität, Hitzestress und Flüssigkeitsmangel.[401] Betroffen sind Milliarden von Menschen in aller Welt. Das sind Kosten, die sich kaum beziffern lassen, die aber, wenn nicht von staatlichen Gesundheitssystemen, dann von den Menschen selbst getragen werden müssen.

Auch zum – angeblich so billigen – Atomstrom gehören erhebliche Nachnutzungskosten, hauptsächlich die Kosten für die Lagerung des radioaktiven Mülls – und zwar für Tausende von Jahren. Zu den 204 Milliarden, die in der Vergangenheit in Atomenergie geflossen sind, kommen nach dem Atomausstieg noch einmal rund 100 Milliarden dazu.[402] Aber wenn es Preiserhöhungen gibt, ist die Energiewende schuld. Dabei werden die konventionellen Energien permanent heimlich bezuschusst,[403] während die erneuerbaren auch noch überzogene Netzgebühren an die – ehemals konzerneigenen – Netzbetreiber zahlen müssen.

Gegen solche Kostenverschleierungen hilft nur radikale Kostenwahrheit: Umwelt- und Klimaschäden kosten Geld. Diese Kosten werden derzeit durch allgemeine Steuern heimlich umverteilt. Wir müssen sie so transparent wie möglich machen. Sind sie erst mal in die jeweiligen Produkte und Dienstleistungen eingepreist, wird klimaschädlicher Konsum endlich sichtbar teuer – so wie er es in Wahrheit schon immer ist.

Wäre alles gut, wenn wir ab sofort die wahren Kosten bezahlen?

Leider nein, denn die Kostenwahrheit ist noch bitterer. Wir betreiben ohne Rücksicht auf Konsequenzen, und vor allem ohne dafür zu bezahlen, Raubbau an der Natur. Die Kosten verlagern wir in zweifacher Weise, nämlich räumlich und zeitlich. Räumlich insofern, als wir den von uns produzierten Müll nicht im eigenen Garten, sondern an möglichst fernen Orten deponieren – aus den Augen, aus dem Sinn. Die heimischen Gewässer und Landschaften schützen wir; die fernen vergessen und belasten wir. Andernorts stehen die hässlichen Kraftwerke, hier erfreuen wir uns an blühenden Kulturlandschaften. Auf diese Weise entsteht eine massiv ungerechte Umverteilung der Kosten im Raum.

Dazu kommt aber die Umverteilung der Kosten in der Zeit. Die Erde erwärmt sich ja nicht unmittelbar, wenn wir ins Flugzeug steigen, sondern zeitverzögert. Da wir schon seit über 150 Jahren, aber besonders intensiv in den letzten 40 Jahren Treibhausgase emittiert haben, hat sich ein Schuldenberg angehäuft. Wir lassen schon seit Generationen Kosten auflaufen, die noch Generationen nach uns abzahlen müssen.

Schon heute bezahlen wir – etwa durch Maßnahmen zur Bewältigung der Klimafolgen (Deichbau, Schäden nach Extremwetterereignissen usw.) – den Preis der Vergangenheit. Aber währenddessen sammeln wir weitere Schulden an. Es war nicht allein die Generation der Babyboomer, die auf Kosten anderer gelebt hat, wie manche erbost behaupten; es sind auch die heutigen Generationen X, Y und Z, die, ob sie wollen oder nicht, weiter CO_2-Schulden machen, einfach weil sie Teil der westlichen Industriewelt sind. Auch das gehört in die radikale Kostenwahrheit.

Natürlich können sich manche Ökoaktivisten der letzten Jahrzehnte hinstellen und stolz vortragen, sie hätten alles gegeben, um das zu verhindern. Aber leider hat das nicht gereicht – und so sitzen wir alle im selben Boot. Selbst wenn wir sofort aufhören, CO_2 zu emittieren, die Generationen N₁, N₂ bis Nₓ werden noch die Suppe auslöffeln müssen, welche schon unser aller Großväter und Großmütter eingebrockt haben und die Generationen X, Y und Z leider noch eine Zeit lang einbrocken werden.

Wenn wir also einen ehrlich solidarischen Klimavertrag nicht nur mit den Menschen anderer Länder, sondern auch mit den künftigen Generationen aufsetzen wollen, dann müssen wir auch offen darüber reden, wer auch die geerbten Altschulden bezahlt. Sie einfach den nächsten Generationen aufzubürden, ist ganz sicher nicht fair. Wir werden – vergleichbar zu den Kosten der Wiedervereinigung – eine Art Solidarbeitrag zahlen müssen. Und je früher und konsequenter wir damit beginnen, desto eher werden wir es verschmerzen können.

Lässt sich das mit einer CO_2-Bepreisung lösen?

Eine CO_2-Bepreisung ist Teil der Lösung, das ist unstrittig. Denn was nichts kostet, ist nichts wert, sagt der Volksmund. Besonders fatal ist es bei Gemeingütern, um die man keinen Zaun ziehen kann. In der Wirtschaftswissenschaft spricht man von der »Tragödie der Allmende«[404] – »Tragedy of the Commons«.[405] Meere werden überfischt, Abwasser wird in Flüsse und Bäche geleitet und Wald ungebremst in Weideland verwandelt. Und nach demselben Prinzip werden eben auch Gase in die Luft geblasen, ohne Rücksicht auf die Folgen. Wenn dies alles aber Geld kostet, bekommt die Sache plötzlich Aufmerksamkeit. Die routinemäßige Antwort heißt deshalb Beschränkung oder Bepreisung des Gemeingutes, beispielsweise über Fangquoten oder Müllgebühr. So werden »externe Effekte internalisiert«.[406] Ich muss also für das, was früher irgendwie alle bezahlt haben, plötzlich persönlich die Kosten tragen.

Unstrittig ist: Eine ausreichend hohe Bepreisung klimaschädlicher Emissionen schafft Anreize für eine Vermeidung, Effizienzverbesserungen und die Umstellung auf erneuerbare Energieträger.[407] Wenn man also ein Preisschild an die klimaschädlichen Emissionen hängt, dann werden die Menschen schon von selbst darauf achten, sparsamer damit umzugehen.

Doch was in der Theorie so logisch klingt, erweist sich in der Praxis oft als »lame duck«.[408] Die Tabaksteuern beispielsweise wurden über die Jahrzehnte mehrfach erhöht; auf das Rauchverhalten der Menschen hatte es nur begrenzt Effekt. Die Raucher zeigten eine (vermutlich suchtbedingte) Bereitschaft, auch hohe Preise für Tabakwaren zu bezahlen. Solch niedrige »Preiselastizität« ist in bestimmten Bereichen auch beim CO_2 zu erwarten. Schon heute schwanken die Preise an der Tankstelle erheblich, sodass eine geringe CO_2-Bepreisung im Alltag vermutlich gänzlich unterginge. Ein spürbar hoher Preis kann aber nur dann eine Lenkungswirkung entfalten, wenn es ausreichend attraktive Alternativen gibt. Es bedarf neben einer gezielten Erhöhung der CO_2-Kosten auf der einen Seite auf der anderen Seite der Subventionierung alternativer Technologien, ganz gleich ob direkt durch finanzielle Unterstützung oder indirekt durch Steuererleichterungen.[409]

Mit Steuern allein kann man also nicht steuern, aber durch den richtigen Preis in Kombination mit attraktiven Fördermaßnahmen durchaus. Doch wie findet man den richtigen Preis? Da beginnt der Streit. Es gibt die Mengenlösung, die in CO_2-Emissionshandel mündet, und es gibt die Preislösung, die in CO_2-Steuer mündet.

Wie funktioniert die »Mengenlösung Emissionshandel«?

Die »Mengen«-Fans sagen: Wir beschränken die Menge! Man ermittelt, welche Menge an CO_2-Emissionen noch unschädlich ist, und gibt entsprechend limitierte Zertifikate aus. Wer CO_2 emittieren will, muss ein Zertifikat erwerben. Ist die Nachfrage hoch, steigt der Preis – und schon bemühen sich alle darum, nach günstigeren Alternativen zu suchen.

So weit, so einfach. Theoretisch eine gute Idee, die jeder Ökonom gut findet. Nicht umsonst geistert der »Emissionshandel« als die ultimative Lösungsidee durch die Klimadebatte. In der Praxis haben sich allerdings ziemlich große Schwierigkeiten gezeigt, weswegen er gerade für kurzfristige Lösungen ungeeignet ist. Daher favorisiere ich derzeit eindeutig die Steuervariante.

Gibt es denn schon einen CO_2-Emissionshandel?

Es gibt ein Europäisches Emissionshandelssystem, EU ETS genannt.[410] Als man 2005 den Emissionsrechtehandel in Europa einführte, musste man erst mal lernen, wie man diesen neuen Markt überhaupt in Gang bringt. Zudem hat es ziemlich lange gedauert, dieses System aus der Theorie halbwegs in die Praxis zu übersetzen und den Handel zu organisieren.

Der Vorteil der festen Obergrenze, unter der sich dann ein fairer Markthandelspreis bilden kann, führte in der Praxis erst mal zu langwierigen Diskussionen, was denn in der Anfangszeit die Obergrenze sein soll. Zwar war klar, was man für eine Zielmenge bis 2030 oder 2050 anstrebt, unklar war aber: Mit welcher Menge fängt man an? Und vor allem: Wie, wann und in welchem Maße reduziert man das Angebot an Zertifikaten mit der Zeit? Jedes Jahr ein bisschen oder anfangs mehr und später immer weniger oder umgekehrt? Oder nimmt man immer dann, wenn irgendwo ein Kraftwerk abgeschaltet wird, die entsprechende Menge Zertifikate aus dem Topf, sodass sich die CO_2-Emissionen mit der Zeit von selbst reduzieren?

Das zweite große Problem ist, dass wir zwar wissen, wie viele Emissionen die Welt als Ganzes maximal ausstoßen darf, aber wenn nicht die ganze Welt mitmacht, sondern nur Europa, dann muss man dafür Spielregeln entwickeln, die sich nicht umgehen lassen. Schließlich ist es in einer globalisierten Welt ein Leichtes, das, was hierzulande teuer ist, andernorts zu kaufen, wo es unreguliert und billig zu haben ist.

Die allerersten Zertifikate wurden verschenkt. Sie berechtigten zum Ausstoß einer Tonne Treibhausgase und waren zeitlich befristet. Ab dann konnten sie gehandelt werden. Die Teilnehmer, also die in Europa betroffenen Anlagenbetreiber, müssen zu einem bestimmten Zeitpunkt für jede emittierte Tonne CO_2 ein Zertifikat vorweisen. Anfangs waren es zu viele Zertifikate, und der Preis war zu niedrig, sodass es gar keinen Handel brauchte. Bis sich das System entwickelte, vergingen über zehn Jahre. Und das eigentliche Ziel, nämlich eine Reduzierung der Emissionen, wurde zunächst gar nicht erreicht. Ohne den Ausbau der erneuerbaren Energien wären die Emissionen geradezu explodiert. Und schlimmer noch: Zahlreiche Unternehmen, die gar keine realen Emissionskosten hatten, preisten die (fiktiven!) Kosten in ihre Endkundenpreise ein. Das steigerte für die Verbraucher den Preis und für die Unternehmen die Gewinne.

Also wurden die Spielregeln geändert, man reduzierte die Zertifikate und guckte, was nun passierte. Es hat lange gedauert, bis das Spiel im Sinne der Theorie überhaupt in Gang kam, und immer noch ist es weit entfernt von den Zielen, die man sich theoretisch so wunderbar erdacht hatte.

Ein ziemlich gravierendes Problem bei der ganzen Sache ist, dass der Emissionshandel nicht nur auf Europa, sondern auch nur auf den Energie- und Industriesektor begrenzt ist. Die Sektoren Verkehr, Gebäude und Landwirtschaft, die zu den CO_2-Hauptemittenten gehören, waren bislang gar nicht beteiligt. Sie pusten also nach wie vor unbeschwert ihre privatwirtschaftlichen Emissionen in die Allmendeluft. Mittlerweile sind 15 Jahre vergangen, und in diesen sogenannten Nicht-ETS-Sektoren hat sich nichts bewegt, jedenfalls nicht wirklich nach unten.

Könnte man den Emissionshandel nicht einfach ausweiten?

Theoretisch ließe sich der Emissionshandel natürlich auf alle CO_2-Emittenten ausweiten. Und obwohl er für den Energie- und Industriesektor nur begrenzt gut funktioniert,[411] wollen die Verfechter der Mengenlehre diesen Handel auch unbedingt auf die Nicht-ETS-Sektoren ausweiten. Na ja, könnte man sagen, jetzt wissen wir ja halbwegs, wie es geht.

Aber die Sache hat einen Haken: Für den Energie- und Industriesektor war es bislang relativ leicht möglich, die CO_2-Emissionen zu deckeln, dass sie die Zertifikatspreise niedrig halten konnten. Das wird sich jetzt ändern. Denn will man in den beiden großen Nicht-ETS-Sektoren Verkehr und Gebäude Emissionen vermeiden, muss man richtig viel Geld ausgeben – also in neue Verkehrstechnologien und neue Gebäudetechnik investieren. Viele Unternehmen werden solche Investitionen vermeiden, solange sie Zertifikate kaufen können, die billiger sind.[412] Was passiert? Der Preis der (nunmehr für alle Sektoren gehandelten) Zertifikate steigt, was dazu führt, dass der Energiesektor nicht mehr bereit ist, ihn zu bezahlen, weil er ja billiger umrüsten kann. Super, dann dekarbonisieren wir diesen Sektor halt schneller. Ist doch prima!

Stimmt. Aber im Gebäude– und Verkehrssektor würde sich nichts verändern. Wir heizen immer noch mit Öl und verbrennen Benzin, um von A nach B zu kommen.[413] Ist doch egal? Ist es nicht! Denn wir haben uns in Paris verpflichtet, in allen Sektoren die Emissionen zu reduzieren: Im Nicht-ETS-Bereich muss Deutschland die Emissionen bis 2020 um 14 Prozent und bis 2030 um 38 Prozent gegenüber dem Niveau von 2005 senken. Beides werden wir mit dem vergrößerten Emissionshandel nicht schaffen. Wir müssen also Strafen zahlen, um die Ziele trotzdem zu erreichen.[414] Das wiederum liegt daran, dass die EU sich darauf geeinigt hat, Ziele für die Nicht-ETS-Sektoren verbindlich zu vereinbaren, auch wenn sie nicht Teil des Emissionshandelssystems sind. Im Rahmen des sogenannten Effort Sharing haben sich die EU-Staaten dazu verpflichtet.[415]

Ab sofort müssen wir bei Nichterfüllung durch den Erwerb von Emissionsberechtigungen eine Art Strafe zahlen, wenn wir die jährlichen Emissionsziele nicht erreichen. Jedes Jahr wird es teurer. Das Finanzministerium beginnt bereits jetzt, Milliardenrücklagen zu bilden, um bis 2030 die jährlichen Strafzahlungen leisten zu können.[416] Der Strafpreis hängt vom Preis der Zertifikate ab, wir wissen also nicht genau, was auf uns zukommt. Berechnungen gehen für den Zeitraum von 2021 bis 2030 von einem Kostenrisiko von 30 bis 60 Milliarden Euro aus.[417] Dieses Geld zahlt der Steuerzahler, und es fehlt für notwendige Klimainvestitionen wie Ladestationen, Speichertechnologien oder Smart-Grid-Entwicklungen.

Eine Erweiterung des Emissionsrechtehandels ist aufwändig und setzt zähe Verhandlungen und Abstimmungen aller EU-Länder voraus. Eher unwahrscheinlich. Dazu ist mit juristischen Streitereien zu rechnen, weil man den Europäischen Emissionshandel nicht einfach auf den deutschen Verkehrssektor anwenden kann.[418, 419] Um den nationalen Handel ins europäische System zu integrieren, muss außerdem die Europäische Emissionshandelsrichtlinie geändert werden – durch eine Vorlage der Kommission, auf die langwierige Verhandlungen folgen würden. Das wird Jahre dauern.

Auch ist fraglich, für wen der Handel überhaupt gilt: Eigentlich dürfen gemäß der Emissionshandelsrichtlinie nur die Verursacher am Handel teilnehmen. Doch wer ist das? Sind es die Produzenten, die fossile Energien in den Handel bringen (»upstream«)? Das wären in diesem Fall die Mineralölunternehmen. Davon gibt es nicht viele; ihre Marktmacht ist vorprogrammiert. In Deutschland werden 65 Prozent des Kraftstoffs bei Aral, Esso, Jet, Shell und Total getankt.[420] Oder sind es die Konsumenten, die mit der Verbrennung der fossilen Rohstoffe die meisten schädlichen Emissionen bewirken (»downstream«)? Das wären Millionen von Heizölkunden und Autofahrern. Sollen sie Emissionsrechte an der Börse erwerben? Wie soll das organisiert werden? 14 Verordnungen muss die Bundesregierung nun aufsetzen. Es ist auf jeden Fall kompliziert; Anwaltskanzleien in ganz Europa freuen sich schon auf neue Mandate.

Der nächste Nachteil zeigt sich schon in den allerersten Umsetzungsplänen. Die Deutsche Emissionshandelsstelle (DEHSt) legte Anfang Februar 2020 die ersten konkreten Vorschläge vor:[421] Für voraussichtlich 4000 Unternehmen soll ein neues Emissionshandelsregister eingeführt werden, in dem jedes einzelne ein Konto bekommt, auf dem die Zertifikate verbucht werden und von dem ein Transfer auf andere Konten erfolgen kann. Das Ganze wird also ein enormer zusätzlicher Verwaltungsaufwand. Bei einer Steuer wäre das nicht nötig, da alle betroffenen Unternehmen ohnehin energiesteuerpflichtig sind und einfach statt des bisherigen einen höheren Betrag abführen würden.

Und noch etwas ist bei dem bisherigen Emissionsrechtehandel zu beobachten: Seit der Einführung im Jahr 2005 blieben die Zertifikatspreise relativ niedrig. Das schuf keinen Anreiz für echte Innovationen. Es reichte, am Alten herumzuschrauben, um effizienter zu werden, aber für den richtig großen neuen Wurf fehlt der Druck. Und wenn wir im Verkehr und im Gebäudesektor etwas brauchen, dann sind es echte und wirklich radikal neue Innovationen.[422] Mit einem schicken Tuning der SUVs und ein bisschen Runterdrehen der Ölheizung ist es nicht getan.

Sehr sicher würden durch die preisintensiven Sektoren Verkehr und Gebäude im Energie- und Industriebereich die Zertifikatspreise deutlich steigen – es braucht nicht viel Fantasie, sich auszumalen, wer da demnächst bei der Regierung vorstellig wird, um das zu verhindern. Und schon bald wird wieder das alte Lied erklingen, dass unter solch industriefeindlichen Bedingungen Unternehmen Deutschland leider Adieu sagen müssen.

Wie funktioniert die »Preislösung CO_2-Steuer«?

Die »Preis«-Fans sagen: Wir geben CO_2 einfach einen Preis und schauen, ob sich dadurch die Emissionen im entsprechenden Tempo reduzieren. Ist der Preis hoch genug, sinkt die Nachfrage, weil sich alle drum bemühen, nach günstigeren Alternativen zu suchen. Tut sich nichts, wird der Preis erhöht, bis Bewegung in die Sache kommt.

GELD PREISE KOSTEN

So weit, genauso einfach. Die Steueridee erfreut sich allerdings keiner großen Beliebtheit. Steuern zahlen die wenigsten gern. Und während Emissionshandel »unsichtbar« ist, steht die Steuer auf jedem Tankbeleg oder am Monatsende auf dem Lohnzettel. Wenn dann noch von eloquenten Persönlichkeiten in den Talkshows verkündet wird, wer für eine CO_2-Steuer votiere, sei marktfeindlich und wolle eine »sozialistische Ökodiktatur«, dann traut sich kaum noch jemand, dafür zu votieren. Für die Politik ist Steuererhöhung sowieso Teufelszeug, wovon sie lieber ihre Finger lässt. Dabei hätte die Steuer gegenüber dem Emissionshandel viele Vorteile.[423]

Das Steuersystem ist etabliert; man könnte eine Steuer praktisch ohne Mehraufwand jederzeit einführen und verändern. Prinzipiell gibt es schon Steuern auf Umweltverschmutzung und Ressourcenverbrauch in Deutschland, also Energiesteuern, Strom-, Kraftfahrzeug-, Kernbrennstoff- und Luftverkehrssteuer. Doch diese Steuern sind seit 2003 von anteilig 6,5 Prozent auf zuletzt 4,3 Prozent gesunken[424] und liegen unterhalb des europäischen Durchschnitts. Aktuell ist der Anteil der umweltbezogenen Steuern an den gesamten Steuereinnahmen so niedrig wie seit 1995 nicht mehr. Nicht nur deswegen ist eine echte Energiesteuerreform schon länger dringend geboten und in dem Zuge die Einführung einer CO_2-Steuer leicht möglich und leicht für sie zu argumentieren.

Für eine CO_2-Steuer gäbe es keinerlei rechtliche Bedenken. Denn ob Deutschland diese oder jene Steuer einführt oder abschafft, ist eine nationale Angelegenheit. Wir könnten also sofort loslegen. Und jederzeit wieder aufhören, wenn die Ziele erreicht sind.

Außerdem ist eine Steuer transparent. Für manche Politiker ist das der Nachteil der Steuer, weil sie ihrer Wählerschaft offiziell keine höhere Belastung zumuten wollen. Die wäre auch durchaus zu umgehen, wie man in Ländern mit erfolgreicher CO_2-Steuer wie in Schweden oder in der Schweiz beobachten kann: Man senkt entweder andere Steuern (Schweden) oder gibt den Verbrauchern das Geld an anderer Stelle zurück (Schweiz). Aber das ist manchen vermutlich *zu* transparent.

Schließlich ist es sehr viel einfacher, steigende Preise beim Emissionshandel zu verschweigen. Denn ihre höheren Kosten werden Unternehmen ganz sicher an die Verbraucher weitergeben. Allerdings tun sie das unsichtbar. Sie rühren die Zertifikatskosten in der Mischkalkulation in verschiedene Produkte ein, sodass am Ende anstelle des Benzins vielleicht Kartoffeln teurer werden – einfach weil die Unternehmen hoffen, dass dort eine Preiserhöhung weniger auffällt.

Die CO_2-Steuer dagegen ließe sich – wie jetzt schon die Mehrwertsteuer – auf jedem Kassenbon einzeln ausweisen. Damit entstünde Klarheit, und die Menschen würden quasi nebenbei lernen, wie viel CO_2-Emissionen ihr Konsum auslöst, wodurch sich die erhoffte »Lenkungswirkung« vergrößern könnte. Denn schließlich ist das Ziel, die Emissionen zu reduzieren.

Ein weiteres großes Plus der Steuer liegt darin, dass sie planbar ist. Anders als beim Emissionshandel, bei dem es Preisschwankungen wie beim Aktienhandel gibt, lässt sich bei einer Steuer relativ langfristig vorhersagen, wie hoch sie mindestens ausfallen wird; selbst wenn man sich offenhält, sie schon im folgenden Jahr stärker zu erhöhen, um die Klimaziele zu erreichen. Die Wirtschaft kann sich also heute schon auf Kosten einstellen, die in den nächsten Jahren auf sie zukommen. Das erhöht die Planungssicherheit und motiviert zu Investitionen in effizientere Technologien, die sich erst über die Jahre rechnen.

Und schließlich ist ein starkes Argument für die Steuer, dass die Einnahmen beim Staat bleiben. Beim Emissionshandel gibt der Staat zwar die Zertifikate aus und hat damit anfangs einmalig geringe Einnahmen. Von der späteren Preissteigerung profitieren aber allein die Unternehmen, die damit wie mit Aktien handeln. Steuereinnahmen dagegen sind keine Spekulationsmasse, sondern Gemeinschaftsgut, das sinnvoll investiert oder umverteilt werden kann. In der Schweiz wird dieses Modell übrigens bereits praktiziert. Seit 2008 gibt es dort eine CO_2-Steuer auf fossile Brennstoffe wie Heizöl, Erdgas und Kohle. Derzeit liegt sie bei umgerechnet rund 85 Euro je Tonne CO_2. Die Steuer wird automatisch erhöht, wenn bestimmte Einsparziele nicht erreicht werden – bis zum gesetzlich festgelegten Höchstsatz von 120 Franken je Tonne CO_2. Rund zwei Drittel des Aufkommens werden über die Krankenversicherung wieder ausgeschüttet, 2018 waren das rund 80 Euro pro Kopf.[425]

Was steht im deutschen Klimapaket: Emissionshandel oder Steuer?

Im Klimapaket steht eine vermeintliche Kompromisslösung, die nicht nur ich für »Murks« halte.[426] Denn im Prinzip hat sich die Bundesregierung für den erweiterten Emissionshandel ausgesprochen, gleichzeitig aber einen Festpreis für eine Tonne CO_2 definiert.

Damit ist ausgerechnet der entscheidende Effekt des Emissionshandels, die Preisbildung im freien Handel, ausgesetzt.

Ohnehin ist der Preis eher ein Preischen: Er sollte zunächst zehn Euro betragen, was so verschwindend wenig ist, dass es überhaupt keine Wirkung haben wird, für niemanden. Zwar ist angekündigt, dass der Preis jährlich überprüft wird, aber hier war unbesehen klar, dass auch die dann mögliche Preisanpassung lächerlich ausfallen würde. Nach Nachbesserungen im Bundesrat wird der Einstiegspreis mit 25 Euro pro Tonne CO_2 zwar nicht mehr derart niedrig sein, immerhin. Um echte Lenkungswirkungen zu entfalten, müsste er allerdings in kürzester Zeit spürbar ansteigen.

Offenbar wurde hier in Wirklichkeit eher eine CO_2-Preisverhinderungspolitik durchgesetzt. Und wer profitiert davon, wenn die Politik ein wirkungsloses Instrumentarium zur Reduktion der Emissionen beschließt? Genau! Die CO_2-Emittenten. Die Lobbyisten der fossilen Industrie haben offenbar wieder ganze Arbeit geleistet.

Jetzt ist zu erwarten, dass in einem jahrelangen Verfahren, juristisch umstritten, ein aufwendiger Zertifikatshandel etabliert werden muss, was Milliarden kostet – sodass die Emissionsreduzierung erst mit verspätetem Effekt startet. Wenig Klimaschutz für viel Geld. Statt einer endlich offenen Preistransparenz gibt es den erneuten Versuch, Klimakosten zu verschleiern, und so wird weiter Geld zum Fenster rausgeworfen.

Als erfreulichen Punkt enthält das Klimapaket den Beschluss, dass der Ausbaudeckel für Solarenergie abgeschafft werden soll, passiert ist es allerdings noch nicht. Schon sind die Verhinderer der Energiewende wieder aktiv, feilschen um jedes gesetzliche Detail und versuchen weiter, den Ausbau von Wind- oder Solarenergie zu verhindern.[427] Egal, wo sie sich durchsetzen, eine erfolgreiche Energiewende wird so blockiert. Ölheizungen, die Klimakiller Nummer eins im Gebäudebereich, sollen zwar verboten werden – doch das Gesetz hat so viele Schlupflöcher, dass die Dreckschleudern auch noch nach 2026 erlaubt und sogar vom Staat finanziell gefördert werden. Wirklich gut ist, dass die energetische Gebäudesanierung finanziell stärker unterstützt wird, genauso wie der Schienenverkehr. Auch Ladeinfrastruktur für Elektroautos und der ÖPNV sollen ausgebaut werden.

Doch das ist leider am Ende ein zu kleines Klein-Klein, das anders als die oben erläuterten politischen Detailveränderungen keine echte Hebelwirkung haben wird.

Was wäre ein angemessener CO_2-Preis mit echter Hebelwirkung?

Derzeit liegt der Zertifikatspreis des EU ETS bei etwa 20 bis 25 Euro pro Tonne CO_2.[428] Um nennenswerte Klimaschutzwirkungen in den Sektoren Verkehr und Gebäude zu entfalten, wäre jedoch ein deutlich höherer Preis notwendig. Studien zeigen, dass selbst mit 60 Euro je Tonne die Emissionen voraussichtlich nur um maximal ein Drittel sinken würden. Selbst damit wären also die Pariser Klimaziele nicht zu erreichen.[429]

Im Rahmen einer Analyse des DIW Berlin hatten wir vorgeschlagen, ab dem Jahr 2020 einen einheitlichen Steuersatz von 35 Euro je Tonne CO_2 einzuführen, der bis 2023 auf 80 Euro und linear weiter auf 180 Euro bis zum Jahr 2030 steigt.[430] Die über zehn Jahre festgelegten Preissteigerungen machen es für Privathaushalte und Unternehmen leicht, ihre Klimainvestitionen zu planen. Der Nachteil ist, dass sich dadurch eventuell die Klimaziele nicht punktgenau erreichen lassen. Sie können unter- oder auch übertroffen werden. Um eine höhere ökologische Treffsicherheit zu bekommen, müsste man die Preise kurzfristig anpassen; das würde allerdings die Planungssicherheit reduzieren.

Diese Planungssicherheit ist aber ein wichtiger Faktor für Privathaushalte und Unternehmen. Auto, Heizung, Klimaanlage sind Entscheidungen, die fällen Menschen höchstens alle zehn bis 20 Jahre. Die teure Anschaffung zahle ich nur, weil ich weiß, dass ich in den nächsten Jahren keine weiteren Kosten habe. Wenn ich weiß, dass sich die Betriebskosten in den nächsten Jahren deutlich erhöhen, dann schaffe ich mir heute etwas anderes an – auch wenn es derzeit teurer ist. Die Leute können ganz gut rechnen, auch über Jahre im Voraus.

Und Unternehmen denken sowieso in relativ langen Zyklen von mittelfristig fünf und langfristig zehn Jahren, je nach Branche auch länger. Statt alle im Ungewissen zu lassen, wie sich die CO_2-Preise entwickeln, und sie dann irgendwann mit hohen Geldforderungen zu konfrontieren, ist es also nur fair, sie frühzeitig über die kommenden Preissteigerungen zu informieren. Dann können notwendige Investitionen entsprechend ausgerichtet werden.

Allein Kostentransparenz führt also schon dazu, dass Gelder weg von fossilen hin zu klimagerechten Anlagen fließen. Doch so ganz allein würde auch die Steuer nicht wirken. Unternehmen mit einer

GELD PREISE KOSTEN

ausreichend großen Marktmacht beispielsweise könnten einfach die Preise für ihre Kunden erhöhen, solange die Steuer nicht zu hoch dafür ist. Im Zusammenspiel mit anderen Maßnahmen jedoch würde die Steuer eine Hebelwirkung entfalten.[431]

Der Internationale Währungsfonds und die Weltbank haben sich jüngst für eine Kombination von »Carbon Pricing« (CO_2-Bepreisung) und »Green Bonds« (grüne Staatsanleihen), also Anleihen, die die öffentliche Hand zweckgebunden für grüne Investitionen vergibt, ausgesprochen.[432] Eine ergänzende staatliche finanzielle Förderung – sei es durch Zuschüsse, durch Steuererleichterung, durch staatliche Anleihefinanzierung – muss dann gar nicht mehr hoch ausfallen: transparente CO_2-Preise plus kleine Anschubfinanzierung gleich große Wirkung.

WIDERSPRÜCHE
KONFLIKTE
TEUFLISCHE
DETAILS

Ist Klimaschutz unsozial und nur etwas für Reiche?

Es stimmt: Strom und Energie werden teurer, die Rohstoffe werden knapp, die Nachfrage wächst, also steigen die Preise. Das gilt weltweit. Oberflächlich betrachtet ist in Deutschland Strom schon teurer als in anderen europäischen Ländern, die »Schuldigen« stehen fest: Es sind – wie immer – die erneuerbaren Energien. Klimaschutz, so die schlichte Erkenntnis, ist eben nur was für besser verdienende Ökos. In Wahrheit verschleiert hier erneut die mangelnde Kostenwahrheit, wie die Preise zustande kommen.

Es gibt im Wesentlichen drei Gründe für die vermeintlich hohen Strompreise: Erstens blockieren fossile Energien die Netze und verlangen einen kostspieligen Netzausbau, den die dezentrale erneuerbare Energiewelt gar nicht in dem Umfang bräuchte. Die Netzentgelte verteuern den Endverbraucherpreis.

Zweitens betreiben die Energieanbieter eine clevere Preispolitik, indem sie die (aufgrund der erneuerbaren Energie) gesunkenen Börsenpreise nicht an die Endverbraucher weitergeben. So wird der Strompreis nicht billiger, auch wenn er es könnte. Und man hat die Berechnungsgrundlage so geändert, dass mit sinkenden Börsenpreisen die EEG-Umlage steigt. Das ist politisch gewollt. Die Schuld für die Preissteigerungen liegt so immer bei den erneuerbaren Energien – Ökostrom als Sündenbock!

Und drittens gibt es Unternehmen mit sehr hohem Strombedarf, für die bestimmte Steuern und Umlagen angeblich nicht zumutbar sind, weswegen diese Steuern und Umlagen vor allem auf die Privathaushalte umgelegt werden. Das macht den Strom für die privilegierten Unternehmen deutlich billiger, aber für die Bürgerinnen und Bürger eben teurer.

Der Strompreis folgt also keiner »unsichtbaren« Marktlogik, sondern ist politisch gesteuert. »Hätten wir andere politische Verabredungen und Verträge, müsste auch die arme Rentnerin nicht so viel Geld für Strom ausgeben.« Soziale Verelendung hat viele Ursachen, doch der Strompreis trägt am wenigsten dazu bei. Und das größte Risiko für Energiearmut ist nicht die Energiewende. Das größte Risiko für Energiearmut ist Armut.

Doch die für Reiche noch viel unbequemere Wahrheit ist, dass den Preis der ach so erstrebenswerten »fossilen Freiheit« ausgerechnet die bezahlen, die am wenigsten zum Klimaschaden beitragen: Wer nämlich wenig hat, konsumiert wenig und verbraucht nur wenig

Ressourcen, trägt also folglich auch am wenigsten zum Klimawandel bei. Menschen mit geringem Einkommen, egal ob Pflegekraft, Friseurin oder Rentner, haben also in der Regel einen vergleichsweise kleinen CO_2-Fußabdruck. Und trotzdem zahlen sie für die Emissionen, ohne es zu wissen. Mit ihren Steuern werden ausgerechnet die belohnt, die einen völlig anderen Lebensstil pflegen: die Besserverdienenden mit großzügig bemessenem Einfamilienhaus, mit Erst- und Zweitwagen und mit Dienst- und Urlaubsreisen in ferne Länder.

Deswegen geht es langfristig beim Klimaschutz genau darum, massive soziale Ungerechtigkeiten zu verhindern. Denn die Folgen des Klimawandels – Dürren, Überschwemmungen oder Stürme – werden die Ärmsten härter treffen als anpassungsstärkere wohlhabende Nationen und Bevölkerungsschichten, in Deutschland wie im Rest der Welt. Hitze- und Kälteperioden werden die Schwächsten der Gesellschaft härter treffen als die Starken und Gesunden.[433]

Wenn wir also jetzt kurzfristig in den Umbau der Energiewirtschaft und des Strommarkts investieren, dann genau, um Ungerechtigkeiten auszuräumen: die Ungerechtigkeiten zwischen den heutigen und künftigen Generationen und die Ungerechtigkeiten zwischen den Reichen und den Armen, den Starken und den Schwachen.

Die Antwort ist nicht: »Noch mehr fossile Energien!« Die Antwort ist eine möglichst schnelle Energiewende unter sozial verträglichen Bedingungen.

Wie ginge eine sozial verträgliche Energiewende?

Man stelle sich vor, alle Menschen müssten fortan den Schaden bezahlen, den sie anrichten, man würde die oft steuerbefreiten Klimaschädlinge wie Kerosin, Diesel, Benzin und Heizöl an den verursachten Klimawandelfolgekosten realistisch beteiligen. Und man würde am selben Tag beginnen, den Menschen das ihnen jahrzehntelang heimlich aus den Taschen gezogene Geld zurückzugeben – als Klimabonus oder Klimaprämie.

Der Effekt: Arme Menschen hätten plötzlich mehr Geld in der Tasche. Die Reichen dagegen müssten für ihr rücksichtsloses Flug-, Fahr- und Heizverhalten in Zukunft empfindlich mehr bezahlen oder sich einen anderen Lebensstil zulegen. Denn eine bescheidene Wohnung braucht – selbst ungedämmt – weniger Heizöl als das voll verglaste Penthouse des hoch bezahlten Managerpaares. Die bescheidene Rentnerin fährt keinen spritfressenden SUV, sondern wahrscheinlich Rad oder Bus und Bahn – und das vermutlich schon ihr ganzes Leben lang. Sie macht weder Flugreisen noch Kreuzfahrten und bereitet ihre Gemüsesuppe vermutlich nicht mit aus der Südsee eingeflogenen Kochbananen oder Wasserkastanien zu. Sie wird mit ihrem Lebensstil die klimagerechten Emissionsgrenzen wahrscheinlich nicht einmal ausschöpfen.[434]

Ganz anders die Besserverdienenden, deren Hauswände zwar gedämmt sein mögen, die aber in ihrem großräumigen Domizil trotzdem weitaus mehr Energie verbrauchen, die einen Erst- und Zweitwagen in der Garage stehen haben und jedes Jahr mehrere Urlaubsreisen in ferne Länder machen. Sie verbrauchen ihr CO_2-Tagesbudget schon mit der Autofahrt ins Büro, strapazieren es weiter, wenn sie die Klimaanlage einschalten, und übersteigen es spätestens mit dem argentinischen Rumpsteak bei der abendlichen Grillparty.

All das kostet nicht erst, wenn wir eine CO_2-Steuer erheben. All das hat schon immer gekostet. Für den Deichbau etwa, der aufgrund steigender Meeresspiegel nötig ist, für die Dürrehilfen an die Bauern und die Behandlung der zunehmenden Atemwegserkrankungen. Steuergeld. Unsichtbar von der Gemeinschaft bezahlt. Auch von der Rentnerin. Und schlimmer noch: Die Gemeinschaft hat durch Steuerpolitik ausgerechnet die begünstigt, die sich klimaschädlich verhalten – die Pendlerpauschale wurde lange nur an Autofahrer bezahlt, der Förderbetrag jahrzehntelang den steigenden Mineralölkosten angepasst. Erst seit 2001 bekommt auch die Krankenschwester, die mit dem Rad zur Arbeit fährt, das gleiche Entfernungsgeld. Aus Klimagesichtspunkten müsste sie mehr Geld bekommen, weil sie weniger Schaden anrichtet. Aber das ist nur eine Ungerechtigkeit von unzähligen.

Erinnern wir uns: 57 Milliarden Euro gibt der Staat jedes Jahr für klimaschädliche Subventionen aus. Man stelle sich vor, stattdessen würde er dieses Geld an die Bürgerinnen und Bürger auszahlen. Das wären immerhin 700 Euro im Jahr pro Kopf. 60 Euro pro Monat. Eine sensationelle Klimaprämie!

Genauso könnten die Einnahmen aus der CO_2-Steuer als einheitliche Klimaprämie pro Kopf an die privaten Haushalte zurückgezahlt werden. So würden Haushalte mit niedrigen Einkommen in der Regel sogar bessergestellt, weil bei ihnen die Prämie die Steuerbelastungen überstiege. Wir haben es beim DIW durchgerechnet:

Ausgehend von einer CO_2-Bepreisung von 80 Euro je Tonne Treibhausgas im Jahr 2023 sowie einer Senkung von Stromsteuer und EEG-Umlage um sechs Cent pro Kilowattstunde ergäbe sich eine Klimaprämie von 80 Euro jährlich pro Kopf. Wie würde sich das auswirken? Genau das haben wir für verschiedene Personen in verschiedenen Lebenslagen und Einkommensgruppen durchgerechnet, von der allein lebenden Studentin in der Stadt über den allein lebenden Rentner mit Auto auf dem Land bis zur Familie mit drei Kindern im Eigenheim ebenfalls auf dem Land.[435] Im Ergebnis hatten sie monatlich bis zu 27 Euro mehr oder maximal zwölf Euro weniger im Portemonnaie.

Zwei konkrete Beispiele: Das kinderlose Doppelverdienerpaar mit etwa 5000 Euro Haushaltsnettoeinkommen, mit Eigenheim und zwei Autos zahlte unterm Strich zwölf Euro pro Monat mehr. Die in der Stadt zur Miete lebende Familie mit zwei Kindern, mit etwa über 3000 Euro Haushaltsnettoeinkommen und einem Auto hätte dagegen jeden Monat fünf Euro mehr im Portemonnaie.[436]

Eine solche Klimaprämie hat das Bundesumweltministerium in Kombination mit einer CO_2-Steuer vorgeschlagen.[437] Leider ging das in der Öffentlichkeit im Lärm für und gegen die CO_2-Steuer komplett unter.

Stattdessen wurden die emotional geführten Diskussionen um mögliche soziale Ungerechtigkeiten durch eine CO_2-Bepreisung in einer geradezu widersinnigen Weise befriedet: Im Klimapaket der Bundesregierung wurde eine Erhöhung der Pendlerpauschale festgelegt, angeblich um die Menschen zu entlasten. Tatsächlich passierte das Gegenteil: Die CO_2-Bepreisung ist niedrig, die Preissteigerung an der Tankstelle fällt kaum ins Gewicht, von der erhöhten Pendlerpauschale profitieren also ausgerechnet die besser verdienenden Fahrer spritfressender Fahrzeuge.[438]

Es gibt deutlich bessere Ideen. Ohne Frage müssten stärker belastete Haushalte in bestimmten Fällen besonders gefördert werden, und es braucht zusätzlich eine Förderung des öffentlichen Verkehrs, emissionsarmer Antriebe oder energetischer Gebäudesanierungen.[439] Belastet werden aber nicht nur Privatpersonen, sondern in hohem Maße auch Unternehmen.

Gibt es so etwas wie klimafreundliche Produktion?

Das umstrittene Kohlekraftwerk Datteln 4, das 2020, obgleich wir es nicht brauchen und es massive Proteste dagegen gibt, neu ans Netz gehen soll, rühmt sich beispielsweise für seine – im Vergleich zu früheren Modellen – reduzierten CO_2-Emissionen.[440] Und von der norwegischen Ölraffinerie auf dem »Johan Sverdrup«-Feld heißt es, sie produziere Öl klimafreundlicher als der Rest der Welt. Bei der Förderung würden nur rund 700 Gramm pro Barrel statt wie im weltweiten Durchschnitt 18 Kilogramm Emissionen ausgestoßen. Grund: Hier wird das Öl mit Ökostrom statt mit Gasturbinen gefördert.[441] Klimafreundlich und generationengerecht ist das sicher nicht. Genauso wenig wie das – in Deutschland freudig erwartete – neue Tesla-Werk zur Herstellung von Elektrofahrzeugen, das demnächst in Brandenburg entstehen soll. Doch anders als angekündigt wird die Fabrik nicht zu 100 Prozent erneuerbare Energien nutzen, sondern für die Prozesswärme ein Gaskraftwerk errichten.[442] Also gar nicht umweltverträglich, auch wenn Gas als »Brückentechnologie« verkauft wird. Als fossile Energiequelle ist es nicht das, was wir künftig brauchen.[443]

Dabei wäre Tesla gut beraten, nicht nur aus Glaubwürdigkeitsgründen, sondern vor allem aus Wirtschaftlichkeitsgründen 100 Prozent erneuerbare Energien einzusetzen. Mit steigenden CO_2-Preisen und den Förderprogrammen (50 Prozent der Investitionen) sind nahezu alle Erneuerbare-Energien-Lösungen deutlich wirtschaftlicher als fossiles Gas. Möglich wäre die günstige Energiegewinnung aus solarer Prozesswärme[444] oder eine Kombination aus Fotovoltaik und einer (Hochtemperatur-)Wärmepumpe. Oder ein Hybridkollektor, etwa für Trocknung, Lackieren, Kühlung, Heizung. Oder mit Biomasse (Kessel) oder Biogas (KWK) erzeugte Prozesswärme oder die Energiegewinnung aus Tiefengeothermie. All diese Technologien stehen zur Verfügung und sollten alternativ oder kombiniert in einer modernen Fabrik zum Einsatz kommen.

Selbst der Tesla-Konzern, der sich als Zukunftsunternehmen für seine nachhaltige Technologie feiern lässt, fällt bei der Produktion hinter die selbst gesteckten Ziele zurück und nutzt veraltete fossile Technologie, statt konsequent auf nachhaltige Energieversorgung zu setzen. Das schadet dem Klima, dem Image, aber auch – Stranded Investment – der finanziellen Bilanz.

Wie können wir Unternehmen bei der Umstellung entlasten?

Obgleich erneuerbare Energien inzwischen günstiger sind als fossile, bedeutet die Umstellung für Unternehmen hohe Investitionen. Für den Umstieg von fossiler zu nachhaltiger Produktionsweise könnten Staat, Länder und Kommunen Wechselprämien zahlen. Denkbar wären auch Turboprämien, wenn Zielzahlen der Emissionsminderung vor Fristablauf erreicht würden.

Für Unternehmen in kapital- und energieintensiven Branchen wie Stahl oder Chemie kann es selbst bei einem CO_2-Preis von 50 Euro billiger sein, an herkömmlichen fossilen Produktionstechnologien festzuhalten, weil der Wechsel zu neuen klimafreundlichen Technologien deutlich teurer ist.[445] Um die Weichen für emissionsarme Technologien in der Industrie zu stellen, könnte der Staat in solchen Fällen neue, beispielsweise wasserstoffbasierte, Produktionstechnologie fördern, indem er den Unternehmen verspricht, den Differenzbetrag der Investition zu den sonst fälligen CO_2-Zertifikatskosten zu übernehmen. Unternehmen und Staat schlössen somit »Differenzverträge« – Contracts for Difference.[446]

Bei der großen Klimatransformation, die in den nächsten zehn Jahren ansteht, entstehen nicht nur Kosten für den Austausch von Maschinen. Nein, auch die Menschen müssen verinnerlichte Gewohnheiten »umtauschen«. Mühsam gelerntes Wissen muss wieder »entlernt« und neues Wissen erarbeitet und trainiert werden. Zwar ist leichthin die Rede von Umschulungen, in der Praxis wird es nicht immer ein Leichtes sein: Denn nicht jeder Bergmann verspürt die Neigung zur Krankenpflege und nicht jede Tankwartin hat Lust auf Pflanzentechnologie.

Doch nicht nur der Arbeitsmarkt als Ganzes verlangt vollkommen neue Fachkräfte, sondern auch die traditionellen Berufsbilder ändern sich. Die Kfz-Mechanikerin schraubt heute schon nicht mehr am Motor herum, sondern verknüpft als Mechatronikerin IT und Antriebstechnologie. Das wird sie zukünftig immer seltener in der Autofabrik, sondern eher in luftiger Höhe auf dem Windrad machen – und braucht dafür noch einen Industriekletterschein. Der klassische Müllmann wird sich bald als Fachkraft Kreislaufwirtschaft nicht mehr mit Abfall, sondern mit wiederverwendbaren Rohstoffen beschäftigen. Die rußgeschwärzte Schornsteinfegerin wird zur grünen Expertin für Klimatechnik.

WIDERSPRÜCHE KONFLIKTE TEUFLISCHE DETAILS

Solche Umschulungen brauchen Zeit und kosten Geld, genauso wie der Wechsel vom Diesel zu einer Jahreskarte der Deutschen Bahn. Natürlich kann man volks- und betriebswirtschaftlich berechnen, dass sich diese Investitionen in kürzester Zeit rechnen werden. Trotzdem muss ich mir das heute leisten können.

Hier ist der Staat als kreativer Impulsgeber und als finanzieller Brückenbauer gefragt. Durch Subventionsverlagerungen – raus aus der Kohle, rein in die Zukunft! – könnte man bei bestimmten Investitionen beispielsweise zinsgünstige Umstiegskredite, Steuervergünstigungen oder andere staatliche Fördermethoden zur Anwendung bringen.

Für die neuen fachlichen Ansprüche in der Berufswelt müsste man nicht nur dringend das IHK-Bildungssystem anpassen, sondern auch eine Art eltern- und altersunabhängiges »Klima-BAföG« einführen, das in Zeiten der Umschulung und Ausbildung die Existenz sichert. Als ressourcenarmes Land waren wir immer schon in hohem Maße auf Fachleute angewiesen und haben deswegen eine lange Bildungstradition. Es gilt, sie zu erhalten und in ihr zeitgemäßes Niveau zu investieren. Denn auch Bildung ist ein Exportgut. Hier könnte Deutschland seine einstigen Stärken wiederbeleben und eine globale Führungsrolle übernehmen, um künftig nicht nur Polizisten und Verwaltungskräfte in anderen Ländern auszubilden, sondern auch Energiefachwirte und Umweltingenieure.

(117) Welche negativen Auswirkungen könnte Klimaschutz haben?

Es gibt eine Reihe sogenannter »Synergien« zwischen Klima, Umwelt und Naturschutzzielen. Indem wir Moore schützen, Feuchtlebensräume wieder vernässen, Fließgewässer renaturieren und Wälder naturnah bewirtschaften, leisten wir wichtige Beiträge zum Klimaschutz. Gleichzeitig schaffen und sichern wir Lebensräume für seltene Arten. Durch den Wechsel auf regenerative Energien vermindern wir nicht nur CO_2-Emissionen, sondern Emissionen von Feinstaub, Quecksilber und NO_x, wir schonen Erde, Wasser und Luft, was wiederum gut ist für unsere Gesundheit und die Biodiversität.

Doch noch so ambitionierter Klimaschutz findet nicht in Bullerbü statt. Klimaschutzmaßnahmen – insbesondere der Ausbau und die Nutzung erneuerbarer Energien – können auch negative Auswirkungen auf Natur und Landschaft haben. Wasserkraftwerke oder

Pumpspeicherkraftwerke können den Artenschutz oder den Schutz von Gewässern beeinträchtigen. Der Ausbau von Windkraftanlagen kann – beispielsweise durch das Kollisionsrisiko – die Lebensräume bestimmter Tierarten, insbesondere Vögel oder Fledermäuse, gefährden. Und Offshore-Windkraft erhöht die Lärmbelastung für Schweinswale. Nicht alles ist so dramatisch, wie es klingt. Faktisch sind Hauskatzen, Fensterscheiben und Autos eine mindestens genauso große Bedrohung für Vögel wie Windräder, und die Gefahr für bedrohte Arten könnte durch gute Standortwahl und Vermeidungsmaßnahmen deutlich verringert werden.[447] Und auch für den Schutz der Schweinswale[448] gibt es Lösungsansätze, zumal der Schiffsverkehr nach wie vor die weitaus größere Lärmbelastung verursacht.[449]

Doch leider ist die Liste der Herausforderungen einer klimaneutralen Zukunft noch länger: Auch die Erzeugung erneuerbarer Energie ist umweltbelastend. Kupfer, Lithium, seltene Erden und andere benötigte Klimarohstoffe sind in Deutschland oder der EU nicht vorhanden. Metallische Rohstoffe werden zu 99,7 Prozent importiert.[450]

Die Rohstoffgewinnung führt in Abbauländern zu hohen Schadstoffemissionen in Boden, Wasser und Luft sowie zu einem hohen Flächen, Wasser und Energieverbrauch.[451] Die Gewinnung von Aluminiumerzen in Brasilien ist mit einer massiven Rodung des Regenwaldes verbunden.[452]

Niedrige Umwelt und schwache Sozialstandards bedeuten obendrein oft gravierende gesundheitliche und wirtschaftliche Folgen für die Bevölkerung. Der Arbeitsschutz ist zu schlecht; die Löhne sind zu niedrig. Kinder müssen arbeiten, statt zur Schule zu gehen. Und durch die Umweltschäden wird die Lebensgrundlage der lokalen Bevölkerung zerstört. Auch hier dürfen wir uns nicht der Verantwortung entziehen. Schließlich sind dies die Auswirkungen unseres Konsums.[453]

Es wäre zynisch, derlei einfach mit Geld ausgleichen zu wollen, auf Kosten anderer ein gutes Leben zu führen. Deswegen müssen wir unseren Rohstoffbedarf auf ein Minimum reduzieren. Egal welcher Rohstoff, er darf nicht einfach auf der Müllkippe landen. Unser Ziel muss es sein, eine möglichst nachhaltige Kreislaufwirtschaft zu etablieren.

Müssen wir nebenbei auch noch alle anderen Probleme lösen?

Jedenfalls wäre es klug und im Sinne einer nachhaltigen Generationengerechtigkeit, sie nicht außer Acht zu lassen. Aber keine Sorge. Wir fangen nirgends bei null an.

So hat die Europäische Kommission bereits 2007 eine »Thematische Strategie für eine nachhaltige Nutzung natürlicher Ressourcen« aufgesetzt,[454] die 2011 durch die Leitinitiative »Ressourcenschonendes Europa« und den »Fahrplan für ein ressourcenschonendes Europa« weiterentwickelt wurde. Darauf aufbauend haben das Bundeswirtschaftsministerium[455], das Bundesentwicklungsministerium[456] und das Bundesumweltministerium[457] unabhängig voneinander Rohstoffstrategien entwickelt. Aus ihrer Fachrichtung blickten sie jeweils unterschiedlich auf das Thema und entwickelten Lösungen, um die Rohstofflieferung für die deutsche Wirtschaft zu sichern, schufen eine Übersicht zum Stand der Technik, finanzielle Transparenz und Transparenz in globalen Rohstofflieferketten oder betrachteten diverse Nachhaltigkeitsaspekte.

Solche Erkenntnisse könnten und sollten dringend in deutschen Klimaschutzaktivitäten berücksichtigt werden. Denn Rohstoff- und Abfallwirtschaft sind insofern schon heute wichtig, als wir in den nächsten zehn Jahren Entscheidungen für Technologien treffen, die wir danach sehr lange nutzen werden. Es ist also durchaus weitsichtig und vernünftig, dass die Europäische Kommission 2015 ein Paket zum Thema Kreislaufwirtschaft mit einem entsprechenden Aktionsplan veröffentlicht hat.[458]

Alle diese Aspekte sind nicht unlösbar. Mit dem nötigen Willen ließen sich viele der Widersprüche aus der Welt räumen. Allerdings haben manche Gruppen gar kein Interesse daran, Lösungen zu finden, sondern nutzen und schüren die Konflikte zwischen unterschiedlichen Nachhaltigkeitszielen, weil sie vom Streit profitieren.

Was tun wir, wenn zwei Nachhaltigkeitsziele kollidieren?

Wenn zwei sich streiten, freut sich der Dritte, heißt es – und das gilt auch bei Nachhaltigkeitszielen. Denn wenn Ziel 1 »Beendigung der Armut« und Ziel 13 »Klimaschutz« aufeinandertreffen, dann wird das eine gegen das andere ausgespielt – und zack, am Ende verlieren beide, die Armen und das Klima. Und der freudige Dritte ist die fossile Industrie.

Die Rentnerin und all ihre armen Freunde werden – immer wieder erfolgreich – als Vorwand missbraucht, um Stimmung gegen Klimaschutzmaßnahmen zu machen. Da werden Fälle von Energiearmut in dramatischen Farben geschildert – und der Sündenbock Ökostrom wird an den Pranger gestellt. Doch die Ursache dafür, dass tatsächlich viele Menschen sich ihre Energieversorgung kaum noch leisten können, ist nicht die Energiewende, sondern eine Politik, die daran scheitert, für soziale Gerechtigkeit zu sorgen.

Das Argument der Energiearmut bringen gerade jene regelmäßig vor, die sich sonst nur ungern mit sozialen Fragen auseinandersetzen. War es früher regelmäßig die FDP, spricht sich heute vor allem die AfD vehement gegen die Energiewende aus.[459] Die sozialpolitischen Gründe sind vorgeschobene und werden auch sonst von der AfD genutzt, um Stimmung gegen Migranten, Muslime, Alleinerziehende und alle Gegner der AfD zu machen. So versuchten sie, Ende 2019 die Fridays-for-Future-Bewegung zu kapern, und starteten eine Fridays-gegen-Altersarmut-Kampagne.[460]

Plötzlich werden die miserablen Arbeitsbedingungen in Afrika, die ansonsten nicht der Rede wert sind, als Argument gegen die Solarenergie ins Feld geführt[461] oder wird in veganer Ernährung, der Luxusmarotte besser verdienender Ökospinner, eine Gefährdung des Kindeswohls erkannt.[462] Das ist blind wütender Populismus, der jeglichen politischen Verstands entbehrt. Denn in der Realpolitik sind die Abwägung von Vor- und Nachteilen und die Suche nach einvernehmlichen Lösungen oder Kompromissen normaler Alltag. Doch das systematische Anstacheln von Streit und Widersprüchen ist immer wieder erfolgreich, besonders auch beim Thema Windenergie, deren Ausbau durch minimale Gesetzesänderungen – vermeintlich zum Schutz der Bevölkerung – nahezu zum Erliegen gebracht wurde.

WIDERSPRÜCHE KONFLIKTE TEUFLISCHE DETAILS

Können Gesetzesdetails wirklich große Wirkung entfalten?

Vor 85 Jahren wurde in den USA der »Public Utility Holding Act of 1935« beschlossen, eine scheinbar bürokratische Bagatellregelung im Aktienaufsichtsrecht. Unternehmen, die eine öffentliche Versorgungsaufgabe innehatten, war es nun verboten, sich mehrheitlich an anderen Unternehmen zu beteiligen. Im Prinzip belanglos. Und doch veränderte diese Regelung einen Markt von immenser Bedeutung und verhalf der fossilen Industrie in den USA zum entscheidenden Durchbruch. Denn das Gesetz verbietet, gleichzeitig Strom zu verkaufen und Straßenbahnen zu betreiben. Damit nahm es den bestehenden Gesellschaften des öffentlichen Nahverkehrs ihre Existenzgrundlage. Und so konnte ein schon über zehn Jahre bestehendes, geheimes Unternehmensbündnis endlich zuschlagen: Es kaperte den öffentlichen Nahverkehr und ersetzte ihn systematisch durch motorisierten Individualverkehr.

Erst knapp 40 Jahre später, am 26. Februar 1974, legte der frühere Kartellanwalt des US-Senats, Bradford C. Snell, das Ergebnis seiner akribischen Recherche vor: Er hatte Beweise gefunden, wie amerikanische Industrielle ab 1921 die Übernahme der öffentlichen Straßenbahnnetze gezielt in Angriff genommen hatten.[463]

Anfang des 20. Jahrhunderts war das Auto »Luxus für bürgerliche Liebhaber des Nervenkitzels«.[464] Es veränderte das Stadtleben und war bei der Bevölkerung unbeliebt. Plötzlich war es gefährlich, die Straße zu betreten. Stopp- und Vorfahrtsschilder, Ampeln, Zebrastreifen und andere Hilfsmittel zur Regelung des rasenden Durcheinanders mussten erst noch eingeführt werden.[465] Von London bis New York, Paris bis Berlin erschienen Leitartikel, die sich über die rücksichtslose Fahrweise der Motorfans beschwerten. 1921 gedachten 5000 Menschen in Pittsburgh mit einem Schweigemarsch der Todesopfer im Verkehr. 1922 wurde in Baltimore ein Denkmal für die durch Autounfälle getöteten Kinder errichtet, und in New York demonstrierten 10 000 Kinder gegen die gefährliche Automobilisierung.

Im selben Jahr entwickelte Alfred P. Sloan Jr., Vorstandschef von General Motors, die Idee, Bahnen gegen Busse und Autos auszutauschen.[466] Es dauerte nicht lange, bis die Rockefellers sowie die Unternehmen Standard Oil, Phillips Petroleum, Firestone und Mack Trucks zusammenfanden. Ein Autofabrikant, zwei Ölhändler, ein Reifenhersteller und ein Lastwagenhersteller hatten gemeinsam einen riesigen Abnehmermarkt im Blick: 90 Prozent der Bevölkerung nutzten damals Eisen- und Straßenbahnen – Millionen potenzielle Autokunden.

Doch noch empfanden die Menschen Autos als irren Luxus und Busse als laut, eng und stinkig. Sie fuhren lieber billig und bequem mit der Bahn.

Nach dem Börsencrash 1929, bei dem die GM-Aktie etwa drei Viertel ihres Wertes verlor und alle großen Unternehmen Rettung für ihre Verluste suchten, wurde der Handlungsdruck groß. Die alte Idee wurde wiederaufgenommen: Auf dem amerikanischen Mobilitätsmarkt gab es 1200 Transportunternehmen, 40 000 Kilometer Schiene, 300 000 Mitarbeiter und vor allem Millionen von Kunden.

Und plötzlich wurde dieses harmlose Gesetz erlassen, das alle amerikanischen Straßenbahnbetriebe zwang, sich neue Mehrheitsaktionäre zu suchen. Sloan und seine Freunde gründeten die National City Lines (NCL)[467], die zufällig genau ab 1936 mit immens viel Geld ausgestattet waren. Über Strohmänner wurden Anteile an den oft privat organisierten Nahverkehrsbetrieben gekauft. Schon 1936 waren 13 Betriebe in ihrer Hand. Bis 1947 besaßen oder kontrollierten die NCL 46 Systeme in 45 Städten in 16 Bundesstaaten.[468] Kaum hatte man die Stimmenmehrheit, wurden die Verluste und die miserablen Zukunftsaussichten bejammert – und prompt fiel der Beschluss, alle Straßenbahnen der Stadt stillzulegen. Die Waggons wurden verschrottet, die Gleise aus den Straßen gerissen und eingeschmolzen. Es gab keinen Weg zurück. Busse übernahmen den Personentransport. Und wer keine Bushaltestelle vor der Tür hatte, musste sich halt ein Auto kaufen. Et voilà!

Durch einen einzelnen Aktivisten flogen die Absprachen 1949 auf, die Verantwortlichen wurden vor Gericht gestellt und wegen des Versuchs der Monopolisierung des Auto-, Bus-, Reifen- und Ölhandels verurteilt. Ihre Strafe belief sich auf 5000 Dollar pro Firma und einen Dollar pro Person.[469] 1956 untersagte der Oberste Gerichtshof die Praxis, Straßenbahnnetze stillzulegen. Aber da war die Zahl der Straßenbahnen in den USA bereits von 37 000 auf 5300 geschrumpft. Wie gut das dahinter organisierte Netzwerk gearbeitet hatte, wurde erst 1974 dank dem erwähnten Snell-Bericht einer breiteren Öffentlichkeit bekannt.

Ein geschickt und verdeckt arbeitendes Unternehmensnetzwerk, eine scheinbar kleine Gesetzesänderung, und schon kippt ein gewaltiger Markt in die gewünschte Richtung.

Seither erlebte das Auto seinen ungebremsten Siegeszug, in den USA ohne die Alternative eines funktionierenden öffentlichen Nahverkehrs, in Deutschland durch den kriegsvorbereitenden Autobahnbau des Nazi-Regimes, später durch die autofixierte Wiederaufbau-Wirtschaftswunder-Politik. Bei Planung und Bau der autogerechten Städte dachte niemand an Umwelt und Gesundheit, geschweige denn an CO_2 und Klimawandel. Allerdings gab es schon in den 1950er- und 1960er-Jahren erste Demonstrationen von Menschen, die sich die Stadt zurückerobern wollten.[470] Wie wir wissen, bislang ohne Erfolg. Aber vielleicht ändert sich das jetzt.

Milliarden Dollar später sitzen wir auf einer CO_2-Schuld, die es in sich hat. Es ist 2020, und wir diskutieren über Details in deutschen Gesetzestexten, die es genauso in sich haben könnten.

Welches Detail aus dem Windenergiegesetz könnte eine solche Wirkung haben?

Im November hatte das Bundeswirtschaftsministerium einen Gesetzentwurf zum Mindestabstand von Windrädern vorgelegt, das vom Bundeskabinett beschlossen werden sollte.[471] Die Pläne sahen vor, dass künftig Windräder mindestens 1000 Meter von der nächsten Siedlung entfernt sein müssten, selbst dann, wenn die Siedlung aus fünf Wohnhäusern besteht. Doch das Umweltministerium hatte dieses Detail im Blick und machte die Kritik öffentlich. Schon im März 2019 hatte nämlich das Umweltbundesamt eine Studie[472] vorgelegt, die belegte, dass eine solche Abstandsregel die Planungs- und Bauflächen für Windräder so sehr reduziere, dass ein Zubau neuer Windräder kaum mehr möglich sei. Dazu käme ein zweites Detail, nämlich das Verbot, Windräder, die dichter als 1000 Meter an Wohnhäusern stehen und älter als 20 Jahre seien, zu modernisieren. Das betrifft etwa die Hälfte der Windräder, die durch das sogenannte »Repowering« künftig sehr viel mehr Leistung als bisher bringen könnten. Die beiden Gesetzesdetails würden also doppelt verhindern, dass der Windanteil am Strommarkt wachsen kann. Diese unscheinbaren Regelungen, kaum als Meldung in den Nachrichten wahrgenommen, hätte also die Energiewende auf Jahre verzögert.[473]

Es gab Proteste, der Gesetzentwurf wurde zurückgezogen.[474]

Doch acht Wochen später berichteten Medien, dass in dem neuen Entwurf die 1000-Meter-Regelung »nicht etwa aufgeweicht, sondern verschärft werden soll«. BWE-Präsident Hermann Albers war aufgefallen, dass in dem neuen Vorschlag der Unionsfraktion zwar die »Fünf-Häuser-Regelung« entfallen sei, aber stattdessen ein anderer Bezugspunkt gewählt wurde, der sie noch restriktiver machte: »Im ursprünglichen Entwurf des Ministeriums waren Abstände nur zu drei Gebietstypen vorgesehen: zu reinen und zu allgemeinen Wohngebieten sowie zu Dorfgebieten. Jetzt aber würden sämtliche Gebietstypen erfasst, in denen Wohngebäude nicht nur ausnahmsweise zulässig sind. Das seien mindestens acht Gebietstypen der Baunutzungsverordnung plus einige Sondergebiete.«[475] Selbst Splittersiedlungen im Außenbereich, wo grundsätzlich gar keine Wohnbebauung vorgesehen ist und Windenergieanlagen Vorrang genießen, würden nunmehr eventuell von der Abstandsregelung erfasst.

Der Verdacht wächst, dass hier jemand sehr energisch das Ziel verfolgt, den weiteren Windenergieausbau komplett zum Erliegen zu bringen. Medienberichte lassen vermuten, dass hier gewiefte Energiewendegegner am Werk sind,[476] die inzwischen direkt im Bundeswirtschaftsministerium Einfluss nehmen.[477] Wieder zeigte die detaillierte Prüfung des Gesetzentwurfes und der daraus resultierende öffentliche Protest Wirkung. Wir können also hoffen, dass es nicht 40 Jahre dauert, bis ein eifriger Beamter des Bundeskartellamtes möglicherweise herausfindet, welche heimlichen Verbündeten im Hintergrund ihre Strippen gezogen haben.

KIPPPUNKT HEUTE — VISION 2050

Hat Klimaschutz angesichts des Widerstands überhaupt noch Sinn?

Seit ich anfing, mich mit der Energiewirtschaft zu beschäftigen, sind mehr als 25 Jahre vergangen, in denen in puncto Klimaschutz viel zu wenig passiert ist. Als Wissenschaftlerin habe ich all die Jahre meine Forschungsergebnisse der Öffentlichkeit zur Verfügung gestellt, habe mir zum Ziel gesetzt, über die Folgen des Klimawandels und die Chancen eines frühzeitigen entschlossenen Klimaschutzes aufzuklären. Wirtschaft und Politik stand all die Jahre eine verlässliche Wissensgrundlage für ihre Entscheidungen zur Verfügung, auch für ihr ökonomisches Handeln. Und die Botschaft war von Anfang an unmissverständlich: Je länger wir zögern, desto teurer wird es.

Wir stehen an entscheidenden »Kipppunkten« – und zwar nicht nur in Bezug auf irreversible klimatische Veränderungen, sondern auch auf gesellschaftlich-sozialpolitische Verhaltensweisen.[478]

Noch verhält sich die Mehrheit der Bevölkerung in Deutschland, Europa und den Industrienationen klimaschädlich, aber immer mehr Menschen verstehen, dass eine massenhafte individuelle Verhaltensänderung notwendig ist – wenn wir das globale Ökosystem sichern und unseren Wohlstand bewahren wollen. Jede einzelne Entscheidung zählt und kann Vorbild sein für die Entscheidung weiterer Personen. Auch was das angeht, stehen wir an einem Kipppunkt.

Spätestens jetzt ist klar, dass wir am alles entscheidenden Wendepunkt der Geschichte stehen: Die Entscheidungen, die wir jetzt treffen, werden weitreichende Folgen haben. Die Weichen, die wir jetzt stellen, werden über unsere Zukunft bestimmen. Die Investitionen, die wir jetzt nicht tätigen, werden uns irgendwann teuer zu stehen kommen. Jede Entscheidung, die ich heute fälle, hat Folgen, egal ob kleine Nachwehen, Wellen im Wasser, dauerhafte Narben oder gar Lawineneffekte.

Ich habe die vergangenen 20 Jahre den Klimaskeptikern und den Lobbyisten der (fossilen) Vergangenheit nicht unermüdlich widersprochen, um mich jetzt – wo endlich das Klimathema die breite Masse der Menschen erreicht – mit einem »Zu spät«-Seufzer frustriert aufs Altenteil zurückzuziehen. Besser spät als nie. Meine Vision von 2050 ist eine positive.

KIPPPUNKT HEUTE – VISION 2050

Welche Vision 2050 könnte uns antreiben?

Die Zukunft, die uns schon in etwa 30 Jahren erwartet, wird divers und resilient sein, grün und zirkulär, dezentral, vernetzt, intelligent und partizipativ, gesünder, gesellschaftlicher und glücklicher.

2050 wird niemand mehr ungezügeltes Wirtschaftswachstum als Maßstab für Wohlstand betrachten. Stattdessen werden wir eine völlig andere Art von Wachstum wertschätzen. Vor der »Tagesschau« sehen wir dann keine Börsenkurse mehr, sondern erfahren die Indikatoren der Nachhaltigkeit unseres Planeten. Ein »Good Growth Index« wird uns anzeigen, wie es um Umweltschutz, Artenvielfalt und Gesundheit steht. Wir sehen Wachstumskurven zum Anteil von erneuerbaren Energien, klimaschonender Mobilität, steigender Lebensqualität sowie Techniken zur Herstellung von sauberem Trinkwasser. Solches Wirtschaftswachstum ist dann nicht mehr die Ursache eines globalen Klimawandels, sondern dessen Lösung.

30 Jahre sind ein globaler Wimpernschlag. Die Kohle, die wir heute verbrennen, entstand vor rund 300 Millionen Jahren. Was wird das CO_2, das wir heute produzieren, in 300 Millionen Jahren bewirken? Was in 300 Jahren? Wir wissen, was es in 30 Jahren bewirkt – und wir wissen, dass wir das nicht wollen!

Die Gesellschaft heute ist eine andere als die vor 30 Jahren. Die »Ökos« von damals sind erwachsen geworden. Manche sind alt und verbittert. Manche machen sarkastische Witze über die Klimaapokalypse, die sie hoffen, nicht mehr zu erleben. Auch ich kenne Momente, in denen man sich klein, unbedeutend und machtlos fühlt. Nach langen Diskussionen mit Lobbyisten der fossilen Industrie zum Beispiel. Da fühle ich mich wie Don Quichotte im Kampf gegen Windmühlen. Sie hören nicht zu. Sie denken nicht mit. Sie zucken nur mit den Schultern und drehen sich weg.

Wir müssen Verantwortung für unser Tun übernehmen. Heute. Heute ist der Tag, an dem aus Zukunft Vergangenheit wird. Heute ist der Tag, an dem es kein Zurück mehr gibt.

Aus einem fundierten Verantwortungsgefühl für unsere Umwelt und uns selbst haben wir für unseren Konsum eine klimaverträgliche Obergrenze definiert. Jeder Mensch hat ein CO_2-Budget und darf maximal 6,5 Kilogramm CO_2 pro Tag ausstoßen. Jedes Land ist gefordert, dieses Klimabudget nicht zu überschreiten.[479] Deutschland wird sich 2040 damit noch sehr schwertun, aber wir lernen von anderen Ländern, von Norwegen, Dänemark und dem Königreich Bhutan. China geht mit Riesenschritten voran und zeigt vor allem den Nachzüglern in Nordamerika und Australien, wie sich ökonomisches und ökologisches Wachstum vereinen lassen.

Das Ende des fossilen Zeitalters und die Dekarbonisierung der Wirtschaft führen zu einem Boom neuer Wirtschaftszweige. Je mehr wir auf erneuerbare Energien umsteigen, desto schneller sinken die Kosten. Dank enormer Skaleneffekte ist es 2050 auch Kleinbauern in Asien und Afrika in großer Zahl möglich, sich Solarzellen aufs Hüttendach zu schrauben und alltäglich Strom zu nutzen, um Lebensmittel zu kühlen, Handys und Laptops zu laden oder um Licht zum Arbeiten zu haben.

Überall sprießen die Initiativen für Zukunft, für Umwelt- und Klimaschutz, für erneuerbare Energien, für nachhaltige Unternehmen, Schulen etc. wie Pilze aus dem Boden. Sie alle treiben die Ungeduld mit der Politik und der Wunsch, aufzuklären, zu motivieren und den fossilen Stier endlich bei den Hörnern zu packen. Ich bin froh und dankbar, Teil dieser globalen Bewegung zu sein.

Uns alle verbindet dieselbe Vision: Raus aus der fossilen Welt, rein in die erneuerbare/generationengerechte Zukunft! Es ist Zeit, aufzuräumen, im Kleinen wie im Großen. Das Momentum ist da. Lasst uns gemeinsam für kleine, große, gerechte, generationsübergreifende wie auch immer geartete Klimaverträge, für New Green Deals, eintreten.

Wenn wir jetzt richtig durchstarten, unbeirrt loslegen und das Heft des Handelns in die Hand nehmen, dann könnte Deutschland – mit Rückenwind aus Brüssel – endlich wieder eine Vorreiterrolle im internationalen Klimaschutz übernehmen. Dann könnte das Jahr 2020, in dem der unumkehrbare Klimaschutz begonnen hat, als »Tipping Point« in die Geschichte eingehen. Dann hätten wir wirklich etwas bewirkt.

»Wir sind die erste Generation, die globale Armut abschaffen, und die letzte, die den Klimawandel aufhalten kann«,[480] sagte der Generalsekretär der Vereinten Nationen Ban Ki-moon 2015.

Packen wir's an.

WAS TUN?
53 AUFGABEN
FÜR DEN
ANFANG

Was kannst du mit all den Antworten anfangen, die du auf den bisherigen Seiten dieses Buches bekommen hast – zum Teil auf Fragen, die du dir vielleicht zuvor noch nie gestellt hattest? Zugegeben, das ist alles sehr komplex. Aber niemand erwartet, dass du dir alles merkst. Vergiss nicht: Du bist nicht allein. Um dich herum sind Tausende von Menschen, die sich für einen echten generationengerechten Klimavertrag, für New Green Deals, engagieren wollen. Jeder bringt seine Kompetenz ein, jede ihr Wissen und ihre Erfahrung.

Wichtig ist, dass du verstehst, dass du mehr Wirkungsmacht hast, als du vielleicht denkst. Viele Menschen beschränken ihren Handlungsspielraum auf die Konsumentscheidungen. Sie kaufen regionale Bioprodukte, sie bewegen sich mit umweltfreundlichen Verkehrsmitteln, sie kaufen Ökostrom oder installieren moderne Klimatechniken in ihrem Haus. Das ist ein guter und wichtiger Anfang. Doch generationenübergreifende Klimagerechtigkeit gibt es nicht im Supermarkt. In einer Demokratie haben wir alle viele Möglichkeiten, Einfluss zu nehmen, aber wir müssen sie auch nutzen. Und darum geht es jetzt.

Die folgenden 53 Aufgaben sind erste Ideen, wie du dich heute in den politischen Prozess einbringen kannst, wie du die politisch und wirtschaftlich Verantwortlichen dazu bringst, dass sie mehr tun, als nur den Stillstand zu verwalten. Denn dieser Stillstand ist in Wahrheit eine rasante Fahrt in die Klimakatastrophe, die niemand will.

Schau dir die 53 Aufgaben an. Vielleicht ist schon etwas dabei, was du ohnehin tust. Wunderbar! Dann bleib dran und gib nicht auf. Vielleicht entdeckst du etwas, was du bislang noch nicht getan hast, aber tun könntest. Dann los, mach dich an die Arbeit! Oder du findest Aufgaben, die Freunde von dir übernehmen könnten. Sprich sie an. Zusammen macht die Arbeit gleich viel mehr Spaß.

Auf der Webseite www.mondaysforfuture.net findest du außerdem eine Linkliste mit Beispielen aus aller Welt, wo sich Menschen konkret für eine andere Klimazukunft stark machen. Vielleicht ist eins davon Inspiration für dich und dein persönliches Umfeld. Fang klein an, aber fang an!

#1 Bring dich in einen der vielen Tausend Klimaverträge ein

Klimapolitik fängt unten an: Du, ich, er da vorne, sie da drüben, wir alle sind gefragt. Jede Kommune, jedes Dorf, jede Stadt. Wie lässt sich der Verkehr klimaneutral organisieren? Braucht es mehr Radwege, mehr Busse, mehr Parkplatzgebühren? Wie können wir den Anteil an regenerativen Energien ausbauen? Wie stoppen wir die Versieglung des Bodens, wie vergrößern wir die Fläche an Naturwald? Wie dämmen wir die Häuser besser? Wie verabschieden wir uns schneller von Ölheizungen?

Alle sind gefordert: Unternehmen und Finanzmärkte, Industrie und Handel, Dienstleistungs- und Logistikbeschäftigte. Einfach alle. Klimaschutz ist die Summe vieler Einzelentscheidungen und das Resultat Tausender kleiner Verabredungen und Verträge. Jede Menge von New Green Deals.

#2 Beteilige dich, egal an welcher Stelle

Wie wäre es, in der Familie zu verabreden, einen Beitrag zum Klimaschutz zu leisten – und dafür eine Art Vertrag abzuschließen? Wie wäre es, wenn das Unternehmen, die Organisation, die Universität, die Schule, also der Ort, wo du dich regelmäßig aufhältst und wo du arbeitest, sich entschließt, die eigenen Emissionen zu reduzieren ... – und in einem Vertrag festhält, auf welche Weise bis wann welche Ziele erreicht werden sollen? Und wie wäre es, wenn die gesamte Welt sich entscheidet, alles zu tun, damit sich die Erde bis 2050 nicht um mehr als zwei Grad erwärmt – und das in einem generationengerechten Vertrag verbindlich festschreibt?

Wenn sich Menschen zusammensetzen, die wirklich daran interessiert sind, etwas fürs Klima zu tun, dann können sie in kurzer Zeit und auf allen Ebenen viel erreichen.

#3 Anerkenne die Fakten zum Klimawandel

So banal es klingen mag, am Anfang steht die Entscheidung, ob man den aktuellen Stand der wissenschaftlichen Erkenntnisse zum menschengemachten Klimawandel anerkennt. Der sieht zusammengefasst so aus:

Globale Umweltveränderungen haben ein Ausmaß erreicht, das die natürlichen Lebensgrundlagen gefährdet. Wissenschaftliche Analysen zeigen, dass die Erde das Holozän verlässt. Wenn die Menschheit nicht umsteuert, kann sie in einen Zustand eines

»Verwüstungsanthropozäns« gelangen. Um die holozänartigen Bedingungen für die heutigen und künftigen Generationen zu bewahren, müssten die planetaren Belastungsgrenzen respektiert und beachtet werden, das erfordert eine starke Steuerung der gesellschaftlichen Stoff- und Energieströme. Ohne Veränderungen in Gesellschaft und Politik drohen ökologische Katastrophen. Individuelles Handeln leistet einen wichtigen Beitrag zum Umweltschutz, kann aber politische Entscheidungen nicht ersetzen.

#4 Anerkenne die Menschenrechte

1948, vor etwas über 60 Jahren, wurde die »Allgemeine Erklärung der Menschenrechte« durch die Vereinten Nationen verkündet. Mit ihr verpflichteten sich alle UN-Mitgliedstaaten, die Menschenrechte als Aufgabe der Völkergemeinschaft zu betrachten. Die nationale Souveränität wurde im Falle von Menschenrechtsverletzungen aufgehoben. Menschenrechte basieren auf der Würde des Menschen, die er von Geburt an innehat, sind universal und unteilbar. Trotzdem gibt es jeden Tag global erhebliche Verletzungen elementarer Grundrechte. Ihre Wirksamkeit ist nur so groß wie die Kraft und Zahl der Menschen, die für sie eintreten. Zum Glück wächst das Engagement für die Bewahrung der Menschenrechte weltweit.

#5 Anerkenne die Agenda 2030 der UN

Die Agenda 2030 wurde im Jahr 2000 bei der Generalversammlung der Vereinten Nationen beschlossen. Sie ist der vereinbarte Maßstab aller UN-Staaten, sollte also auch unserer sein. In dieser Resolution heißt es:

»Wir erkennen an, dass wir neben unseren eigenen Verantwortlichkeiten gegenüber unserer jeweiligen Gesellschaft gemeinschaftlich dafür verantwortlich sind, weltweit die Grundsätze der Menschenwürde, der Gleichberechtigung und der Billigkeit zu wahren. Als Führer haben wir daher eine Pflicht gegenüber allen Bürgern auf der Welt zu erfüllen, namentlich den schwächsten unter ihnen und insbesondere den Kindern der Welt, denen die Zukunft gehört. [...] Wir bekennen uns erneut dazu, alle Anstrengungen zu unterstützen, die auf [...] die Achtung der Menschenrechte und Grundfreiheiten, die Gleichberechtigung aller ohne Unterschied nach Rasse, Geschlecht, Sprache oder Religion und die internationale Zusammenarbeit bei der Lösung internationaler Probleme wirtschaftlicher, sozialer, kultureller oder humanitärer Art gerichtet sind.«[481]

WAS TUN? 53 AUFGABEN FÜR DEN ANFANG

#6 Anerkenne die 17 Ziele für nachhaltige Entwicklung (SDGs)

Die 17 internationalen Nachhaltigkeitsziele (Sustainable Development Goals, SDGs) gibt es in bunten Farben. Druck sie dir aus und hänge sie über deinen Schreibtisch, deinen Esstisch oder wo immer sie an diese große Weltaufgabe erinnern sollen. Nimm dir das Oslo-Manifest[482] der Designer, Architekten und Kreativen zum Vorbild, die jedes Ziel in eine konkrete Frage für ihr persönliches Tun übersetzt haben. Mach dein persönliches Manifest. Mach mit deinen Nachbarn und Freunden dein regionales Manifest. Auf dem SDG-Portal[483] findest du den aktuellen Stand deiner Kommune auf dem Weg zu den Zielen). Schau dir an, was zu tun ist und wo derzeit am dringendsten Handlungsbedarf besteht. Mach diese Ziele zu deinen Zielen.

#7 Anerkenne unantastbare Prinzipien der Demokratie

Toleranz und Meinungsfreiheit sind zentrale Werte einer Demokratie. Doch den Rahmen bilden die »Grundprinzipien der Staatsgestaltung, die als absolute Werte und unverzichtbare Schutzgüter anerkannt und deshalb entschlossen gegen alle Angriffe verteidigt werden sollen«. So formulierte es das Bundesverfassungsgericht 1956. Dazu gehört, dass »jede staatliche Machtausübung durch das Volk legitimiert« sein muss. »Die staatlichen Organe müssen entweder, wie die Parlamente, aus Volkswahlen hervorgehen oder, wie die Regierung und die von ihr berufene Verwaltung, von den gewählten Repräsentanten eingesetzt werden. Die Amtsinhaber sind dem Volk bzw. seinen Repräsentanten verantwortlich und können aus ihrem Amt entfernt werden.«[484]

#8 Erkenne, dass #3 bis #7 nicht von allen anerkannt werden

Die Aufgaben #3 bis #7 sind quasi Teil der Präambel eines neuen generationengerechten Klimavertrags, von New Green Deals, und der Lackmustest der Werte. Wenn du sie ernst nimmst, schwörst du quasi einen Eid auf die Welt und darauf, dass du in deinem Wirkungskreis nichts tun wirst, was ihr schadet, und alles tust, was ihr nützt und was ihr guttut. Das ist sehr ernst. Natürlich ist es wichtig und Teil des Prozesses, derlei zu diskutieren. Pass aber auch vor Pseudodiskussionen auf. Lass dir keine Zeit stehlen.

#9 Erkenne Klimaleugnung und widersetze dich ihr

Lerne und trainiere, Klimaleugnung zu erkennen.[485] Das ist nicht ganz leicht. Da die Klimaleugner in ihrer Kommunikation sehr professionell arbeiten, finden Menschen ihre Argumente oft auf Anhieb plausibel. Deswegen kursieren seit Jahren bestimmte Mythen. In meinen Büchern *Kampf um Strom* und *Das fossile Imperium schlägt zurück* habe ich zehn düstere Mythen detailliert auseinandergenommen und erklärt, welche Fakten in Wahrheit dahinterstecken.[486] Doch immer und immer wieder werden diese Mythen aus der Schublade gezogen. Sie scheinen unbezwingbar. Sind sie aber nicht.

#10 Lerne, welchen Medien du vertrauen kannst

»Das Internet« ist keine seriöse Quelle, sondern nur ein großes Datenmeer. Früher nahm man eine Münze zwischen die Zähne und prüfte, ob sie sich verbiegen ließ, denn dann war sie gefälscht. Heute musst du Informationen zwischen die Zähne nehmen und prüfen, was sie wert sind. Und so wie man früher gesagt hat: »Es ist nicht alles Gold, was glänzt!«, sollte man heute sagen: »Es ist nicht alles wahr, was trendet!« Beim Bundesfamilienministerium findest du seriöse Angebote.[487]

#11 Ignoriere Klimaleugner einfach

Im Alltag hilft oft nichts anderes, als Klimaleugnung zu ignorieren. Ihr Spektakel nicht zu beachten. Sich nicht vom Wesentlichen ablenken zu lassen, keine Energie mit aussichtslosen Pseudodiskussionen zu verplempern. Auch und gerade in den sozialen Medien sollte man Klimaleugnung die Aufmerksamkeit verweigern, denn genau davon leben ihre Akteure. Je mehr du dich aufregst, desto mehr freuen sie sich. So stehlen sie dir Zeit und Kraft.

#12 Übernimm Verantwortung, die größer ist als du selbst

Wichtig ist, dass du verstehst, dass deine Verantwortung größer ist als nur dein individuelles Handeln. Es geht nicht nur um dich und deinen Konsum, sondern um deine Familie, deine Freunde, deine Schule, deine Organisation, deinen Betrieb, deine Stadt, deinen Staat.

#13 Stell dich auf den Mond

Stellt euch auf den Mond und schaut auf den blauen Planeten. Von dort aus blickt ihr auf die 17 Ziele der Agenda 2030. Das ist in der Tat wahnsinnig viel. Da wird dir vielleicht ganz schwindelig, wenn du siehst, was alles dazugehört und was alles zu tun ist. Aber zum Glück musst du das nicht alleine tun. Du kannst es auch gar nicht allein tun. Niemand kann das, auch wenn einzelne Möchtegernsuperhelden derlei vorgaukeln.

#14 Denk dreidimensional – zeitlich

Es geht in deinem Denken, Planen und Handeln um drei Dimensionen: Zuerst schaust du auf die zeitliche Perspektive. Der Mond braucht 28 Tage, um einmal die Erde zu umrunden, das tut er seid Milliarden Jahren und wird es auch noch weitere Milliarden Jahre tun. Aber das, was du und ich und wir derzeit lebenden Menschen tun, könnte das Leben der letzten 12 000 Jahre (Holozän)[488] für die nächsten 100 000 Jahre verändern (Verwüstungsanthropozän).[489] Es geht ums nächste Jahrzehnt, in dem wir irreversible Entscheidungen fällen. Es geht um die nächsten Jahre, die nächsten Wahlen, es geht ums Jetzt.

#15 Denk dreidimensional – global

Bei der globalen Dimension richtest du den Fokus deines Denkens, Entscheidens und Handelns auf die gesamte Erde: auf den Regenwald in Brasilien, auf die Eisberge in Grönland, die Gletscher im Himalaja, in den Anden, im Kaukasus, in den Alpen, auf den Aralsee, den Tschadsee, die Sahara, die sibirische Tundra, die westafrikanische Savanne. Das alles und noch viel mehr verändert sich derzeit, weil wir Menschen in Köln, in Karlsruhe, in Chemnitz, in Berlin, in Gotha und in Rosenheim, egal wo du wohnst, so leben, wie wir derzeit leben – über die globalen Verhältnisse. Frag dich, wie du hier vor Ort die Verhältnisse wieder ins Gleichgewicht bringen kannst.

#16 Denk dreidimensional – hier und jetzt

Um die gigantische Ungerechtigkeit zwischen den Generationen und den Kontinenten zu verkleinern, solltest du die Nachhaltigkeitsziele mit den Indikatoren des Statistischen Bundesamtes ins Visier nehmen. Das ist deutlich besser überschaubar. Am besten konzentrierst du dich sogar auf einen einzelnen Aspekt – aber ohne den Rest der Welt zu vergessen.

#17 Gehe demonstrieren

Wenn dir eine demokratische, dezentrale, dekarbonisierte Wirtschaft am Herzen liegt, dann setz dich dafür ein. Große Demonstrationen werden weltweit wahrgenommen. Sie machen sichtbar, dass Klimaschutz ein wichtiges Thema ist. Gemeinsam mit der Clique macht Demonstrieren sogar bei schlechtem Wetter Spaß. Lasst euch was einfallen, zieht euch originell an, tragt spektakuläre Hüte, malt witzige Schilder, gern auch in verschiedenen Sprachen. Auch kleine Demonstrationen zeigen Wirkung, wenn die Argumente sachlich, beharrlich und vor allem friedlich vorgetragen werden. Selbst einzelne Personen können da einen Unterschied machen. Zeig, was dir wichtig ist.

#18 Lass dich nicht beirren

Gut organisierte Klimaleugner machen sich lustig über Demonstranten oder versuchen, sie unglaubwürdig zu machen. Die Vorwürfe gegen den klimaschädlichen Lebensstil der demonstrierenden Jugendlichen sind Teil ihrer Strategie. Auch einzelne Personen wie Greta Thunberg oder Luisa Neubauer zu verspotten, ist teilweise professionelles Mobbing – allein mit dem Ziel, den großen Erfolg der Freitagsdemonstrationen zu stoppen. Deswegen: Lass dich bloß nicht beirren. Geh weiterhin für deine Meinung auf die Straße.

#19 Verwandle Greenwashing in echte Nachhaltigkeit

Glaube Unternehmen und Parteien nur, was sie wirklich belegen können. Sie haben professionelle Abteilungen und Agenturen, die ihnen helfen, ihre Produkte und ihre Unternehmenspraxis schönzureden. Lerne, derlei zu durchschauen. Werbung ist oft Greenwashing. Eine Baumpflanzaktion allein ist noch kein Klimaschutz.

Decke auf, wenn du Widersprüche entdeckst, Frage nach, wenn du Zweifel hast. Sei mutig, sei klar. Frag nach Beweisen. Ein einzelner Tweet kann sich zu etwas Großem entfalten, wenn viele andere aufmerksam sind, ihn aufgreifen und verbreiten. Manche PR-Ablenkungsstrategie verwandelt sich durch öffentlichen Druck zu einem Bumerang. Wenn wir Management und Parteiführung auf ihre Äußerungen festnageln, dann ändern wir die Welt der Unternehmen und der Politik – damit bald die ganze (Um-)Welt. Dränge darauf, dass ein Gremium eingerichtet wird, das Nachhaltigkeit in allen Entscheidungsprozessen hinterfragt und das ein aufschiebendes Vetorecht bekommt, um sich über die Kosten und möglichen Folgen schlauzumachen.

#20 Unterstütze Unternehmen, die dir gefallen

Viele Unternehmen setzen sich ernsthaft für Klimaschutz und eine sozial gerechte Nachhaltigkeit ein. Manche probieren völlig neue Geschäftsmodelle aus. Dafür brauchen sie Geld, Mitarbeiter und Infrastruktur. Wenn du siehst, dass Unternehmen sich wirklich und nachweisbar für Nachhaltigkeit engagieren, dann unterstütze sie dabei. Du kannst ihre Produkte kaufen und ihre Dienstleistungen nutzen. Du kannst ihre Aktien kaufen oder bei ihnen als Teammitglied anheuern. Du kannst für sie werben oder sie durch konstruktive Kritik auf neue Ideen bringen. Schau, was du für sie tun kannst, damit sie was fürs Klima tun.

#21 Unterstütze die Politik, die dir gefällt

In der Politik wird gern Großes versprochen, um hinterher nur Kleines zu liefern. Manchmal ist das ein demokratischer Kompromiss. Aber manchmal zeigt sich der Wahlkampfprahler in politischen Verhandlungen als kleinlauter Opportunist – oder opfert das Anliegen anderen Interessen. Doch es gibt Politikerinnen und Politiker, die sich ernsthaft und von Herzen für Klimaschutz und eine sozial gerechte Nachhaltigkeit einsetzen. Damit sie in politischen Verhandlungen Gehör finden, brauchen sie eine sichtbare Öffentlichkeit hinter sich. Umfragen sind nur abstrakte Zahlen. Menschen, die für ein Thema auf die Straße gehen, sind sichtbar, hörbar und nicht zu ignorieren.

#22 Wirke politisch ...

Manche Menschen überfällt angesichts der vielfältigen Herausforderungen und der komplexen Strukturen ein Ohnmachtsgefühl. Dabei können nicht nur »die da oben«, sondern auch »wir hier unten« eine Menge tun. Jeder von uns hat einen Handlungsspielraum, in dem er etwas bewirken kann. Oft ist es nur Bequemlichkeit und Fantasielosigkeit, die uns an alten Routinen festhalten lässt. Die lässt sich überwinden.

#23 ... zum Beispiel in deiner Familie

Du kannst überall aktiv werden. Und du kannst überall klimapolitisches Engagement einbringen und einfordern. Das geht im Kopf los: Greta Thunberg zum Beispiel war nicht immer schon die weltberühmte Klimaaktivistin. Doch schon als kleines Mädchen hat sie durch ihre Beharrlichkeit ihren Vater zum Veganer »umerzogen«.[490] Eine amerikanische Studie[491] fand 2019 heraus, dass vor allem Töchter ihre konservativen Väter zum Umdenken bringen können.[492]

#24 ... zum Beispiel bei deinen Freunden

Also geh los und rede mit den Freunden über Klimaschutz und was sie dafür tun können. Hab den Mut, ihnen zu widersprechen, wenn sie das Thema herunterspielen; fordere sie auf, sich mit dir für eine nachhaltige und solidarische Gesellschaft zu engagieren.

#25 ... zum Beispiel überall

Die Journalistin Margarete Moulin hat sehr anschaulich beschrieben, dass das nicht immer leicht ist. Sie fragt, »welchen Energieverbrauch das Ausnutzen einer Ski-Saisonkarte eigentlich so bedeutet«. Bohrt nach, warum jemand Flugreisen macht, woher das Lithium für das neue E-Bike und die seltenen Erden im schicken Milchschäumer herkommen? Sie spricht sogar »die Frau vor dem Biomarkt an, die ihre Ökoeinkäufe in ihren Riesen-SUV wuchtet«.[493] Klar nervt das manche. Kann sein, dass dich jemand als »Öko-Stasi«[494] betitelt. Oft ist es leichter, »um des lieben Friedens willen« unbequeme Wahrheiten auszublenden. Doch oft ist es eine Frage des Tonfalls: Es geht weder um Anklagen noch um Denunzieren, sondern um das freundliche wechselseitige Hinterfragen von Gewohnheiten. Du wirst sehen, das bewirkt was.

#26 Handle stets demokratisch legitimiert

Demokratie basiert auf Gewaltenteilung und Partizipation. Entscheidungen müssen legitimiert sein. Akzeptiere deswegen Wahrentscheidungen auch dann, wenn sie deiner Überzeugung widersprechen; reagiere stets mit rechtsstaatlichen Mitteln. Davon gibt es weitaus mehr als es scheint. Such dir juristischen oder politikwissenschaftlichen Rat, wenn du selbst die Geduld verlierst. Klimaschutz ist stets Teamarbeit, auch in der Politik.

#27 Schaffe Sicherheit, Vertrauen, Mut und Freiheit

Schaffe Strukturen, die den beteiligten Menschen Sicherheit geben, dass ihre Verhaltensänderung zugunsten des Klimas keine negativen Auswirkungen beispielsweise auf ihre soziale Teilhabe oder ihre Mobilität hat. Praktiziere eine moderne Lern- und Fehlerkultur, sodass alle Beteiligten ohne Sorge scheitern und daraus lernen dürfen. Arbeite mit Zutrauen statt mit Druck, lobe Mut und feiere Erfolg, entzünde ein Feuerwerk der Ideen und Taten und gib Gedankenfreiheit.

#28 Werde Lobbyist(in) der Zukunft

Klima- und Artenschutz sind nicht irgendein Hobby. Sie sind etwas, woran sich alle beteiligen müssen. Werde zur Interessenvertreterin des Klimas und der Umwelt und zum Interessenvertreter der Zivilgesellschaft. Werde zur Anwältin aller Menschen und Tiere oder werde zum Lobbyisten der künftigen Generationen. Vielleicht gelingt es dir, dass dein Unternehmen, dein Verein, deine Schule nicht wartet, bis sie per Gesetz zu irgendetwas gezwungen wird, sondern dass ihr euch jetzt schon proaktiv an der Umsetzung der Nachhaltigkeitsziele beteiligt.

#29 Entdecke, was du tun kannst

Du arbeitest mit Geflüchteten und Menschen mit Migrationshintergrund? Dann hilf ihnen, Klimabotschafter zu werden. Du arbeitest in einem Handelsunternehmen? Dann suche und finde Lösungen für einen klimafreundlichen Lieferweg. Du bist in der Finanzabteilung deiner Kommune beschäftigt? Dann schau, wie ihr aus klimaschädlichen Vermögensanlagen aussteigen und stattdessen nachhaltig investieren könnt.

#30 Fang an, dann bleibst du nicht allein

Egal was du tust, wer du bist – frage dich, an welcher Stelle dein Unternehmen, deine Organisation, deine Schule, dein Verein systematisch und dauerhaft Energie sparen und Emissionen reduzieren kann. Stell dir vor, dass überall, wo du hinkommst, sich die Leute von dir anstupsen und begeistern ließen – wäre das nicht sensationell?! Und wenn dir Zweifel kommen, dass du allein gar nichts bewegen kannst, dann schau dir das Video »First Follower: Leadership Lessons from Dancing Guy« vom Blogger Derek Sivers an.[495]

#31 Halte flammende Reden

Wenn du in einer Nachbarschaft einen generationengerechten Vertrag, einen New Green Deal, erarbeiten willst, dann würdest du die Leute einladen und als Allererstes mit ihnen darüber sprechen, was ihr für gemeinsame Ideale habt. Stell dir vor, du würdest eine flammende Rede halten, die alle begeistert, weil du ihnen aus dem Herzen sprichst. Sie würden am Ende laut applaudieren und alle durcheinanderreden, weil sie Lust und Ideen haben, was jetzt zu tun ist. Deine Rede wäre eine Art Präambel für euren Nachbarschaftsklimavertrag.

#32 Lerne von anderen

Wenn du nach Beispielen für dein konkretes Vorhaben recherchierst, wirst du mit etwas Glück Experimente finden, von denen du lernen kannst. Immerhin gibt es ja schon seit Jahrzehnten Projekte, die früher als Spinnerei abgehakt wurden und heute als Pioniere gefeiert werden. Umso wichtiger ist es, dass ihr euer neues Klimaprojekt gut dokumentiert und eure Erfahrungen und Erkenntnisse öffentlich zugänglich macht, damit andere wiederum von euch lernen können.

#33 Schließe neue Klimaverträge

Wenn du mit anderen einen generationengerechten Klimavertrag schließen willst, dann solltest du als Allererstes eine solche Präambel aufsetzen. Bei dir wird es nicht zentral um Entwicklungsländer gehen, aber vielleicht doch um Anerkennung der Bedürfnisse von weniger privilegierten Menschen. Es wird vielleicht nicht um Menschenrechte gehen, aber um Mitarbeiter-, Mitglieder- oder Mieterrechte.

#34 Teile dir die Arbeit mit anderen

Jede Gruppe setzt sich eigene Ziele, eigene Aufgaben, eigene Termine. Die Ergebnisse werden dokumentiert und veröffentlicht, sodass andere Gruppen davon lernen und Erfolgsmodelle kopieren können. So wird die Erderwärmung in einem gemeinsamen Kraftakt gebremst oder gestoppt. Klimaschutz von unten. Heißt: Gruppe A kümmert sich um Windenergie für Pusemuckel, Gruppe B schafft ein Modell für Solarenergienutzung in einem Mietshaus in der Großstadt, Gruppe C reduziert die Emissionen der lokalen Abfallwirtschaft einer Landeshauptstadt und Gruppe D macht den Verkehr in Kleinkleckersdorf emissionsfrei.

#35 Koordiniere die Vielfalt

Die zweite Herausforderung beim agilen Klimaschutzmanagement ist die Koordination der selbst organisierten Teamvielfalt. Die lässt sich nicht wie in einer Armee oder einem klassischen Unternehmen top-down organisieren. Hier wird bottom-up und kreuz und quer koordiniert. Es gibt Bewegung in alle Richtungen. Auch hier gilt: Je näher (organisatorisch) dran, desto verbindlicher die Schnittstellen.

#36 Frage nach präzisen Zielen

Setzt euch klare und verbindliche Ziele. Je näher sie zeitlich sind, desto verbindlicher sind sie. Sobald ihr euch dem Zwischenziel nähert, geht es los, die dahinterliegenden Ziele festzuzurren etc. Eigentlich ganz leicht, wenn man Ordnung, Disziplin und Ehrgeiz miteinander kombiniert – ohne die Flexibilität dabei aufzugeben.

#37 Definiere konkrete Ziele und Zwischenziele

Vage Zielformulierungen, die keinerlei Verbindlichkeit herstellen, sind leere Versprechungen und wirkungslos. Das große Ziel heißt: null Emissionen bis 2050! Entscheide gemeinsam mit allen Betroffenen und Beteiligten, welche Zwischenziele ihr bis wann erreichen wollt.

#38 Unterfordere dich und deine Umgebung nicht

Nimm deinen Verantwortungsspielraum ernst. Vor allem in der Politik lassen sich die Menschen zu oft von lärmendem Protest beeinflussen und senken die Messlatte ihrer klimapolitischen Verordnungen, sei es dass sie einen zu niedrigen und damit wirkungslosen CO_2-Preis ansetzen, sei es dass sie die Fristen bis zum Ende fossiler Technologien unnötig lang setzen und so Innovationen verzögern.[496]

Dasselbe gilt auch für Klimainitiativen auf bürgerschaftlichem Niveau. Deswegen: Auf welche Weise du dich beteiligst, ist ziemlich egal. Doch deine Ziele sollten so ehrgeizig wie möglich gesteckt sein.

#39 Fülle ein Maßnahmenpaket mit klaren Aufgaben

So wie im Großen geht es auch im Kleinen: Für die Erreichung eurer Ziele und Zwischenziele definiert ihr ein Maßnahmenpaket mit klaren Aufgaben, für die jeweils eine Person verantwortlich ist. Das sammelt ihr in einer übersichtlichen Liste: Wer macht was bis wann? Und dann gibt es Termine, zu denen berichtet werden muss, wie weit die Entwicklung ist, was gut läuft, was schlecht, wo Hilfe nötig ist, was andere von positiven Erfahrungen lernen können etc. Dabei ist jeder und jede für sich und seine eigene Aufgabe verantwortlich.

#40 Schaffe einen Rat für Generationengerechtigkeit

Darin sind Menschen versammelt, die aus allen Bereichen der Organisation kommen, also in einer Schule natürlich Schülerinnen und Schüler, Eltern, Lehrende, Mitarbeitende aus der Verwaltung, vielleicht auch Leute aus der Nachbarschaft und aus lokalen Wissenschafts- oder Nachhaltigkeitsorganisationen. Im Unternehmen oder im Sportverein werdet ihr schon selbst die entsprechenden Abteilungen zusammenbekommen. Sie werden eingeladen, um gemeinsam eine Zielvereinbarung, eine Strategie, einen Plan für eure Schule zu entwickeln: Wie werden wir bis 2030 emissionsfrei? Und dann geht's los!

#41 Schaffe fossile Kostenwahrheit

Frag in der Finanzabteilung deines Unternehmens oder den Kassenwart deines Vereins, wie viel Geld ihr für fossile Energien ausgebt und wie stark ihr das subventioniert. Das macht ihr nicht? Doch, das macht ihr! Aber es ist euch nicht bewusst, weil es so selbstverständlich ist. Vermutlich ist euer ganzes Grundstück auf motorisierten Verkehr ausgerichtet, hat eine möglichst kurze Zufahrt zur nächsten größeren Straße, einen Parkplatz, vielleicht sogar eine Tiefgarage, manche haben dort sogar eine Benzintankstelle. Eine Ladestelle für Elektromobile gibt es vermutlich nicht. Was habt ihr für eine Heizung – Öl oder Gas? Wie ist der Energieverbrauch nachts und am Wochenende geregelt? Wie ist das Haus gedämmt? Habt ihr eine Klimaanlage, die wie betrieben wird? Wo bezieht ihr welchen Strom? Wer hat alles einen Dienstwagen? Was für einen CO_2-Ausstoß hat das Fahrzeug? Wird auch der Treibstoff von der Firma bezahlt? Werden die Büroräume nach Bedarf oder nach Prestige vergeben? Hat die Person, die den meisten Platz (das größte Büro) bekommt, auch den größten Bedarf und ist sie überhaupt die meiste Zeit vor Ort? Etc.

#42 Schaffe nachhaltige Kostenwahrheit

Wie viele Fahrradstellplätze gibt es in welcher Qualität? Wie sind die Wege zur nächsten Bus- oder Bahnhaltestelle? Gibt es Beschäftigte, die einen Zuschuss für ihr E-Bike, die ÖPNV-Monatskarte oder eine BahnCard bekommen? Wie sieht der Energieausweis für euer Gebäude aus? Habt ihr Sonnenkollektoren auf dem Dach oder einen Wärmepumpenboiler für die Warmwasseraufbereitung? Könntet ihr bei der Heizung auf Fernwärme umsteigen? Könnte man die Büroräume effizienter nutzen? Und so weiter. Wenn du anfängst, die Augen aufzumachen, wirst du feststellen, an wie vielen Stellen Geld in die fossile Vergangenheit gesteckt wird und an wie vielen Stellen Potenzial für eine nachhaltige Zukunft ist.

#43 Mache realistische Kostenvergleiche

Alle diese Punkte lassen sich mit Finanzzahlen unterlegen. Meistens reicht ein grober Kostenüberschlag, um zu erkennen, dass Klimaschutz nicht teurer, sondern billiger ist. Wichtig ist, dass ihr nicht Äpfel und Birnen vergleicht, also beispielsweise die Gesamtkosten im letzten fossilen Jahr mit den Kosten im ersten nachhaltigen Jahr. Manchmal muss man zehn oder 20 Jahre zurückgehen, um herauszufinden, was die Anschaffung der Ölheizung damals gekostet hat, um einen Vergleichswert zu dem neuen Heizsystem zu bekommen.

#44 Entwickle finanzierbare Lösungsideen

Mit der Kostenwahrheit kommen die Ideen für Verbesserungen. Das eine sind notwendige Investitionen oder grundsätzliche Entscheidungen, die getroffen wurden oder noch zu treffen sind. Nachhaltigkeit spielt dabei leider bislang nur eine untergeordnete Rolle. Das sollte sich ändern.

#45 Fordere Transparenz der Emissionen ein

Fordere in Bezug auf Emissionen Transparenz ein! Frage nach konkreten Zahlen, beharre darauf, dass dein Unternehmen, deine Organisation diese Zahlen publik macht. Und fordere zugleich Entschlossenheit ein, diese CO_2-Emissionen zu reduzieren. Für dich persönlich kannst du deinen Pro-Kopf-CO_2-Fußabdruck auf diversen Webseiten ermitteln.[497] Und prinzipiell lässt sich das auch für jedes Produkt, jede Dienstleistung, jede Schule, jedes Unternehmen, jede Stadt etc. exakt berechnen. Aber kaum jemand tut das. Während wir den Kontostand und unsere finanziellen Ein- und Ausgaben relativ stetig im Blick haben, tappen wir bei unseren Emissionen überwiegend im Dunkeln. Das ließe sich ändern.

#46 Kompensiere, was du nicht reduzieren kannst

Es gibt inzwischen diverse Kompensationsrechner[498], mit denen du den CO_2-Ausstoß einzelner Autofahrten oder Flüge berechnen kannst. Schreib die Kompensationskosten als Extraposten in deine Rechnungen. Fordere Lieferanten auf, Kompensationskosten in ihren Spesenabrechnungen zu ergänzen. Kaum jemand macht das. Das lässt sich ändern.

#47 Verabredet neue Regeln und Gesetze

Und was die allgemeingültigen Regelungen angeht, ist es nötig, dass ihr darüber diskutiert, was eurer Ansicht nach angemessen ist: Ihr könnt miteinander Verbote von emissionsstarken Verhaltensweisen beschließen. Ihr könnt euch überlegen, wie ihr klimaschonendes Verhalten belohnt. Und ihr könnt Ideen entwickeln, wie ihr es leichter macht, sich klimagerecht zu verhalten, und wie ihr klimaschädigendes Verhalten erschwert. Und am besten macht ihr alles drei gleichzeitig.

#48 Behalte das Weltgeschehen im Blick

Egal ob in Kleinkleckersdorf oder in einer Weltmetropole – du solltest dich unbedingt dafür interessieren, dass die Politik endlich handelt und es bald europäische und deutsche Gesetze gibt, die Schwung in die Klimabewegung bringen. Und du solltest und kannst nicht nur aufmerksam verfolgen, was hier tatsächlich entschieden wird, sondern versuchen, durch Teilnahme an Demonstrationen oder in politischen Diskussionen mitzugestalten. Zum anderen kannst du aus den ganzen Diskussionen für deinen eigenen Alltag lernen. Vieles, was hier auf nationaler oder internationaler Ebene diskutiert wird, ist auch im Kleinen anwendbar.

#49 Stupse fremde Menschen an

Auch was das Thema Nudging angeht, gibt es viele Möglichkeiten, die Belegschaft oder die Vereinsmitglieder durch kleine Anreize zu einer nachhaltigeren Lebensweise zu motivieren. Wieso nicht beim nächsten Vereinsfest vegetarische Würste oder Gemüse auf den Grill legen? Wieso den Gästen im Unternehmen nicht ein ÖPNV-Ticket statt einer Parkmünze geben? Warum auf der Webseite die Anreise von der Autobahn beschreiben, aber nicht die bequemste Fahrt mit dem ÖPNV oder die sicherste und schönste Strecke mit dem Rad? Und so geht's weiter: Wie wäre es mit Schlüsseln, die wie im Hotel als Zimmerkarten und Elektroschalter funktionieren? Wie wäre es mit Bewegungsmeldern in Toiletten, Fluren und Treppenhäusern? Wie wäre es mit Leihrädern auf dem Gelände und individuellen Dienst-(E-)Rädern? Wie wäre es mit wiederverwendbaren Coffee-to-go-Bechern auch an Betriebskaffeeautomaten? Geh mit offenen Augen durch die Welt, lass dich inspirieren[499] – ich wette, dir fällt genug ein.

#50 Denk radikal

Es gibt viele Möglichkeiten, nicht nur deine unmittelbare Umgebung, sondern auch die »große« Politik mitzubestimmen. Vor allem brauchen wir neue Ideen und Menschen, die sie entwickeln. Dabei können wir gar nicht radikal genug denken. Die britische Universität Cambridge hat eine neue Forschungsstelle geschaffen, an der sie radikale Lösungen für den Klimawandel erforschen will.[500] Wenn dir Cambridge zu weit ist, fang vor deiner Haustür an.

#51 Probiere neue Methoden aus

Klimaschutz braucht Engagement und lebt von Partizipation. Die »große Klimalösung« finden wir also nur, indem wir möglichst viele verschiedene Projekte der Bürgerbeteiligung starten und erfolgreich durchführen. Probiere einfach aus, mit welchen Methoden eine Gruppe möglichst unterschiedlicher Menschen am effizientesten zu gemeinsamen Verabredungen kommt. Finde heraus, unter welchen Umständen Menschen ihre Vorsätze auch zuverlässig umsetzen. Probiere verschiedene Kooperationsmethoden aus, entwickle immer wieder neue »Spielregeln« und schau, was passiert. Auch neue Formen der Zusammenarbeit zu entdecken, kann ein Beitrag für eine nachhaltige Zukunft sein.

#52 Werde Pionier

Eine Bedienungsanleitung, die du eins zu eins kopieren kannst, wirst du aber schwerlich finden. Denn für eine so komplexe Aufgabe wie den Klimaschutz gibt es keine One-size-fits-all-Lösung. Je nachdem in welcher Gruppe du aktiv wirst, müsst ihr euch also selbst Ziele setzen und auf die abenteuerliche Reise in eine unbekannte Welt machen. Aus der Geschichte wissen wir alle, dass derlei sehr gut ausgehen kann, nämlich dass du nach Indien fährst und Amerika entdeckst. Hier und da haben auch Irrtümer ihren Wert, wusste schon Erich Kästner.[501]

#53 Dokumentiere Ergebnisse

Sorge dafür, dass alle Ergebnisse gut und verständlich dokumentiert und auch die Erkenntnisse aus Teilschritten der Öffentlichkeit frei zugänglich sind. Dokumentation hat auch andere Effekte. Wenn du deine Erfolge kommunizierst und erzählst, was Spaß macht und was klappt, dann motiviert und inspiriert das andere.

ANHANG

Die ausführlichen Fußnoten mit Links, Texten und Hinweisen findest du online als ePDF.

Einfach klicken und kostenlos downloaden unter

https://www.mondaysforfuture.net/

https://shop.murmann-verlag.de/de/item/fussnoten-mondays-for-future

Die zahlreichen Fußnoten und Links werden ständig aktualisiert und auf den neuesten Stand gebracht. Deshalb haben wir uns für ein ePDF entschieden.

DANKSAGUNG

Wie immer an dieser Stelle möchte ich einer ganzen Reihe von lieben Menschen in meinem Umfeld danken. Anfangen will ich bei Claudia Cornelsen, die es meisterhaft versteht, komplizierte und sperrige wissenschaftliche Texte in verständlichen Fließtext zu verwandeln. Ich bin dankbar für ihre Unermüdlichkeit und Geduld, selbst das komplizierteste Fachchinesisch in alltagstaugliches Hochdeutsch zu übersetzen.

Zudem danke ich meinem Team und zahlreichen Kolleginnen und Kollegen am Deutschen Institut für Wirtschaftsforschung, beim Sachverständigenrat für Umweltfragen und der TU Berlin. Nahezu 100 Namen könnte ich jetzt aufzählen. Forschung ist immer eine Teamleistung. An dieser Stelle möchte ich namentlich einige wenige herausheben.

Besonderer Dank geht an Sophie Schmalz, die ebenso unermüdlich nicht nur an zahlreichen wissenschaftlichen Facharbeiten beteiligt war, sondern auch als kritische Leserin des Buches viele wertvolle Hinweise geben konnte. Zahlreiche wissenschaftliche Studien, die hier eingeflossen sind, sind mit dem großartigen Team am DIW, an der TU Berlin und dem SRU entstanden. Ich danke für die besonders tolle Zusammenarbeit mit der TU Berlin stellvertretend Christian von Hirschhausen, mit dem ich nun schon seit unglaublichen 15 Jahren sehr gern und vor allem effizient zusammenarbeite. Zudem danke ich im Einzelnen Franziska Holz, Wolf Peter Schill, Pao-Yu Oei, Stefan Bach, Anne Neumann, Dawud Ansari, Astrid Cullmann, Dorothea Schäfer, Willi Semmler, Aleksander Zaklan, Alexander Zerrahn, Nicole Wägner, Ben Wealer, Martin Kittel, Julia Rechlitz, Konstantin Löffler, Karsten Neuhoff und allen, allen anderen aus dem Team, insbesondere unserer großartigen Teamassistentin und meiner Büroleiterin Dagmar Rauh.

Den wunderbaren Kolleginnen und Kollegen des Sachverständigenrats für Umweltfragen danke ich ausdrücklich, allen voran Claudia Hornberg, Manfred Niekisch, Christian Callies, Wolfgang Lucht und Susanne Rotter. Besonders erwähnenswert und ausdrücklich zu rühmen ist das Team im Hintergrund, das in den letzten vier Jahren schlicht Unglaubliches geleistet hat. Stellvertretend genannte seien Miriam Dross, Alexander Franke, Julia Hertin und Julia Michaelis.

Und ich danke dem Murmann Verlag, der sich erneut schnell und effizient von der Idee für dieses Buch begeistern ließ und mit dessen hoch motiviertem Team ich deswegen erneut zusammenarbeiten durfte.

Und natürlich danke ich meinem Mann Jürgen, ohne ihn wäre alles nichts.

Zum Ausgleich für die entstandene CO_2-Emission bei der Produktion dieses Buches unterstützen wir die Erhaltung und Wiederaufforstung des Kibale-Nationalparks in Uganda. Das Projekt trägt zum Klimaschutz bei, indem die Bäume bei der Fotosynthese Kohlenstoff aus der Luft binden, es schützt die Biodiversität des tropischen Waldes und sichert 260 Arbeitsplätze.

Bibliografische Information der Deutschen Nationalbibliothek
Die Deutsche Nationalbibliothek verzeichnet diese Publikation in der Deutschen Nationalbibliografie; detaillierte bibliografische Daten sind im Internet über http://dnb.d-nb.de abrufbar.

Das Werk einschließlich aller seiner Teile ist urheberrechtlich geschützt. Jede Verwertung ist ohne Zustimmung des Verlages unzulässig. Das gilt insbesondere für Vervielfältigungen, Übersetzungen, Mikroverfilmungen und die Einspeicherung und Verarbeitung in elektronischen Systemen.

Der Verlag weist ausdrücklich darauf hin, dass er, sofern dieses Buch externe Links enthält, diese nur bis zum Zeitpunkt der Buchveröffentlichung einsehen konnte. Auf spätere Veränderungen hat der Verlag keinerlei Einfluss. Eine Haftung des Verlags ist daher ausgeschlossen.

Copyright © 2020 Murmann Publishers GmbH, Hamburg

Lektorat: Evelin Schultheiß, Kirchwalsede
Druck und Bindung: Steinmeier GmbH & Co. KG, Deiningen
Printed in Germany

ISBN 978-3-86774-644-1

Besuchen Sie unseren Webshop: www.murmann-verlag.de
Ihre Meinung zu diesem Buch interessiert uns!
Zuschriften bitte an info@murmann-publishers.de
Den Newsletter des Murmann Verlages können Sie anfordern unter newsletter@murmann-publishers.de